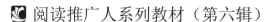 阅读推广人系列教材（第六辑）

中国图书馆学会　编
王余光　霍瑞娟　李东来　总主编

社会资源与
图书馆阅读推广

顾玉青　赵俊玲　著

Library:
Social Resources and
Reading Promotion

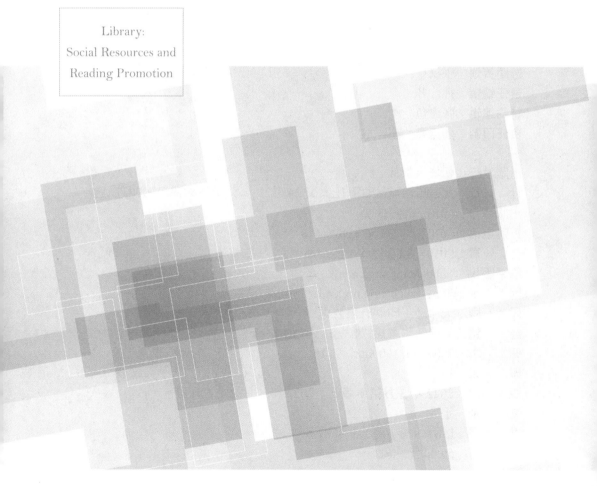

朝華出版社
BLOSSOM PRESS

图书在版编目（CIP）数据

社会资源与图书馆阅读推广 / 顾玉青 , 赵俊玲著
.-- 北京：朝华出版社 , 2022.3
阅读推广人系列教材 . 第六辑
ISBN 978–7–5054–4582–6

Ⅰ .①社… Ⅱ .①顾… ②赵… Ⅲ .①图书馆—读书
活动—教材 Ⅳ .① G252.17

中国版本图书馆 CIP 数据核字（2021）第 241334 号

社会资源与图书馆阅读推广

著　　者	顾玉青　赵俊玲	

选题策划　张汉东
责任编辑　孙　开
特约编辑　张北鱼
责任印制　陆竞赢　崔　航

出版发行　朝华出版社
社　　址　北京市西城区百万庄大街 24 号　　　　邮政编码　　100037
出版合作　（010）68995532
订购电话　（010）68996050　68996618
传　　真　（010）88415258（发行部）
联系版权　zhbq@cipg.org.cn
网　　址　http ://zhcb.cipg.org.cn
印　　刷　天津融正印刷有限公司
经　　销　全国新华书店
开　　本　710mm×1000mm　1/16　　　　　　字　　数　204 千字
印　　张　15
版　　次　2022 年 3 月第 1 版　　2022 年 3 月第 1 次印刷
装　　别　平
书　　号　ISBN 978–7–5054–4582–6
定　　价　59.00 元

阅读推广人系列教材
编委会

总　序

　　由中国图书馆学会（以下简称"中图学会"）主持编写的丛书"阅读推广人系列教材"，是中图学会"阅读推广人"培育行动的一部分。

　　自 2005 年中图学会设立科普与阅读指导委员会（2009 年更名为"阅读推广委员会"）以来，各类型图书馆逐步重视开展阅读推广活动，并取得了丰硕的成果。在阅读推广过程中，很多图书馆面临不少问题，其中没有适合从事阅读推广的馆员是一个重要问题，而这对图书馆阅读推广活动能否持续、有效、创新地开展，将产生重要的影响。

　　鉴于此，中图学会阅读推广委员会于 2013 年 7 月，在浙江绍兴图书馆举办了"首届全国阅读推广高峰论坛"。这一论坛的目的是为图书馆免费培训阅读推广人，造就一支理念新、专业强、技能高的阅读推广人才队伍。首届论坛获得了图书馆界同人极高的评价。此后，在 2014 至 2015 年，中图学会阅读推广委员会又在常熟、石家庄、镇江、成都、临沂举办了五次免费培训，都取得了良好效果。

　　在绍兴阅读推广人培训之后，中图学会阅读推广委员会便着手考虑培训的专业化与系统性。为了更好地将阅读推广人培训工作顺利推进，委员会于 2014 年 7 月为中图学会制订了《培育阅读推广人行动计划（草案）》。该草案分四个部分：前言、培训课程体系与教材、专家组织、考核与能力证书授予等。关于阅读推广人，"前言"中写道：

　　"阅读推广人"是具有一定资质，可以开展阅读指导、提升读者阅读兴趣和阅读能力的专业与业余人士。

　　全民阅读、阅读推广，是立足中国文化、提高中华民族素质与竞争力的重要举措，近两年来受到政府与社会的广泛关注。为了推动全民阅读工作规范有效开展，培训"阅读推广人"是十分重要与必要的，也是很多机构，如学校、图书馆、大型企业、宣传部门十分需要的。

中国图书馆学会长期以来开展阅读推广活动，积累了丰富的经验，并拥有一批该领域的专家学者，从事全民阅读与阅读推广研究，他们承担课题或从事教育培训，取得了一定的成果，为进一步开展"阅读推广人"的培训、资格认证提供了重要的基础。作为以促进全民阅读，为读者终身学习提供保障为目标和社会责任的图书馆，应当成为阅读推广人培养与成长的摇篮。

中国图书馆学会为了更好地帮助图书馆、学校、大型企业、宣传部门等机构开展阅读推广工作，将阅读推广人培训作为一项长期工作。为了培训工作更好与规范地开展，特制订《培育阅读推广人行动计划》。参加培训的学员，通过一定的考核，中国图书馆学会将授予学员"阅读推广人"资格证书。

2014年12月11日，中图学会阅读推广委员会举办的"全民阅读推广峰会暨'阅读推广人'培育行动启动仪式"在常熟图书馆举行。会上，中图学会正式启动"阅读推广人"培育行动。

在"阅读推广人"培育行动中，教材的编写成为首要任务。这套"阅读推广人系列教材"是国内首套针对阅读推广人的教材。由于没有相关的参考著作，教材可能还存在一些不足。在今后使用过程中，对教材中存在的问题与不足，主编将做进一步的修订与完善。这套教材的问世，对中国阅读推广人的培育将发挥积极的推动作用。

"阅读推广人系列教材" 编委会

目 录

第一讲 绪论 / 1

　　第一节 基本概念及相关理论 / 1

　　第二节 图书馆阅读推广合作的资源整合依据 / 5

　　第三节 图书馆阅读推广合作的社会资源整体框架 / 10

第二讲 政府资源与图书馆阅读推广 / 13

　　第一节 政府资源界说 / 13

　　第二节 善用政府资源的重要意义 / 19

　　第三节 运用政府资源的方法策略 / 21

第三讲 教育资源与图书馆阅读推广 / 45

　　第一节 教育资源界说 / 45

　　第二节 图书馆与教育资源合作的重要意义 / 50

　　第三节 图书馆与教育资源合作的方法策略 / 52

第四讲 媒体资源与图书馆阅读推广 / 77

　　第一节 媒体资源界说 / 77

　　第二节 图书馆与媒体资源合作的重要意义 / 83

　　第三节 图书馆与媒体资源合作的方法策略 / 87

第五讲 阅读类企业与图书馆阅读推广 / 107

　　第一节 出版社 / 107

　　第二节 书店 / 116

第三节　绘本馆 / 122

第四节　阅读类知识服务企业 / 128

第六讲　民间阅读力量与图书馆阅读推广 / 135

第一节　民间读书会 / 135

第二节　社会阅读组织 / 149

第三节　阅读推广志愿者 / 156

第七讲　阅读推广联盟的建设 / 169

第一节　认识阅读推广联盟 / 169

第二节　阅读推广联盟的主要活动 / 176

第三节　阅读推广联盟案例 / 179

第八讲　阅读服务的购买 / 189

第一节　阅读推广活动外包 / 189

第二节　公共阅读空间服务的购买 / 196

附录　图书馆与社会力量合作阅读推广综合案例 / 205

附录一　上海浦东区图书馆的探索实践 / 205

附录二　张家港图书馆的探索实践 / 212

附录三　郑州图书馆的探索实践 / 215

附录四　燕赵少年读书活动品牌建设中的探索与实践 / 218

附录五　石家庄市图书馆与媒体的合作 / 222

后记 / 229

第一讲

绪论

阅读推广已经成为当代图书馆的核心业务领域之一，在阅读推广参与主体多元化、服务对象需求多样化的背景下，图书馆如何在其中找准定位，做好阅读推广的本职工作，不断扩大话语权和影响力？如何开拓与其他社会资源的合作，优化公共阅读服务体系，提高阅读服务效能？这些都是图书馆阅读推广工作亟待解决的问题。

本书立足图书馆阅读推广实践，思考如何通过与不同类型阅读推广主体合作，吸纳各类社会资源，壮大阅读推广力量，共同为公众提供更优质的阅读服务。

第一节　基本概念及相关理论

一、阅读推广

阅读推广（Reading Promotion），又称为阅读促进，指阅读推广机构或个人通过开展阅读培训、阅读引导和阅读分享等活动，帮助阅读推广受众提升阅读兴趣、培养阅读习惯、优化阅读质量和阅读品味、提高阅读能力和阅读理解水平。

从字面上看，"阅读推广"可以拆分为两部分：一是"阅读"（Reading），是指读者从视觉材料中获取信息、认识世界、发展思维，并获得审美体验与知识的活动；二是"推广"（Promotion），又可译为促进、提升、营销，指信息提供者或发送者发出刺激信号，以此影响接收者的态度和行为。在阅读推广工作的语境下就是去帮助更多受众培养阅读习惯，进而帮助他们养成创造性、批判性思维 [①]，既涉及习惯养成，也关乎能力提升。具体来说，阅读推广的主体、对象和客体如下。

阅读推广的主体就是提供阅读引导和服务的个人或组织。国际组织、国家以及各级政府、图书馆、教育机构、媒体组织、出版机构、社会组织、企业及个人，都可能成为阅读推广的主体。阅读推广的主体不仅身份多样，而且在阅读推广中的功能也呈现多元性，他们或是阅读推广的倡导者，或是活动的策划者、组织者、实施者和管理者。

阅读推广的目标受众就是接受阅读指导和服务的人。例如：对于强调提供无差别、均等化知识服务的公共图书馆来说，"全体公民"是阅读推广的目标人群，而"特殊人群"就成为阅读推广的重点受众，包括因缺乏阅读意愿不愿意使用图书馆资源和服务进行阅读的人，因文化层次较低或利用图书馆获取信息技能不足、或受到经济社会环境限制不善于阅读的人，因残障、疾患、体衰等原因不方便进入图书馆阅读的人，因年龄太小或太大无法正常使用图书馆资源的人 [②]；对于重在提供学科知识服务的高校图书馆来说，其目标受众主要是学生和教学科研群体。

阅读推广的内容被称为阅读推广客体 [③]，包括阅读资料选择、阅读习惯养成、阅读能力培养、阅读兴趣提升等方面。无论具体开展哪方面的指导或引导工作，阅读推广的本质都是阅读服务，服务的形式可以包括活动介入、知识提供、心理引导等方式。

需要特别指出的是，图书馆是履行公共服务职能的文化教育机构，为社会公众提供阅读服务是图书馆应该履行的社会职责。因此，图书馆始终是推动、引导、服务全民阅读的最重要的力量，自然也是最重要的阅读推广主体之一。

图书馆阅读推广的工作目标包括以下四个方面 [④]：第一，引导缺乏意愿的人喜

---

① UNESCO. Reading Promotion Programme［Z/OL］.［2020–07–12］.https：//en.unesco.org/creativity/policy–monitoring–platform/reading–promotion–programme.

② 范并思.阅读推广与图书馆学：基础理论问题分析［J］.中国图书馆学报，2014（5）：4–13.

③ 赵俊玲，郭腊梅，杨绍志.阅读推广：理念·方法·案例［M］.北京：国家图书馆出版社，2013：7.

④ 范并思.阅读推广与图书馆学：基础理论问题分析［J］.中国图书馆学报，2014（5）：4–13.

欢阅读；第二，训练缺乏阅读能力的人学会阅读；第三，帮助阅读有困难的人跨越阅读障碍；第四，以优质的阅读服务提升公众阅读的效率。

对阅读推广概念的内涵和外延进行梳理，明确阅读推广的本质特征，可以帮助我们拨开现象看本质，把握阅读推广的根本和要义，对明确图书馆自身的阅读推广定位、找准合作对象都有着指导意义。

二、社会资源

资源就是可供满足人们物质生活和精神生活需要的自然要素和社会要素的总和[①]，是人类社会生产资料或生活资料的天然来源。按照属性或功能的不同，资源可以有多种划分方式，如按其来源，可划分为自然资源和社会资源；按其形态，可划分为有形资源和无形资源；按其功能，可划分为物质资源、精神资源等。具体到本书所研究的社会资源，社会学、政治学、经济学等领域都从不同角度对社会资源进行了阐释和研究。广义上的社会资源，即整个社会所拥有的资源，包括物力资源、财力资源、人力资源、组织资源等有形的资源，也包括人际关系、社会共识、日常交往活动等无形的资源。而狭义的社会资源，则特指非物质的文化和社会资源，包括人口、工艺、文化、风俗信仰，以及处理问题的能力，等等。无论是广义的定义还是狭义的定义，社会资源的拥有量是衡量一个国家科学技术水平、经济发展状况和社会进步的重要标志之一。

结合本书论及的图书馆如何整合社会资源、与社会力量开展合作共同做好阅读推广这一主旨，我们将对与图书馆阅读推广相关的资源进行简要介绍。

第一，物力资源，又称物质资源，指行政组织所能运用的各种有形的物质要素的总和。物力资源是阅读推广得以开展的基础，阅读推广工作所需要的场地、设施、文献等都属于物力资源。

第二，财力资源，就是我们通常意义上所说的资金保障，指开展阅读推广工作所需要的资金支持，既包括政府通过财政分配提供的资金资源，如中央和各级政府的年度财政拨款，专项资金补贴，以及项目活动经费等，也包括阅读推广其

---

① 王元龙.论马克思的资源配置理论［J］.当代经济研究，1995（2）：1-7.

他主体投入的资本资源，如私人资助和基金会资助等项目捐赠，这些资助包括直接的资金资助和实物资助，这是政府投资之外的重要经费来源。此外，相关活动的商业部分的盈利也是资金来源。

第三，人力资源，即具有劳动能力的人口总和。具体到阅读推广领域可以分为两类：一是组织内的人力资源，即与阅读推广组织（如图书馆）相关的组织管理、运作所需要的专业人员等；二是组织外人力资源，包括与阅读推广工作密切相关的组织的管理人员和志愿者，如教师、大学生志愿者等。

第四，政策资源，是阅读推广活动极为重要的外部资源，既为阅读推广活动提供政策保证和保护，也为项目活动开展提供规约，目前阅读推广相关的政策资源包括国家法律法规、部门规章、规划、标准规范等。

第五，信息资源，指人类社会信息活动中积累起来的、以信息为核心的各类信息活动要素（信息技术、设备、设施、信息生产者等）的集合。广义的信息资源指信息内容、信息载体，以及信息传播的工具；狭义的信息资源专指信息内容本身。

除了上述五大类，管理学还从组织管理的角度提出了组织资源概念。组织资源指组织为了实现其既定目标，获取和管理人力资源、财力资源、物力资源、信息资源等各类社会资源。我国图书馆界经常采用的"社会力量"一词，其所指正是参与阅读推广实践的各类组织，这些社会力量所管理的与图书馆阅读推广相关的各类资源，就是阅读推广相关的组织资源。

需要指出的是，我国图书馆界经常采用的"社会力量"，主要指"政府机关和文化事业单位以外的公民、法人和其他组织"[1]。但本书涉及的组织资源，指图书馆以外的与图书馆阅读推广相关的资源。本书认为，图书馆如何充分利用政府资源、如何与其他文化事业单位开展合作，对于阅读推广事业也至关重要。因此，我们将政府机关和文化事业单位所能提供的与阅读推广相关的资源也纳入到社会资源的范畴。

因此，本书对资源的划分，采取了宏观和微观两个层面（如图1-1所示）。

---

[1] 褚树青.社会力量参与公共图书馆事业建设研究［M］.北京：国家图书馆出版社，2019：11.

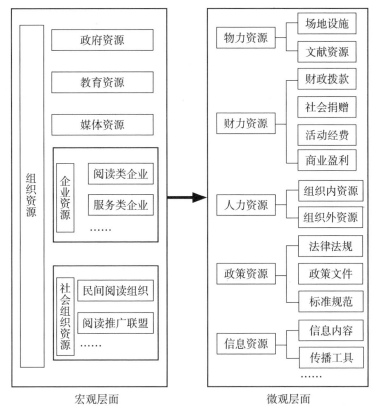

图 1-1 图书馆阅读推广合作的社会资源整体框架

宏观层面，按资源所归属的组织，划分了政府资源、教育资源、媒体资源、企业资源、民间组织资源，分别对应政府、教育机构、媒体、阅读类和服务类企业、社会组织等。

微观层面，从不同组织主体的视角，探讨了不同组织主体如何运用物力资源、财力资源、人力资源、政策资源、信息资源来实现阅读推广目标。

第二节　图书馆阅读推广合作的资源整合依据

一、资源整合的理论依据

任何一个组织的发展都建立在与其他环境发展资源交换的基础之上，同样，任何一个组织都不可能通过自给自足的闭循环满足其自身发展。正如经济学将社会资源定义为"能够通过人际行为交换或传播的物质性或象征性物品"[①]，阅读推广作为一个多元主体、多种方式、多重目标的综合性社会行为，需要物力资源、财力资源、人力资源、信息资源、组织资源等各方面的共振。任何一个组织都很难通过一己之力完成阅读推广工作，因此，合理调动社会资源，形成资源间的整合优化，是做好阅读推广工作的必然之举。具体来说，开展阅读推广资源整合的理论依据如下。

首先，资源是有限的。任何一种社会资源都并非只属于一个社会组织，同时，也没有任何一个组织可以完全调配全部的甚至某一类的社会资源。在资源有限的客观前提下，怎样通过优势资源整合共享来提高资源效能，是使用社会资源时需要考虑的问题。图书馆在开展阅读推广工作时，强化与其他阅读推广主体的合作，发挥各自的比较优势，本身就是对资源的节约和提效。

其次，资源是流动的。资源的流动性决定了资源是可分配的。资源配置最早在经济领域中出现，其实质就是社会总劳动时间在各个部门之间的分配。在社会生产领域，对社会资源的合理配置即在各个部门之间将社会生产要素资源按比例分配，进而实现社会资源的合理配置，保证社会生产结构和社会需求结构基本平衡。以阅读推广这一共同目标为标准，在各阅读推广主体之间合理分配资源，是做好阅读推广工作的重要前提保障。

最后，资源是可交换的。资源依赖理论认为，没有任何一个组织能够脱离社会自给自足，所有组织都必须为了生存与其他环境进行交换，组织的这一需求就催生了组织对外部环境的依赖。资源交换或资源依赖并不等于资源依附，虽然组织之间在人力、物力、财力等资源方面是相互依存的，但在资源交换的过程中，组织是独立和平等的。具体在阅读推广工作中，图书馆同其他社会力量在进行资源交换的过程中，同样遵循此原则，这也为图书馆和各组织之间进行资源整合提供了理论依据。

二、资源整合的现实依据

推动全民阅读是提高国民素质，增强文化软实力的一项重要举措。包括图书

[①] Kjell TörnblomAli Kazemi. *Handbook of Social Resource Theory：Theoretical Extensions，Empirical Insights，and Social Applications*［M］. London：Springer，2012：2.

馆在内的各阅读推广主体统筹协作是发展全民阅读事业的客观要求。

第一，构建知识社会、服务全民阅读，是各参与主体的共同使命。

信息传播技术的普及推动了知识社会的构建，但同时由于信息素养、阅读能力的差异，也造成了数字鸿沟的客观存在。这就意味着获取信息方便的人群对信息占有量越来越大，享有的信息社会的红利越来越多；而阅读困难的人群享有的信息社会的红利就会越来越少。因此，通过阅读推广，培养、提升公众阅读能力和信息甄别能力，引导其接触有价值的信息资源，是缩小数字鸿沟，让人民群众公平、平等地享有信息化带来的优势的必要之举。构建书香社会、提高全民阅读素养，培养全社会阅读氛围，关乎文化发展、教育公平、信息传播的社会精神文化发展的方方面面。公共阅读服务是公共文化服务体系建设的重要组成部分，需要政府部门、公共文化服务机构、相关企事业单位、社会组织和个人的共同参与。作为一项社会系统工程，为达到预期社会效益、满足民众的精神文化需求，需要相关社会力量及其背后所拥有的社会资源统筹协作，充分调动一切致力于全民阅读推广事业和公共阅读服务的社会力量，进而形成促进全民阅读的合力。

第二，图书馆是全民阅读推广的核心力量。

正如《国际图联 / 联合国教科文组织公共图书馆宣言（1994）》[①] 所指出的，"公共图书馆是各地通向知识之门，为个人和社会群体的终身学习、独立决策和文化发展提供了基本的条件"，一直以来，图书馆始终是服务、推动全民阅读的主阵地，在阅读推广工作中发挥中坚作用，这既是由图书馆的功能定位决定的，也符合广大读者享受阅读服务、提升阅读能力等方面的需求。总而言之，阅读是公民获取知识、进行终身学习的重要途径，阅读推广则是图书馆的核心业务领域之一。无论是出于建设学习型社会的要求，还是为了满足公民接触信息、获取知识的客观需求，为社会公众开展阅读服务，进行阅读引导是图书馆义不容辞的责任和使命。

第三，图书馆是社会资源整合优化的重要协调力量。

图书馆既是阅读推广的核心力量，也是阅读服务资源的协调者。这就意味着，在开展阅读推广工作中，图书馆一是要和各社会力量合作，如与教育机构、媒体、

---

① 联合国教科文组织，国际图书馆协会和机构联合会 . 公共图书馆宣言（1994 年）［EB/OL］.［2019–12–12］. https://repository.ifla.org/bitstream/123456789/691/1/pl–manifesto–zh.pdf.

出版社、民间组织等社会力量合作，形成优势互补，提高服务的质量和水平，进而提升阅读推广的实际效果；二是要善用各类社会资源，在知识社会和互联网不断发展、跨界融合成为大趋势的当下，单靠图书馆自身的力量，很难满足各类读者的多元需求。因此在同社会力量合作时，图书馆有必要充分发挥资源整合协调的作用，根据读者的不同需求，将各类社会力量所拥有的资源进行细化和整合，不断聚集优质资源，以满足阅读推广发展需求。

三、资源整合的政策法规依据

对社会资源的有效整合是国家治理能力现代化的客观要求。多年来，党和政府出台了一系列政策法规，引导社会力量广泛参与公共文化服务体系建设和全民阅读推广事业。

2013年11月，党的十八届三中全会发布《中共中央关于全面深化改革若干重大问题的决定》[①]，明确提出"鼓励社会力量、社会资本参与公共文化服务体系建设"。自此，相关政策和法律法规不断完善，为图书馆与社会力量合作共同开展阅读推广提供了制度保障。

2015年1月，中共中央办公厅、国务院办公厅印发《关于加快构建现代公共文化服务体系的意见》[②]，提出建设现代公共文化服务体系"坚持社会参与""坚持共建共享"等基本原则，在建设现代公共文化服务体系的目标中明确指出，要建成"政府、市场、社会共同参与公共文化服务体系建设的格局"，这就要求各社会主体共同参与到公共文化服务体系的建设之中。

2015年5月，国务院办公厅转发文化部、财政部、新闻出版广电总局、体育总局等部门联合制定的《关于做好政府向社会力量购买公共文化服务工作的意见》[③]，将"全民阅读活动的组织与承办"列入《政府向社会力量购买公共文化

---

① 中共中央关于全面深化改革若干重大问题的决定［EB/OL］.（2013-11-15）［2019-12-12］. http：//www.gov.cn/jrzg/2013-11/15/content_2528179.htm.

② 关于加快构建现代公共文化服务体系的意见［EB/OL］.（2015-01-14）［2019-12-12］. http：//www.gov.cn/xinwen/2015-01/14/content_2804250.htm.

③ 关于做好政府向社会力量购买公共文化服务工作的意见［EB/OL］.（2015-05-11）［2019-12-12］. http：//www.gov.cn/zhengce/content/2015-05/11/content_9723.htm.

服务指导性目录》。

2016 年 12 月，国家新闻出版广电总局印发《全民阅读"十三五"时期发展规划》①，将"组织引导社会各方力量共同参与"列为十项重点任务之一，提出要"鼓励和吸引社会力量建设全民阅读公共设施、提供全民阅读服务""鼓励和支持文化团体、教育机构和其他社会组织开展阅读推广并提供公益阅读服务"。

2017 年 3 月，《中华人民共和国公共文化服务保障法》②（以下称《公共文化服务保障法》）正式实施，该法用多个条款阐明社会力量在公共文化服务、设施建设等方面的重要作用。明确提出，"国家鼓励和支持公民、法人和其他组织通过兴办实体、资助项目、赞助活动、提供设施、捐赠产品等方式，参与提供公共文化服务。"

2017 年 11 月，《中华人民共和国公共图书馆法》③（以下称《公共图书馆法》）出台，并于 2018 年 3 月正式实施，从法律层面规定了公共图书馆全民阅读推广的职责任务，其中第三条和第三十六条规定，"公共图书馆应当将推动、引导、服务全民阅读作为重要任务""公共图书馆应当通过开展阅读指导、读书交流、演讲诵读、图书互换共享等活动，推广全民阅读"；同时，《公共图书馆法》也明确要求公共图书馆建设与服务应当整合社会资源，其中第十三条和第四十八条规定，"公共图书馆服务网络建设坚持政府主导，鼓励社会参与""国家支持公共图书馆加强与学校图书馆、科研机构图书馆以及其他类型图书馆的交流与合作，开展联合服务"。

此外，国务院法制办公室于 2017 年 4 月审议并原则通过公开征求社会各界意见的《全民阅读促进条例（征求意见稿）》，也对社会力量共同推进全民阅读做出了明确规定。并且，相关部门和地方政府还出台了一系列鼓励和支持社会力量参与公共文化服务和公共图书馆建设、推动全民阅读的政策文件。这些法律法规

---

① 全民阅读"十三五"时期发展规划［EB/OL］.［2020–01–16］. http：//www.sapprft.gov.cn/sapprft/contents/6588/311617.shtml.

② 中华人民共和国公共文化服务保障法［EB/OL］.（2016–12–25）［2019–12–12］. http：//www.npc.gov.cn/zgrdw/npc/xinwen/2016–12/25/content_2004880.htm.

③ 中华人民共和国公共图书馆法［EB/OL］.［2019–12–12］. http：//www.npc.gov.cn/npc/c30834/201711/86402870d45a4b2388e6b5a86a187bb8.shtml.

和政策的出台，为图书馆引入社会资源，与社会力量合作共同推动全民阅读提供了法律政策依据。

第三节　图书馆阅读推广合作的社会资源整体框架

阅读推广相关社会资源不是独立存在的，而是属于某一个阅读推广实施主体的。如前所述，各级各类图书馆是阅读推广的主阵地，所以，图书馆是阅读推广最重要的实施主体之一。此外，阅读推广的实施主体还包括政府、教育机构、媒体机构、企业、社会组织和个人。这些组织和个人既是阅读推广的参与主体，也是阅读推广相关社会资源的所有者，从这个角度看，和不同主体开展合作的过程本身就是对各类社会资源调动、调配和管理的过程。

因此，在本书中，我们按资源的归属主体，探讨图书馆与政府资源、教育资源、媒体资源、阅读类企业资源、民间阅读资源开展合作的内涵、原因和方法策略。在具体的合作方式上，对文献信息资源、人力资源、场地资源、财力资源等具体的资源应用合作模式进行了案例分析和规律总结。下面结合本书结构阐述阅读推广合作视域下的社会资源框架。

第一讲对阅读推广和社会资源概念进行了分析，从理论上明确了阅读推广的内涵和外延，以及为什么图书馆是阅读推广的最重要主体、为什么图书馆必须通过资源合作才能更好地做好阅读推广工作两个重要问题。

第二讲探讨了图书馆运用政府资源开展阅读推广问题。宏观上的政府资源又可称为政府所拥有的资源，指各级党委、立法机关、政府及组成部门、相关公共事业单位在履行职责过程中产生的各类社会资源，具体运用到图书馆阅读推广，包括政策法规资源、财政资源、人力资源、信息资源、群团组织资源、公共文化服务机构资源。全民阅读作为一个国家战略，将政府与图书馆紧密联系在一起，构成了政府与图书馆开展合作的最重要前提。本讲结合案例探讨了图书馆整合利用各类政府资源拓展阅读推广的方法策略。

第三讲介绍了图书馆阅读推广与教育资源的合作。这里所说的教育资源指教育过程所占用、使用和消耗的教育人力资源、物力资源和财力资源的总和。教育机构无疑是教育资源的最主要所有者，本讲通过对图书馆与学前教育、中小学教育和高等教育不同阶段教育机构合作模式的探讨，结合案例分析了图书馆如何与教育资源合作开展阅读推广，引导受教育者养成阅读习惯、提升阅读能力。

第四讲介绍了图书馆阅读推广与媒体资源的合作。互联网媒介技术的发展催生了报纸、广播、电视、网络等多种媒介形态的技术融合和内容整合。在本讲中，我们不局限于单一形态的媒体，而是将媒体划分为主流媒体、行业媒体、商业化媒体和自媒体，挖掘它们所拥有的宣传资源、渠道平台资源、媒体人力资源、媒体信息资源等诸多资源。图书馆与媒体资源合作模式包括发挥媒体的宣传引导作用，营造良好阅读氛围；发挥媒体组织动员作用，合作举办阅读推广活动；利用社交媒体扩大图书馆阅读推广发声渠道，进一步实现媒体资源的整合优化。

第五讲介绍了阅读类企业和图书馆阅读推广的合作。长期以来，图书馆界一直有和企业合作进行阅读推广的实践。本书并不准备对所有类型的企业进行分析，而是重点分析阅读类企业，包括出版机构、发行机构、绘本馆、知识服务类企业等。图书馆与出版发行资源方的合作包括与出版发行企业合作举办活动、会议、展销等模式；图书馆与书店、绘本馆主体的合作方式包括提供读者服务，对企业主体实施专业化培训指导等；知识服务类企业是随着知识社会发展而不断发展起来的一类企业主体，与知识服务类企业主体的合作关键在于信息开发、管理和信息获取能力的培养等。

第六讲介绍了民间阅读力量和图书馆阅读推广工作的合作。民间阅读力量包括民间读书会、公益阅读组织和志愿者，他们是民间阅读资源的所有者。其中，与民间读书会合作的方式包括资源支持，对读书会提供辅导和培训，读书会信息整合发布等；与公益阅读组织的合作方式包括合作开展阅读推广活动，搭建阅读组织交流平台等；与志愿者合作的关键在吸纳志愿者和调动志愿者积极性，使其成为阅读推广活动的重要有生力量。

第七讲介绍了阅读推广联盟的建设。阅读推广联盟是以引导阅读、凝聚社会力量、分享交流为宗旨的阅读推广社会组织。本讲中，我们对阅读推广联盟的发展历程、职责、主要活动进行了梳理和总结。自 2011 年我国第一家阅读推广联盟成立，到 2017 年国务院法制办审议并原则通过《全民阅读促进条例》，阅读推广联盟平稳快速发展，为阅读推广相关的社会资源集聚融合提供了重要平台，通过联合宣传阅读、联合推荐书目、联合组织阅读活动、出版阅读资源等方式不断创新阅读推广模式，也为图书馆未来阅读推广社会资源合作提供了新借鉴和参考。

　　第八讲探讨了图书馆阅读服务购买问题。主要论及阅读服务外包、公共阅读空间服务的购买两个问题。从其产生的背景、主要内容、阅读服务购买效果评估几个方面，对这一新的运营模式进行了分析梳理。

第二讲

政府资源与图书馆阅读推广

政府具有经济调节、市场监管、社会管理和公共服务职责，关系着国家政治、经济、文化生活的方方面面，因此，政府资源也囊括政策资源、人力资源、财力资源、资产资源、信息资源等多方面。图书馆履行公共阅读服务职能离不开政府资源的支持。善用政府资源，是图书馆开展阅读推广工作的必要之举，也是图书馆履行在公共文化服务体系中职责的必然要求。本讲将从阅读推广的政府主体着眼，厘定相关政府资源的内涵及外延，并分别介绍图书馆与各类政府资源合作的方法和策略。

第一节　政府资源界说

一、政府的基本概念

在我国，"政府"一词起源于唐宋时期"知政堂"和"二府"两词的合称。政府有广义和狭义之分，广义的政府指国家权力的一切机关，既包括中央和地方的立法机关、司法机关，也包括中央和地方的行政机关；狭义的政府专指中央和地方的行政机关①。

在国家政治生活中，政府承担着维护国家安全与主权、加强国防建设、消除

---

① 李金龙，唐皇凤.公共管理学基础［M］.上海：上海人民出版社，2008：68.

社会隐患和内部腐败、控制污染保护生态环境、推广吸收民间先进科学技术和经验，鼓励创新创造、淘汰落后产品产能和生产工艺、提高国民生产能力、优化社会结构、实施城乡规划，减贫扶贫防贫、促进社会进步的职责使命。2013年《中共中央关于全面深化改革若干重大问题的决定》提出，加强中央政府宏观调控职责和能力，加强地方政府公共服务、市场监管、社会管理、环境保护等职责。

二、图书馆阅读推广相关政府资源

政府资源是由政府职能延伸而来的，是政府中已经存在的、既有的和由此新增的行政性的财富及其外在功能影响，即能为行政系统的存在、运行、发展提供支持的物质因素和精神因素的总和，涉及政治、经济、文化生活的方方面面。

本讲探讨的政府资源，指的是广义上的政府资源，聚焦到我国语境下，也就是党的机关、立法机关、政府及组成部门、司法机关、群团组织（工会、青年团、妇联等）以及相关公共事业单位在履行职责过程中产生的各类社会资源[①]。我们在此暂不从行政管理学角度对政府资源进行概括，而是聚焦到阅读推广的具体领域，探讨图书馆阅读推广涉及的政府资源都有哪些。

（一）按资源功能划分

从资源功能划分，图书馆阅读推广涉及的政府资源主要包括政策法规资源、财力资源、人力资源和信息资源。

1. 政策法规资源

这里所说的政策法规是国家法律、行政法规、规章和其他规范性、政策性文件。政策法规资源也就是这些政策和法规在制定、执行过程中所产生的管理资源。

政府通过制定相关法律法规，出台政策文件、制定发展规划等形式，为阅读推广提供制度保障，优化法治环境。

近年来，《公共文化服务保障法》《公共图书馆法》等法律法规相继颁布，推进全民阅读的专门政策文件不断出台，极大促进了我国公共文化事业的法制化建设和发展，也为阅读推广事业提供了法律和制度上的保障。

[①] 句华.政府购买服务与事业单位改革衔接机制研究［M］.北京：人民出版社，2017：42.

2. 政府财力资源

政府财力资源是指一个国家或一级政府在一定时期内所能掌握和使用的，在一定形式和程度上能够转化为资金形态的所有有形和无形政府资源的总称。具体而言，政府的财力资源又可细分为财政类资源、国有资产类资源等。

其中，和阅读推广工作联系最为紧密的是政府财政资源，它为图书馆阅读推广提供资金支持，在经费上保障公共阅读设施的建设维护，公共阅读资源的积累更新，阅读推广项目的立项、扶植和推动等，这是阅读推广事业得以发展的最重要的物质基础之一。

3. 政府人力资源

人力资源指一个组织在一定时期内所拥有的作为生产要素的人力的总和。就图书馆阅读推广来说，政府的人力资源指在广义上的政府中关心支持阅读推广事业的人才队伍力量，例如，关心指导书香社会建设的政府要员和学者型官员、政府及相关部门的国家工作人员、公共文化事业单位和群团组织的相关人员等，这些都是阅读推广事业发展的重要有生力量。

4. 政府信息资源

根据《中华人民共和国政府信息公开条例》第二条规定，政府信息是指行政机关在履行行政管理职能过程中制作或者获取的，以一定形式记录、保存的信息[①]；广义的政府信息则囊括了包括法律、法规、规章、通告、提议议案、政务公开在内的一切与政府公共管理相关的信息资源。随着我国实施国家大数据战略、推进数据资源开放共享，信息数据资源已经成为一种战略资源，与国家经济发展、社会治理、政府服务和监督紧密相连。

政府作为信息数据资源的主要拥有者，向公众提供便捷、高效的信息获取渠道，是其职责所在。图书馆肩负着为社会公众提供信息服务的职能，如何更好地贯彻政府信息公开条例，帮助、引导广大读者正确认识政府信息数据资源，提高资源获取、辨析能力和素养，已经成为大数据时代图书馆阅读推广工作不可或缺的组成部分。

---

① 中华人民共和国政府信息公开条例［EB/OL］.（2019-04-15）［2019-12-12］. http://www.gov.cn/zhengce/content/ 2019-04/15/content_5382991.htm?tdsourcetag=s_pcqq_aiomsg.

（二）按组织所有划分的其他政府资源

图书馆在进行阅读推广的过程中，政府体系中的群团组织和公共文化服务机构也是图书馆应该重点考虑的合作对象。

1. 群团组织

群团组织是"群众性团体组织"的简称。中央机构编制委员会管理机构编制的群众团体有中华全国总工会、中国共产主义青年团中央委员会、中华全国妇女联合会、中国科学技术学会、中国残疾人联合会、中国文学艺术界联合会等 22 家。省市县各级以此类推。

群团组织资源也是广义的政府资源的重要组成部分。《中共中央关于加强和改进党的群团工作的意见》[①] 指出，"群团事业是党的事业的重要组成部分""工会、共青团、妇联等群团组织联系的广大人民群众是全面建成小康社会、坚持和发展中国特色社会主义的基本力量"。群团组织的最大特点就是联系服务特定群体，如共青团、妇联、残联等都肩负着服务特殊群体的社会使命，与公共图书馆具有相同的服务价值理念，这是图书馆与群团资源合作的重要前提条件。同时，群团组织在特定群体中有着广泛的影响力，是助力图书馆开展活动、扩大社会影响力的"影响力资源"。

2. 公共文化服务机构

公共文化服务机构指公共文化服务体系建设的重要主体单位，主要包括图书馆、博物馆、档案馆、文化馆、科技馆、美术馆等。这些机构共同承担着政府的公共文化服务职能，服务社会主义公共文化建设，它们既是文化资源的具体承载者，也囊括了文化机构内部所自有的人力资源、智力资源、信息资源等，是图书馆阅读推广的重要合作伙伴。

三、各国政府对全民阅读的推动

书籍和阅读是人类文明的重要传承载体，是国家社会进步、文明程度不断提高的重要标志。推动全民阅读，建设书香社会，需要公共阅读服务机构积极尽责，

---

① 中共中央关于加强和改进党的群团工作的意见［N］. 人民日报，2015–07–10（4）.

需要全社会各种力量积极参与，但更需要国家和政府全面履行公共文化责任。全民阅读国家战略的实施，需要国家层面的宏观谋划、政策引导、财政支持、协调推进。纵观国内外情况，各国政府通过制定相关法律、开展全国范围内的阅读活动等推动全民阅读。

日本 2001 年公布和实施了《儿童阅读推进法》，该法的目的是确定儿童阅读推进法的基本理念，在明确国家、地方公共团体责任的同时，确定推进儿童阅读相关的必要事项，全面而有计划地推进与儿童阅读有关的政策。2005 年 7 月，日本国会通过了《文字·印刷文化振兴法》，并于同月 29 日开始实施。该法的主要内容之一是推进国语教育和阅读推广，同时在该法中将读书周的第一天 10 月 27 日设立为"文字·印刷文化日"。

韩国 1994 年制定了《图书馆与读书振兴法》。2006 年 12 月 29 日通过的《阅读文化振兴法》，规定文化体育观光部为国民阅读推广的官方机构，每五年需制定一份读书文化振兴基本规划；成立读书振兴委员会，指导和推动国民阅读的开展；规定中央和地方政府必须为全体公民提供均等的阅读教育的机会；明确社区、学校、公司企业等各非营利和营利机构在推进全民阅读中的责任。

俄罗斯联邦出版、广播电视和公众媒体传播部在 2006 年 11 月联合俄罗斯图书联盟，共同制定推出了《国家支持与发展阅读纲要》，并在具体实施上由政府给予财力和政策上的大力支持。

除了制定相关法律和规划，很多国家政府部门开展了声势浩大的阅读运动，这些阅读运动一般都有国家政要的极力支持。2006 年，时任英国首相安东尼·布莱尔发起"快速阅读"倡议，鼓励畅销书作家为成年人编写简略本图书，以鼓励繁忙的成年人读书。美国历任总统上任后，几乎都大力提倡阅读，威廉·克林顿总统倡导"美国阅读挑战"运动；乔治·沃克·布什总统提出"阅读优先"方案；贝拉克·奥巴马总统刚上任不久，便与夫人米歇尔·奥巴马到首都华盛顿一所小学，一起为孩子们朗读介绍美国登月宇航员阿姆斯特朗的儿童读物片断。

我国政府推动全民阅读多年，并取得了显著成效。早在 1997 年，中央宣传部、文化部、国家教委等九部委联合印发《关于在全国组织实施"知识工程"的通知》，提出了"以发展图书馆事业为手段，以倡导读书、传播知识、推动社会文明与进步为目的"的知识工程的四大目标；2006年，中宣部、中央文明办、新闻出版总署、文化部等11部委共同向社会发出《关于开展全民阅读活动的倡议书》，倡导开展"爱读书、读好书"的全民阅读活动；2012年，"开展全民阅读活动"被写入党的十八大报告；自2014年起，"倡导全民阅读"连续被写入每年的《国务院政府工作报告》；2017年以来，《公共文化服务保障法》《公共图书馆法》相继颁布实施，《全民阅读促进条例（征求意见稿）》也获得了国务院法制办的审议和原则通过。多个省份出台了相关地方法规和推进全民阅读的专门政策文件。全国各省市的地方党委、政府大都高度重视本地区的阅读活动，将全民阅读列为党委、政府的重要工作，设立读书节、读书月，成立以主要领导挂帅的读书活动组委会和读书节办公室，鼓励开展全民阅读活动。这些都体现了国家对全民阅读事业的重视、政府及相关部门对推动全民阅读的责任。推动全民阅读已经逐渐上升为一种国家战略。

第二节 善用政府资源的重要意义

一、善用政府资源的重要性和必要性

（一）善用政府资源是图书馆自身属性要求

全民阅读是一项系统性工程，需要在政府及其相关部门统筹协作下才能够完成。图书馆作为国家举办的公共阅读服务机构，有责任和义务确保公民能够在阅读中丰富知识、获得精神享受；同时，也需要国家给予相应的保障，为阅读推广工作顺利开展奠定基础。由此可见，服务全民阅读是图书馆和各政府部门的共同职责。在这项系统工程中，图书馆作为直接的业务提供方，一是有义务落实上级部门的政策和要求，提供优质的公共阅读服务；二是有责任向上级主管部门阐明业务导向型的需求，为政府的顶层设计提供决策参考，这都要求图书馆应积极主动地做好与政府及其相关部门的沟通协调工作，并将顶层设计落实到具体工作中去。

（二）公共资源具有分散性和稀缺性特征

正如《公共图书馆宣言》宣称："公共图书馆是国家和地方政府的责任。必须制定专门的法规支持公共图书馆，国家和地方政府必须为公共图书馆筹措经费。"《公共图书馆法》也明确规定，县级以上人民政府应当将公共图书馆事业纳入本级国民经济和社会发展规划，将公共图书馆建设纳入城乡规划和土地利用总体规划，加大对政府设立的公共图书馆的投入，将所需经费列入本级政府预算，并及时、足额拨付。由此可见，图书馆履行公共阅读服务职能离不开政府公共资源的支持。

然而，公共资源是有限的、稀缺的。以政府资源作为主要支撑的公共服务机构还有很多，无论在哪一级政府，都面临着公共服务责任与相对匮乏的公共资源之间的突出矛盾。即使是在国家整体全民阅读推广事业中，配置给图书馆的资源仍旧是有限的。资源的稀缺性和流动性客观要求形成由政府主导、各方面资源整合的模式；同时，也要求图书馆认真思考如何实现资源的优化配置，积极开拓与政府部门的沟通，合理表达诉求，促使其在各自职责范围内对图书馆的阅读推广工作予以资源倾斜，使得有限的资源普惠更多民众，实现"1+1＞2"的效果。

（三）政府资源是推动各类资源整合的重要力量

从阅读的本质来看，阅读既是一种个体行为，同时，也是一种社会行为。全民阅读推广则囊括了图书馆界、教育界、新闻出版界、科技界、社会组织等多个领域。由此可见，阅读推广是一个多元力量参与、多方资源协调的综合体。只有政府层面进行顶层设计，系统性地科学调节各类资源，才能够实现各方资源整合优化。图书馆在进行阅读推广合作中，在整合其他社会资源时，需要借助政府的力量，更好地发挥图书馆的枢纽作用。

二、善用政府资源的内在要求

（一）立足本职工作，彰显图书馆在全民阅读中的影响力

正所谓打铁还需自身硬，阅读推广已经成为图书馆的核心业务，是图书馆的最基本职责，也是图书馆的发展之根。

实践证明，藏书的多寡、文献资源建设质量，以及服务管理水平的优劣，决定了图书馆阅读推广的服务水平，也决定了图书馆在区域内、行业内的影响力和话语权。高质高效的服务意味着对读者的吸引力，也显示着一个以国家公共资源为支撑的公共文化机构服务整体公共文化事业的能力。

因此只有提升图书馆阅读服务的基本能力，才能够发挥图书馆的行业和区域影响力，进而形成与政府资源的良性互动，巩固图书馆作为全民阅读推广及公共文化服务重要践行者的地位，更好地融入社会主义文化服务的总体进程中。

（二）注重资源效益最大化，确保公共阅读服务提质增效

资源管理是组织运营中的关键一环。资源管理水平直接关系到组织发展效益最大化的多层级目标。图书馆作为阅读推广工作的重要承担者，必然应当做好自有资源和相关资源的整合协调，力争资源的充分利用、科学利用和有效利用。

如前所述，一方面，我国公共文化资源配置不均衡，城乡、区域之间存在一定差距，加之资源本身的有限性，图书馆无论是直接与政府所有资源合作，还是通过政府支持协调其他各类资源，都应围绕提升公共文化产品和服务供给水平这一核心目标展开，通过资源的调动和整合，推进基本公共文化服务标准化、均等化发展，这是资源效益最大化的前提要求；另一方面，在资源管理过程中，图书馆还应充分发挥纽带作用，深度挖掘有限资源空间，发挥优势和特色，借助自身的活动设计、协调能力，使得有限资源效益最大化，形成链条化、品牌化、融合化的发展方向，进而实现政府资源和其他社会资源的有效整合。

（三）形成行业合力，推动各级各类图书馆资源整合

阅读推广的受众多样，各类读者有着多元的阅读需求，只有公共图书馆、高校图书馆和专业图书馆发挥各自优势，实行精准服务，才能满足读者的多元诉求。例如：公共图书馆拥有丰富的文献资源、读者资源和设施平台资源；高校图书馆文献资源基础丰厚，同时，由于目标读者群是大中专院校师生，还拥有雄厚的人才资源；专业图书馆则因为聚焦各自的专业领域，拥有了得天独厚的领域资源。因此，图书馆应紧抓自身优势，进一步发挥行业的整体力量，促使各类图书馆内部的资源形成合力，共同发挥职能推动全民阅读事业。

第三节　运用政府资源的方法策略

一、研究善用政策法规资源

图书馆是政策法规资源和民众之间的桥梁纽带，一方面，图书馆为公众提供阅读服务，是最了解公众阅读需求、致力于公民阅读素养建设的服务机构，可以根据实际工作，主动评估现行法律法规是否能为满足公民日益增长的阅读需求提供必要的政策支撑；另一方面，图书馆也为立法机关和相关部门提供智力支撑，要结合具体的服务实践，积极主动向立法部门和主管部门表达诉求。

（一）了解研究政策法规

政策法规资源为图书馆开展阅读推广工作提供制度保障，是阅读推广事业得以健康发展的重要前提。图书馆管理者应当熟悉相关政策法规，善于运用政策法规资源挖掘优势、保障权益、促进阅读推广事业发展。

加强对相关政策法规的调查研究是充分利用的前提。图书馆要根据自身职责范围，充分了解并深入研究相关法律法规和政策文件，从宏观上了解法规政策框架下图书馆公共阅读服务的权力义务，进而结合实际工作思考如何利用好这些法规政策，更好地为公民提供阅读服务。下面对图书馆应该了解的政策法规类型进行介绍。

1. 法律法规规章

包括国家法律、行政法规、国务院部门规章、地方性法规和地方政府规章。

（1）国家法律：由全国人民代表大会及其常务委员会制定的相关法律，公共文化类国家法律有《公共图书馆法》《公共文化服务保障法》等。

（2）行政法规：由国务院根据宪法和法律制定。公共文化类行政法规有《博物馆条例》《全民阅读促进条例（征求意见稿）》《公共文化体育设施条例》等。

（3）部门规章：由国务院各部委根据国家法律和国务院的行政法规制定。如文化部颁布的《乡镇综合文化站管理办法》《文化志愿服务管理办法》等。

（4）地方性法规：由省级和设区市级人民代表大会及其常务委员会制定。目前，已有多省颁布了《公共图书馆条例》《公共文化服务促进条例》《全民阅读促进条例》。在文化立法进程中，地方立法先行是常见的做法，例如，2011年广东省就率先出台了《广东省公共文化服务促进条例》，对国家《公共文化服务保障法》的出台起到了一定的推动作用；2015年颁布实施的《广州市公共图书馆条例》成为我国第一部省会城市公共图书馆地方性法规。这些地方立法活动一方面为地方公共文化事业提供了法制保障，同时也为国家推动公共文化立法提供了实践范本。

表 2-1　我国部分省市制定的全民阅读地方法规

法规名称	生效时间
江苏省人民代表大会常务委员会关于促进全民阅读的决定	2015.01.01
辽宁省人民代表大会常务委员会关于促进全民阅读的决定	2015.03.31
深圳经济特区全民阅读促进条例	2016.04.01（2019.04.26 修正）
四川省人民代表大会常务委员会关于促进全民阅读的决定	2016.04.23
石家庄市人大常委会关于促进全民阅读的决定	2016.12.29
黑龙江省人民代表大会常务委员会关于促进全民阅读的决定	2017.04.23
吉林省全民阅读促进条例	2017.12.01
烟台市全民阅读促进条例	2019.04.01
河南省人民代表大会常务委员会关于促进全民阅读的决定	2019.04.23
广东省全民阅读促进条例	2019.06.01
贵州省全民阅读促进条例	2019.08.01

（5）地方政府规章：省、自治区、直辖市和设区的市人民政府根据法律、行政法规和本省地方性法规制定政府规章。如湖北省人民政府于2014年颁布的《湖北省全民阅读促进办法》，是全国首部关于全民阅读的地方政府规章；上海市人民政府于1997年颁布并四次修订的《上海市公共图书馆管理办法》等。

2. 规划类文件和行政规范性文件

（1）发展规划：国家五年规划为国家经济社会发展远景规定目标和方向。2016年，《国民经济和社会发展第十三个五年规划纲要》提到要"推动全民阅读"，并将其列为国家八大文化重大工程之一；此后《全民阅读"十三五"时期发展规划》《"十三五"时期全国公共图书馆事业发展规划》《"十三五"时期公共数字文化建设规划》等相继出台。国家层面的发展规划从国家总体战略的层面确定事业发展方向，各级图书馆都应当认真研究、充分了解，进而明确自身工作重点和发展方向；同时，各级政府也会根据自身情况进行细化，制定本级政府的中长期规划、发展纲要，图书馆要了解本地的制度安排，围绕总体规划，细化每年任务，确保规划落到实处。

表 2-2　我国中央政府和地方政府制定的全民阅读发展规划列表（部分）

规划名称	发布时间
全民阅读"十三五"时期发展规划（原国家新闻出版广电总局发布）	2016.12
内蒙古自治区全民阅读中长期规划（2016—2025 年）	2016.05
四川省"十三五"时期全民阅读规划	2016.07
海南省全民阅读中长期规划（2016—2025 年）	2017.02
江苏省"十三五"全民阅读发展规划	2017.03
安徽省全民阅读"十三五"发展规划	2017.04
赤峰市全民阅读中长期规划（2016—2025 年）	2017.07
三亚市全民阅读中长期规划（2017—2025 年）	2017.12
黑龙江省全民阅读中长期规划（2019—2025 年）	2019.07

（2）行政规范性文件：指政府部门为实施国家法律、法规、规章和国家政策而就某些问题发布的具有普遍约束力、在一定期限内反复适用的公文[1]。简言之，就是政府以"红头文件"形式发布的通知、规定、决定、意见、办法等，凡内容为实施法律、法规、规章和上级行政机关规范性文件的，其名称前一般会冠以"实施"两字。制发行政规范性文件是行政机关依法履行职能的重要方式，其中推动公共文化的政策文件从政府职能角度明确相关任务、工作方式、步骤和具体措施，为图书馆及相关机构合作推进全民阅读事业发展提供了基本遵循。据中国图书馆学会阅读推广委员会《政府组织的全民阅读工作中公共图书馆角色调查报告（2006—2016）》统计，从 2006 年到 2016 年，全国省级行政区政府发布全民阅读的专门政策文件 56 份，地级行政区发布全民阅读的专门政策文件 31 份[2]。

---

[1] 国务院办公厅关于加强行政规范性文件制定和监督管理工作的通知［EB/OL］.（2018—05—31）［2019—12—12］. http://www.gov.cn/zhengce/content/2018—05/31/content_5295071.htm.

[2]《政府组织的全民阅读工作中公共图书馆角色调查报告（2006–2016）》选要［N］. 新华书目报，2018–04–20（15）.

另外，党的代表大会工作报告和政府工作报告也是图书馆应该认真学习研究的，以全面了解党和政府公共文化的政策导向、主要任务和工作举措。如"开展全民阅读活动"被写入党的十八大报告、"倡导全民阅读"连续被写入每年的《国务院政府工作报告》，都极大地推动了全民阅读深入开展。

总之，图书馆既要了解本级政府的相关政策规章制度，也要了解总体的制度安排，结合图书馆的具体业务范围和读者服务实际，见微知著，使自身工作更为契合推动全民阅读的大政方针。

（二）参与立法决策活动

"为国家机关制定法律、法规、政策和开展有关问题研究，提供文献信息和相关咨询服务"[①]是公共图书馆应该履行的服务职责。

1. 发挥专业优势推动立法决策

图书馆具有专业人才优势和信息服务优势，应充分发挥自身优势，通过图书馆和行业学会、协会等多种渠道，参与到推动立法的实践之中。

美国国会图书馆下设有国会研究服务部，该部门在成立之初的名称叫作立法参考服务部，其职责就是在立法过程中提供保密、权威、超党派和客观的研究和信息服务。立法咨询服务制度客观上促进了美国图书馆法的完善，出台了包括《图书馆服务与技术法》《美国国会图书馆法》等一系列专门法规，为美国图书馆发展提供法律和制度上的规范和指导[②]。

图书馆在公共阅读服务中，要加强需求调研，充分了解公众诉求，向立法机构做好需求阐释。以《公共图书馆法》为例，该法律在 2008 年起草之初，文化部就委托中国图书馆学会组织全国图书馆学界业界成立了十余个课题组，开展立法支撑调研[③]，并形成了若干专题研究报告，为图书馆立法工作提供了有力支撑。其中包括"读者权益与图书馆服务研究"等[④]，对从法律层面确定全民阅读服务作为公共图书馆的基本职责具有重要的参考价值。此后，在文化部完成草案送审稿

---

① 中华人民共和国公共图书馆法［EB/OL］.［2019–12–12］. http：//www.npc.gov.cn/npc/c30834/201711/86402870d45a4b2388e6b5a86a187bb8.shtml.

② 田贺龙.美国国会图书馆的立法决策服务［J］.国家图书馆学刊，2011（1）：24–28，40.

③ 刘小琴.《公共图书馆法》立法进程［J］.图书馆建设，2016（1）：13–15.

④ 李国新.《公共图书馆法》立法进展［J］.图书馆建设，2010（10）：1–3，8.

后，图书馆界又积极参与了全国人大组织的调研研讨、征求意见等活动。后续，又为该法出台后配套制度的研究制定提供了有力支撑。

在地方立法进程中，各地图书馆也深度参与，起到了积极的支撑作用。例如，河北省图书馆、河北大学管理学院受河北省人大委托，进行本省《公共图书馆条例》和《公共文化服务保障条例》的地方立法前期研究工作，提交了研究报告和法规建议稿文本，在提高图书馆的话语权和影响力、推动地方立法进程等方面都起到了积极作用。

2. 丰富立法决策参与方式

阅读推广工作是一项直接面向读者、响应读者需求、在一线服务读者的具体工作，而专门法规政策的制定也需要更多的一线业务经验参与，这就意味着图书馆可以从立法倡议、立法调研、征求意见、专业审议、立法实效评估等多方面、全流程地参与立法决策活动，使一线业务需求能够直达立法部门的"桌案"。各级图书馆均应主动梳理业务工作中的问题，阐明图书馆专业立法、行业规范制定的必要性，并积极主动设置议程，使得立法决策部门越来越重视图书馆的法制建设问题。

多年来，各级公共图书馆以立法决策信息服务的方式积极参与到政府规划和立法部门的决策议程之中。例如多省图书馆与人大文献研究室共同推出《审议参考》，为人大常委会组成人员审议法规提供信息支撑；在全国及各地两会召开时，图书馆积极提供专题信息服务，如以编印热点专题资料等形式服务代表、委员议案提案调研，使得图书馆的信息服务与立法资源深度融合。

（三）做好政策法规宣贯

图书馆有责任和义务向民众宣传介绍《公共图书馆法》等法律法规政策，从专业角度阐释相关政策法规，同时帮助读者更好地明确自身阅读的权利。例如，在《公共图书馆法》发布后，全国各级各类图书馆都开展了一系列的宣传活动，举例如下。

1. 举办法律宣传展览，用简单易接受的图文展示方式，向读者介绍《公共图书馆法》作为中国第一部图书馆专门法的内容。

2. 举办讲座，介绍《公共图书馆法》规定的图书馆及读者的权利义务，宣讲国家号召全民阅读的大政方针。

3. 依法依规向社会公众提供阅读服务，将阅读推广活动和普法宣传结合在一起，让读者亲身体会到、享受到阅读权利和社会主义文化成果，确保法律法规落实到位。

图书馆还应积极配合执法检查、立法后评估等工作，在法规细化以及相关配套政策出台等方面主动作为。

二、高效利用财政资源

财政经费的投入在公共图书馆事业发展中具有无可取代的地位。《公共图书馆宣言》所提到"建立公共图书馆是国家和地方政府的责任。必须专门立法维持公共图书馆，并由国家和地方政府财政拨款"[1]已经逐渐成为社会共识。《公共图书馆法》规定，"县级以上人民政府应当将公共图书馆事业纳入本级国民经济和社会发展规划，将公共图书馆建设纳入城乡规划和土地利用总体规划，加大对政府设立的公共图书馆的投入，将所需经费列入本级政府预算，并及时、足额拨付。"[2]《全民阅读促进条例（征求意见稿）》和相关地方法规，也明确了"将政府开展全民阅读促进工作所需资金纳入本级预算"的政府责任。这些规定从法律层面明确了财政资源对阅读推广工作的支持。然而，财政资源作为一种物质资源，在资源总量有限的前提下，其稀缺性和流动性表现最为突出，这就要求图书馆强化资金筹措能力，充分合理利用财政资源，提高财政资源实际效能。

（一）提高站位，做好需求阐释

有效的信息沟通是保证政府与社会组织之间相互了解的前提。在日常工作中，图书馆需要从更好满足广大人民群众文化需求、构建社会主义公共文化服务体系的高度出发，做好对政府相关部门的需求阐释工作。

一是要充分阐释阅读推广的重要性。

---

[1] 联合国教科文组织，国际图书馆协会和机构联合会. 公共图书馆宣言（1994年）[EB/OL].［2019-12-12］. https://repository.ifla.org/bitstream/123456789/691/1/pl-manifesto-zh.pdf.

[2] 中华人民共和国公共图书馆法［EB/OL］.［2019-12-12］. http://www.npc.gov.cn/npc/c30834/201711/86402870d45a4b2388e6b5a86a187bb8.shtml.

阅读推广是功在当下、利在千秋的重要事业，学习型社会氛围的构建、公民的综合素养和阅读能力的培育都是社会主义文化建设的重要组成部分，阅读推广的质量和水平也是图书馆的整体服务质量和业务能力的一个重要体现。因此，与财政等保障部门沟通合作的首要任务就是明确阅读推广的重要性，将阅读推广从个体行为引入公共文明构建的框架，以丰富鲜活的案例，从社会主义精神文明建设和社会主义公共文化服务的高度，阐释阅读推广与社会各要素，尤其是政府各要素之间的关系，为后续图书馆开展工作奠定基础，促使保障部门为图书馆阅读推广工作提供更有力的支持。

二是要科学合理提出资源诉求。

图书馆做好需求阐释工作，要从读者需求和阅读服务专业性的角度，阐释阅读推广在整个公共文化服务体系建设中的重要意义，解释获取财政支持的必要性和合理性，以争取获得财政资源的支持。当然，图书馆不应只局限于自身业务，也要充分考虑到资源的有限性和公共文化服务体系的协同发展需要，不能只见树木、不见森林，也要考虑同其他相关部门整合优化既有财政资源，探索发挥现有资源的更大效能。

（二）重视项目策划，强化资金筹措能力

将公共图书馆经费纳入财政预算，阅读推广和服务工作就有了财政上的制度保障。那么，怎样才能获得更多的财政支持？在现有财政支持下，图书馆如何进一步争取更多政策性资金支持？

一是要全力做好本级项目申报。图书馆在进行文献资源建设、阅读服务、业务运行等经费的申请过程中，要紧密围绕广大读者对阅读的最迫切需求，加强项目的设计感，确保资金投入能够直接、高效地服务到每一位读者。项目申报材料要符合规范要求，要清晰表达项目实施的内容和预期目标，预设的评价指标要具体明了，有数据支撑。

二是要及时关注有关部门专项资金投入。近年来，国家及相关部门为支持地方公共文化事业发展，定期或不定期出台专项工作补助资金，以缓解公共图书馆经费不足的问题，如公共数字文化建设专项资金、流动图书车购置专项资金等。图书馆要充分研究中央、地方的相关政策，加强与相关部门的沟通协调，及时了

解资金来源信息，有针对性地表达合理诉求，获取专项项目资金支持。

（三）做好效率评价，确保财政资源发挥实效

财政资金在图书馆阅读推广领域是否得到了资源优化配置，实现了科学高效管理，都需要绩效评估来进行考量。财政资源使用效率评估包括两个方面，一是资源是否得到充分利用，这决定了资源的实际产出；二是资源利用过程是否实现了优化配置，这关系到资源配置的效率问题。图书馆应注重从专业性的角度对财政资源在阅读推广中的效能进行评估，可以根据具体的项目，有针对性地研究案例特点、困难和问题，进而形成专业化的阅读推广相关评估标准。此外，效果评估还应将短期效果与长期效果、图书馆建设成果、读者满意度、合作方的贡献与回报等多方面因素纳入考量。

三、深度挖掘政府人力资源

图书馆阅读推广相关的政府人力资源，指政府中关心支持阅读推广事业的人才力量。一方面，政府公众人物以其影响力和亲和力扮演着阅读推广人的角色，向公众进行阅读书目、阅读习惯和阅读风尚的宣介；另一方面，图书馆也不应忽视支持学习型机关建设，要培养、挖掘更多关心、了解、支持图书馆阅读推广事业的政府人力资源，不断壮大阅读推广队伍力量。

（一）充分发挥政府公众人物的影响力

国家（地区）领导人、政府要员具有较大社会影响力和号召力，如果能够成为全民阅读推广代言人，一是可以获得更多的政策支持，推动阅读推广事业发展；二是通过他们亲身推荐读书、介绍读书方法，可以起到很好的传播效果。具体包括如下几个方面。

1. 广泛宣传领导人倡导读书的相关论述

我国历届国家领导人大都发表过倡导读书的讲话，图书馆应该有意识地收集整理并广为宣传。下面仅举几例。

习近平总书记于2019年8月在读者出版集团有限公司考察时指出："人民群众多读书，我们的民族精神就会厚重起来、深邃起来。要提倡多读书，建设书

香社会"①；2019 年在国家图书馆迎来 110 周年馆庆之际，习近平给国家图书馆 8 位老专家回信指出："图书馆是国家文化发展水平的重要标志，是滋养民族心灵、培育文化自信的重要场所。希望国图坚持正确政治方向，弘扬优秀传统文化，创新服务方式，推动全民阅读，更好满足人民精神文化需求，为建设社会主义文化强国再立新功。"②

李克强总理在 2015 年 3 月 15 日会见采访十二届全国人大三次会议的中外记者并回答记者提出的问题时指出："我希望全民阅读能够形成一种氛围，无处不在。我们国家全民的阅读量能够逐年增加，这也是我们社会进步、文明程度提高的十分重要的标志。而且把阅读作为一种生活方式，把它与工作方式相结合，不仅会增加发展的创新力量，而且会增强社会的道德力量。这也就是为什么我两次愿意把'全民阅读'这几个字写入《政府工作报告》的原因，明年还会继续"③。

1983 年，共青团中央、全国青联、全国学联决定从当年 10 月起，在全国城乡青年中开展读书活动。同年 11 月 17 日，《中国青年报》头版刊登时任团中央书记处书记、"全国青年读书活动办公室"主任胡锦涛同志专访：《读书活动要坚持不断持之以恒》④。

2009 年"世界读书日"，国务院总理温家宝来到国家图书馆，谈到读书时说："书籍是人类智慧的结晶。读书决定一个人的修养和境界，关系一个民族的素质和力量，影响一个国家的前途和命运。一个不读书的人、不读书的民族，是没有希望的"⑤。

2. 发布领导人阅读书目

诸多领导人自身热爱阅读，会在不同场合谈及自己喜爱和推荐阅读的书

---

① 习近平：要提倡多读书，建设书香社会［EB/OL］.（2019–08–22）［2019–12–12］http://www.xinhuanet.com/politi cs/2019-08/22/c_1124906453.htm

② 习近平给国家图书馆老专家回信［EB/OL］.（2019–09–09）［2019–12–12］. http：//www.xinhuanet.com//politics/leaders/2019–09/09/c_1124978597.htm.

③ 在十二届全国人大三次会议记者会上李克强总理答中外记者问［EB/OL］.（2015–03–15）［2019–12–12］. http：//www.xinhuanet.com//politics/2015–03/15/c_1114645482.htm.

④ 读书活动要坚持不断持之以恒. 胡锦涛就读书活动有关事项答记者问［N］. 中国青年报，1983–11–17（1）.

⑤ 读书好 好读书 读好书：温家宝总理参加"世界读书日"活动纪实［EB/OL］.（2009–04–23）［2019–12–12］.http：//www.gov.cn/ldhd/2009–04/23/content_1294455.htm.

籍，通过对领导人的阅读书目进行宣传，能够起到很好的推广作用。例如：习近平总书记多次讲述过他的读书故事和多年来读过的书；英国前首相丘吉尔多次在他的演讲中引用科幻作家威尔斯的作品，也曾提及他十分熟悉《世界之窗》《现代乌托邦》等作品；美国前总统奥巴马推荐的书单常常引发追捧热潮，他大学时期喜好阅读的文学类、政治类、哲学类图书也成为美国公众的阅读风向标之一。

3. 邀请领导人深入参与阅读推广活动

目前图书馆举办的阅读推广活动，一般会邀请相关领导出席并讲话，除此之外，图书馆可以尝试有领导人参与的一些其他活动方式。例如，在美国，各公共图书馆在举行暑期阅读活动时，如果参加的读者完成暑期阅读挑战，图书馆将为其颁发阅读挑战成功证书，在一些县市，证书上会有县长或市长的签名，以示领导人对此项活动的重视；阅读推广项目"触手可读"（Reach Out and Read）邀请国会成员到"触手可读"成员医疗机构给孩子们读书，让这些国会成员能够近距离了解"触手可读"，通过他们争取更多的政府资助。

4. 发挥学者型官员的作用

学者型官员往往以"专"著称，在特定领域深耕细作，从政后往往自带"书卷气"。这些官员成为阅读推广积极倡导者，一方面有利于书香社会建设，另一方面也对特定领域有着很强的说服力和感染力。图书馆可以采取讲座、培训等方式，吸引学者型官员来图书馆参加阅读推广活动，举办专业性讲座，以"面对面"的形式推广阅读。

朱永新（第十三届全国政协常务委员兼副秘书长、教育家）连续多年在全国两会提出把全民阅读作为国家战略，建立国家阅读节，建设国家阅读基金，建好学校图书馆和社区图书馆等建议。他曾受邀到多家图书馆举办讲座、出席全民阅读推广研讨活动。2018年8月9日，他在出席广东省立中山图书馆举行的"公共图书馆在全民阅读中的领读与创新"峰会（如图2-1）时强调，在资源有限的情况下，应该让最好的书进入图书馆、家庭和学校；2019年9月，他作客长沙图书馆橘洲讲坛，在"阅读与美好生活"主题讲座中指出，"阅读是教育大厦最重要的基石，是享受美好精神生活的基本路径。"

图 2-1 朱永新出席"公共图书馆在全民阅读中的领读与创新"峰会
（来源：中国图书馆学会阅读推广委员会）

2013 年 10 月 18 日，王蒙先生（原文化部部长、著名作家）与读者见面会在沧州市图书馆举行（见图 2-2）。会上，王蒙先生表示，国人需要多读书且要认真读，读书对人的气质会有改造，能够对社会和谐发展能起到推进作用。王蒙先生真挚地说："感谢家乡人民的养育，虽在成人以后并没有在沧州生活，但我的身上有着沧州大运河南皮县及燕赵悲歌赋予我骨子里的激情""自己的创作也算是对家乡人民的回报"。此次见面会是该市 2013 年全民读书月活动之一，由市文广新局主办，市图书馆和沧州王蒙文学院承办，共 300 余人参加活动①。

图 2-2 王蒙出席河北沧州 2013 年全民读书月活动（沧州图书馆供图）

---

① 南皮籍作家王蒙与家乡读者见面畅谈人生［EB/OL］.（2013–10–19）［2019–12–12］. http：//report. hebei.com.cn/system/2013/10/19/013025671.shtml.

（二）支持学习型机关建设

创建学习型机关，对于实现机关现代化，促进学习型社会建设，加快社会现代化步伐，构建社会主义和谐社会，具有重要的意义。各级政府纷纷注重打造学习型机关，图书馆在其中大有可为，同时可以在交流中实现"双赢"。

1. 提供资源服务

图书馆可以依托文献资源优势和信息整合人才优势，为机关提供信息资源服务。例如多家图书馆纷纷走进"两会"现场，为两会代表委员提供政策咨询和决策参考。图书馆为支持书香机关建设，合作举办读书会活动，提供书刊及数字资源、讲座专家资源共享等多项服务。

2. 合作建设专业分馆

图书馆可以与特定政府部门合作，发挥资源和专业管理优势，针对特定政府部门学习型机关的具体要求，建设专门的图书馆。例如，截至2019年底，国家图书馆已经建立部委分馆18家；湖南省图书馆与湖南省发展和改革委员会合作，打造湖南发改委分馆。湖南图书馆提供业务指导和技术支撑，并配备了数字资源阅读机和6000余册纸质馆藏文献。发改委分馆与省图实行统一服务、通借通还，共享数字资源，举办各类讲座、读书会，丰富了机关生活[①]。

四、政府信息资源的推广服务

政府信息资源公共获取，是指政府信息资源能够便捷、免费或通过合理的付费方式被一般公众无障碍地获取[②]。《政府信息公开条例》将图书馆纳入政府信息公开体系，明确了图书馆与行政机关在信息公开制度中的合作关系。如果说政府是自身信息资源的发布者、管理者，那么在助力政府信息资源公开方面，图书馆作为政府设立的政府公开信息的查阅点，有责任为公众提供便捷的公共信息获取渠道，指导公众检索、分析、辨识信息的方法，满足公众政府信息获取需求。

---

① 湖南省发展和改革委员会.省发改委：打造"发改书吧"着力建设学习型机关［EB/OL］.（2018–09–10）［2019–12–12］. http://www.cfgw.net.cn/2018–09/10/content_24736165.htm.

② 赵冰，惠涓澈.美国公共图书馆政府信息资源公共获取及对我国的启示［J］.图书馆学刊，2013（12）：137–139.

（一）为公众提供政府信息获取渠道

《政府信息公开条例》规定，"各级人民政府应当在国家档案馆、公共图书馆设置政府信息查阅场所，并配备相应的设施、设备，为公民、法人或者其他组织获取政府信息提供便利""行政机关应当及时向国家档案馆、公共图书馆提供主动公开的政府信息"[1]。由此可见，图书馆是连接公众与政府信息资源的重要桥梁纽带。

检索信息、获取高质量信息是每一位读者信息传播权利的基本内容。为读者提供检索政府信息资源的入口，使读者能够更便捷高效地获取这些信息资源是图书馆的职责之一。图书馆要积极与有关部门对接合作，主动收集政府公开信息，并根据读者的查阅需求科学组织政府公开信息，还要充分发挥自身专业优势，从知识管理的角度为读者提供多平台的政府信息聚合和超链接入口，方便读者更为便捷地获取政府信息。

国内外对此已做出多番尝试，例如，2009 年国家图书馆就牵头建立了国内首个政府公开信息整合服务门户"中国政府信息整合服务平台"，通过自动化采集和信息组织的方式，整合了各级政府网站上的公开信息，建立了多个专题数据库。

（二）引导公众高质量获取政府信息

政府信息类型多样，数量巨大。便捷准确地获取公共信息资源，关系到每一位公民的知情权和表达权，是公平享受社会主义公共文化建设成果的有机组成部分。然而，对于普通民众而言，政府信息资源相对抽象专业，有些人不知道政府信息资源的重要性，还有人不知道如何获取这些信息资源，或者不知道如何辨别、深加工和使用这些资源。

这就涉及政府信息素养的培养问题，帮助读者提高信息检索技能、信息辨识技能和信息再加工技能也应该是图书馆阅读推广的重要内容。图书馆有责任和义务从专业角度为广大读者提供引导和服务，包括但不限定于政府信息检索、政府服务引导咨询（帮助用户确定解决其问题的政府部门）、电子政务使用咨询、政

---

[1] 中华人民共和国政府信息公开条例［EB/OL］.（2019-04-15）［2019-12-12］. http：//www.gov.cn/zhengce/cont ent/2019-04/15/content_5382991.htm?tdsourcetag=s_pcqq_aiomsg.

府政策顾问 [①] 等。图书馆可以通过咨询、讲座和培训，帮助读者辨识虚假信息、快速获取高质量信息，并提升信息的再加工整合能力。在开展政府信息讲座或培训时，图书馆可以与相关政府机构、组织等合作，邀请政府工作人员进行专业讲授，以提供更专业的政府信息服务 [②]。

同时，低文化层次者、残障人士、贫困人口、老年人等特殊群体的知情权更需要保障，图书馆应更加重视特殊群体的信息素养培育，努力缩小不同人群之间的知识鸿沟 [③]，通过讲座、针对性服务的方式，帮助特殊群体读者树立信息公开意识、知情权意识、免费意识，增强公共信息获取能力，使其主动地、合理地提出信息诉求。

五、与群团组织的合作

工会、共青团、妇联等群团组织具有自上而下的系统化网络化的组织体系，都肩负着传播先进文化的使命，在特定群体中有较强的组织动员力，是阅读推广工作中极为重要的组织资源。在引领广大群众共享公共文化成果、提升全民文化素养的层面，群团组织与图书馆的价值观是一致的，共同的价值理念为图书馆与群团组织开展阅读推广合作提供前提。

图书馆在加强同群团组织的合作中，应注意以下几点。

（一）针对不同群团组织的特点开展合作

群团组织最大的特点是联系特定群体、服务特定群体，从组织定位、成员特点，到文化生活需求，各群团组织都有着较大差异，共青团的目标受众是青少年，残联的目标受众是残障人士，妇联的目标受众是妇女，而我国的工会组织则是职工自愿结合的工人阶级的群众组织。由此可见，不同组织的辐射受众不同，服务目标、服

---

① 李国新，于良芝，徐珊.公共图书馆与政府信息公开［J］.中国图书馆学报，2008（3）：41-46.
② 吴钢.新环境下公共图书馆政府信息服务发展路径探析——以美国公共图书馆为例［J］.图书与情报，2016（6）：87-95.
③ 知识鸿沟（Knowledge Gap）理论是美国明尼苏达州立大学的研究小组菲利普·蒂奇纳（Phillip Tichenor）、多诺霍（G. Donohue）和奥里恩（C. Olien）在1970年发表的《大众传播流动和知地差别的增长》一文中提出。具体是指由于社会经济地位高者通常能比社会经济地位低者更快地获得信息，因此，大众媒介传播的信息越多，两者之间的知识鸿沟也就越有扩大的趋势。

务内容和服务方式也有所差异。图书馆需要针对不同受众，根据群团组织的特点和具体需求开展针对性专门性的合作，通过合作聚焦特定群体，调动群团组织资源；通过合作实现资源共享，实现阅读推广的精准服务，从而达到双赢局面。

图书馆与群团组织的合作形式有以下几种。

1. 合作开展聚焦特定群体的主题读书活动

群团组织有着组织开展读书活动的悠久传统，我国 20 世纪 80 年代的职工读书热就是在中华全国总工会的大力推动下发展起来的。据相关数据表明，职工读书活动期间共有读书自学活动小组 87 万个，极大地丰富了职工的文化生活[①]。1998 年 12 月，共青团中央联合中宣部、教育部、科技部、文化部、广电总局、新闻出版署、中国科协、总政组织部共同发起"中国青少年新世纪读书计划"。共青团中央印发的《中国青少年新世纪读书计划阶段性实施方案》提出，"要注重将团内自身资源与社会资源相结合，充分发挥共青团的组织协调作用，加强与文化教育、出版发行、新闻宣传等党政和社会有关部门的联系与合作，广泛开发社会资源，形成全社会共同推进的良好态势。在充分利用图书馆、阅览室、科技馆、青少年宫、社区活动中心等现有公共文化阵地的同时，要将团内原有阵地如农村青年科技图书站、社区志愿者服务中心、校园图书室等有效地加以整合"[②]。可见，群团组织举办大型读书活动历来将图书馆视为不可或缺的合作伙伴。同样，图书馆主导的读书活动也要充分挖掘群团组织拥有的社会资源和动员能力，充分利用这些资源，扩大阅读推广活动的影响力。例如，2019 年遵义市妇联、遵义市精神文明办、遵义市图书馆联合启动"圆梦花开　巾帼书友会"活动，包括书友分享、新书推荐、她魅力提升等活动环节。为保障巾帼书友会活动的有序开展，主办单位分别明确一位分管领导牵头活动开展，市图书馆和市妇联的工作人员组成专班负责活动实施具体工作，从活动策划、宣传、联络、组织、报道和总结多方面密切配合，活动取得良好效果；河北省举办的燕赵少年读书活动，与本省共青团省委开展合作，共青团充分利用自身的组织动员特

---

① 李培元. 兴起职工读书活动缘起的回思［J］. 中国图书评论，1990（4）：88–89.
② 共青团中央. 关于印发《中国青少年新世纪读书计划阶段性实施方案》的通知［Z/OL］.［2020-02-26］. http://www.gqt.org.cn/search/zuzhi/documents/1999/zqf/tf30.htm.

性，鼓励在校少先队员积极参与到该项活动中，同时，该活动以共青团为纽带，受到了政府和多家媒体的关注。

2. 契合群团组织特点和需求的文献资源合作

图书馆可以根据群团组织的特性需求提供针对性文献服务。例如，支持全国总工会"职工书屋建设工程"，以书刊流动服务形式帮助工会组织创建"职工书屋"；群团组织发挥自身组织动员优势，为基层图书馆（室）募集图书资金等。如"共青团书海工程"，自 2005 年 8 月起，共青团中央与新闻出版总署联合实施了"光华公益书海工程"，六年累计募集图书 12.4 亿码洋，捐出图书 8.5 亿码洋，有力地支持了全国万余家县级图书馆、乡镇综合文化站、农家书屋和青年中心的建设，在基层文化建设中发挥良好的资源配置作用[①]。

3. 以图书馆为平台的"请进来"合作

图书馆与群团组织合作，利用图书馆平台举办特色活动，推进受众明确的特色服务。例如，与共青团组织合作，举办青少年走进图书馆活动；联合妇联在图书馆举办亲子阅读专题讲座、巾帼读书会；联合共青团、妇联、残联、科协等群团组织，分别在图书馆建立"红领巾阅读基地"（见图 2-3）"盲人图书馆""亲子阅读体验基地""科普教育基地"；联合作家协会举办作家公益讲座和作品捐赠活动等。

图 2-3　天津市和平区图书馆红领巾活动基地

---

① 共青团中央，新闻出版总署. 关于开展书海工程支持基层文化建设活动的通知［EB/OL］.（2012-08-29）［2020-02-11］. https://www.gqt.org.cn/documents/zqlf/201208/t20120829_590345.htm.

4. 专业引导和服务

图书馆可根据群团组织特定服务群体的需要，从阅读能力培养、信息获取等方面提供专业化指导和服务。具体包括举办讲座、培训、一对一的上门指导服务等形式。例如，秦皇岛图书馆开展志愿者助盲基础培训，展示如何与视障人士交流、引领视障人士行走和入座"等常用问题，对志愿者如何有效开展助盲活动提供了专业性的指导；上海浦东图书馆开展视障人士无障碍阅读辅导志愿者培训；全国多家图书馆开展"我是你的眼"——特殊人群电影导赏志愿服务活动。为此，图书馆要与当地群团组织建立经常性联系，充分利用群团的组织动员和层级网络优势，与群团组织携手帮助更多特定人群与书结缘。

2009 年 5 月 8 日，在全国助残日前夕，由中国残联与国家图书馆共同发起的"图书馆促进信息资源公平获取"行动在国家图书馆正式启动。当时，国家图书馆举办了首场无障碍讲座，邀请著名学者周国平，以"阅读与人生"为主题，首次邀请部分聋人朋友到讲座现场，通过中文速录，将讲座内容实时显示在大屏幕上，约 150 名聋人朋友在讲座现场同步欣赏了精彩演讲[①]。

（二）挖掘共享价值观，合作服务重点人群

阅读推广的宗旨和目标是遵循公益性、基本性、均等性、便利性的原则，培养公民阅读习惯，提高公民阅读能力，提升公民阅读质量，传播有益于公民全面发展和社会文明进步的科学文化知识。群团组织的目标则是联系、组织群众，成为党和群众之间的坚实纽带。在公共文化成果共享、提升全民素养层面，图书馆与群团组织的价值观是一致的。因此，图书馆要立足于这一共同价值理念，发挥群团组织的桥梁纽带作用，针对重点需要阅读帮助的群体开展定向服务。

残障人士、青少年和妇女等特殊群体都是图书馆阅读推广需要重点服务的人群，图书馆要针对这些群体的诉求，与相关群团组织开展重点合作。例如，在世界读书日、全国助残日等节点，各地图书馆都会举办专门活动，宣传倡导为残障人士提供专门服务，这些活动也会得到相关群团组织的大力支持。2018 年世界读书日，陕西省残联联合陕西省图书馆开启"悦读经典，启迪人生"视障文化服

---

① "图书馆促进信息资源公平获取"行动启动［Z/OL］.［2020–02–26］. http://www.lsc.org.cn/contents/1132/2925.html.

务；湖北省举办"我的世界有你"——全民阅读真人图书馆残障人士专场，天津市盲协组织 50 余名盲人朋友到滨海图书馆，体验无障碍设施的便利……一系列活动都贯彻了无差别、均等化信息服务的理念，是缩小知识鸿沟，共同享受社会主义精神文明成果的重要实践。

"书香中国·阅读有我"活动[1] 由中国残联、文化和旅游部、国家新闻出版署共同主办。该活动以满足残疾人精神文化需求为出发点和落脚点，组织号召有关部门共同服务特殊群体阅读需求。自 2017 年举办以来，各公益性文化单位与残联组织合作，开展了一系列特殊群体文化服务活动，如结合"全国残疾人文化周"活动，公共图书馆、文化馆等各级公益性文化单位组织适合残疾人参与的国情政策教育、展览参观、艺术作品鉴赏讲座等文化活动；各地公共图书馆同时作为中国盲人数字图书馆分支馆，发挥着服务主体作用，充分利用公共数字文化工程网络和音频资源，为残疾人提供数字化阅读服务；做好残疾人阅读普及，使残疾人可以就近就便享受阅读服务。

六、与公共文化服务机构的合作

依照《公共文化服务保障法》第十四条和第二十七条规定，公共文化设施"主要包括图书馆、博物馆、文化馆（站）、美术馆、科技馆、纪念馆、体育场馆、工人文化宫、青少年宫、妇女儿童活动中心、老年人活动中心、乡镇（街道）和村（社区）基层综合性文化服务中心、农家（职工）书屋、公共阅报栏（屏）、广播电视播出传输覆盖设施、公共数字文化服务点等""各级人民政府应当充分利用公共文化设施，促进优秀公共文化产品的提供和传播，支持开展全民阅读、全民普法、全民健身、全民科普和艺术普及、优秀传统文化传承活动"[2]。

上述规定勾勒出了公共文化服务体系总体框架下的具体落点。图书馆作为公共文化服务体系的重要组成部分，与其他公共文化机构在服务对象、功能定位和经费来源等方面拥有很多相同点；图书馆、博物馆、档案馆在馆藏资源方面也有

---

[1] 关于组织开展 2019 年"书香中国·阅读有我"活动的通知［EB/OL］.［2019–12–09］.https：//www.cdpf.org.cn/zwgk/zcwj/wjfb/51f1a2a4ddc34a2969c27ec123aa9e5.htm.

[2] 中华人民共和国公共文化服务保障法［EB/OL］.（2016–12–25）［2019–12–09］. http://www.npc.gov.cn/zgrdw/npc/xinwen/2016-12/25/content_2004880.htm.

许多类似和互补之处，这些机构之间开展合作有着天然优势。因此，深化公共文化服务机构之间的合作，发挥各自优势，实现功能融合，形成服务合力，有利于优化公共文化服务体系建设效能。图书馆应积极探索与其他文化机构合作新路径，在合作融合中寻求阅读推广工作的提质增效。

公共文化服务机构之间的合作一般包括以下几种形式。

（一）信息资源整合

对图书馆及其他文化机构信息资源进行整合，构建公共文化综合服务平台，为公众提供综合性、一站式的公共数字文化服务，可以实现优势互补，为公众提供更加多元的资源、更为便捷的服务渠道。国内外已经有不少文化信息资源整合的成功案例。例如，英国博物馆、图书馆及档案馆理事会（Museums, Library and Archives Council, MLA）策划实施的英国聚宝盆项目，对英国图书馆、博物馆、艺术馆、档案馆等 102 个机构的各类文化资源进行了系统整合，形成拥有超过6000 件藏品的在线数据库[①]。我国于 2002 年启动的"全国文化信息资源共享工程"，是整合包括图书馆、博物馆、美术馆、艺术院团、研究机构等文化信息资源的典型案例。近年来，多个省份推出省级、市级及区（县）级的公共数字文化服务云平台，据统计，截至 2018 年，全国共有各级、各类公共数字文化服务云平台 63 个[②]。

国家数字文化网整合全国图书馆、博物馆、美术馆、艺术团体等机构的各类优秀文化信息资源，包括各种类型的文化信息资源精华以及贴近大众生活的现代社会文化信息资源。公众可以通过互联网访问国家数字文化网，直接享受资源内容服务，如阅读电子图书，听音乐，听讲座，看电影，欣赏戏剧、曲艺、舞蹈等表演艺术，还可以学习各类相关知识，接受远程培训等[③]。

"广东省文化 E（驿）站"是广东省立中山图书馆设计建设的全省公共数字文化综合服务平台，整合了广东全省地市级以上各大公共文化机构资讯、各大报纸、1000 种以上大众全文期刊、文化讲座视频、地方特色文化专题视频等各类

① 王秀香. 国内外图书馆与博物馆合作发展的实践研究［J］. 山东图书馆学刊, 2015（3）: 56-60.

② 陈则谦. 我国文化云的服务现状及展望［J］. 图书情报知识, 2018（5）: 62-71.

③ 沈妍, 肖希明. 我国公共数字文化资源整合现状与实现条件——对几个典型项目的剖析［J］. 图书馆, 2015（9）: 6-10, 40.

信息资源，提供网站、手机 App、触屏终端等多种应用形式。该平台集公共文化信息推广、移动数字阅读、特色文化资源展示与传播为一体，实现了公共文化数字资源的集中式整合、统一发布、广泛共享利用的服务[①]。

（二）空间资源共享

近些年来，我国部分城市以标志性文化中心模式建设公共文化基础设施，或将图书馆、博物馆、美术馆、档案馆和文化馆等几馆合一，形成文化中心建筑综合体；或规划公共文化设施建筑群，组成城市文化广场。这种方式有利于设施和空间的共用共享，为公众在同一地点选择多样性的文化服务提供了便利。同时，也给公共文化服务机构提出了更高要求，要深入思考如何合理共享场馆设施，如何实现各类服务相互结合渗透，融合发展。

另外，各地也有图书馆与博物馆，或者图书馆与档案馆几个机构合并共建的案例。例如，上海交通大学李政道图书馆，是一座五馆合一的多功能图书馆，以图书馆、档案馆为主，兼顾博物馆、科技馆、艺术馆功能；天津泰达图书馆档案馆是国内较早实行图书、档案、情报一体化管理的区域性文化机构，该图书馆档案馆位于天津经济技术开发区，属于行政、金融、文化的中心区，被国家档案局和文化部评为"国家一级档案馆"和"国家一级公共图书馆"[②]。

（三）项目活动融合

公共图书馆自上而下的体系化规模、文化氛围浓郁的活动空间，都是吸引其他文化机构联合开展公共文化服务的优势所在。图书馆与博物馆、美术馆、文化馆、科技馆等联合举办活动，共享资源优势，可以达到"1+1 > 2"的活动效果。例如，与博物馆联合举办历史文化公益讲座，与科技馆联合举办科普活动，与文化馆以及艺术院团联合举办艺术培训等。

"中国流动科技馆"是国家科技馆组织实施的面向基层的科普项目，项目实

---

① 吴昊.一站式公共数字文化服务云平台的实践与反思——以"广东省文化 E（驿）站"建设为例［J］.图书馆学刊，2019，41（6）：114–118.

② 泰达图书档案馆.本馆介绍［EB/OL］.［2020–08–10］.http：//www.tedala.teda.gov.cn/gywm/jggk.asp.

施以来，全国多家县级图书馆积极参与其中，成为流动科技馆具体承接部门。为增进不同行业之间优质资源的共建共享，更好满足广大基层群众日益增长的精神文化需求，中国图书馆学会联合中国科技馆于"十四五"期间通过全国县级公共图书馆面向广大基层群众免费开展科普教育活动。活动以中国科技馆现有的实体资源和数字资源为依托，采用"中国流动科技馆"线下巡展、专题讲座、线上资源共享及科普读物推介等形式，吸引基层群众走进图书馆，参观科普展览，参与科普活动。2020年下半年，安排在全国3家县级公共图书馆开展试点工作。"十四五"期间，项目陆续覆盖约500家县级公共图书馆，尤其重点面向中西部地区图书馆开展系列活动[1]。

广东顺德图书馆和顺德博物馆利用自有的暑期青少年夏令营品牌活动，邀请档案馆的专家围绕本地方言、地方历史、李小龙名人传记等适合青少年群体的主题开展文化讲座，传播传统文化，培养孩子们对于历史和文化的兴趣[2]。2020年，顺德公共文化服务合作融合得到进一步提升。顺德四大文化场所顺德图书馆、顺德博物馆、顺德区文化艺术发展中心和清晖园博物馆联动，整合各馆优势资源，建立顺德"图文博联动平台"，联合开启"图博联动 云享顺德""图博联动 乐享健康""图文博联动 乐玩夏令营""联动文化 阅读顺德"等一系列活动[3]。

（四）依托基层文化服务中心开展活动

2013年，党的十八届三中全会明确提出"建设综合性文化服务中心"的改革任务。2015年，国务院办公厅印发《关于推进基层综合性文化服务中心建设的指导意见》[4]，提出到2020年，在全国范围的乡镇（街道）和村（社区）两级普遍建成集宣传文化、党员教育、科学普及、普法教育、体育健身等功能于一体

---

[1] 中国图书馆学会理事长饶权一行赴中国科技馆走访调研［EB/OL］.［2020-07-30］.http：//www.lsc.org.cn/contents/1342/14877.html.

[2] 蔺梦华，甘子超.公共文化服务体系下县域图书馆、博物馆、档案馆合作发展模式探析——以佛山市顺德区为例［J］.图书馆理论与实践，2019（9）：72-75.

[3] 信息来源：顺德图书馆网站.https://www.sdlib.com.cn/sanguan/sanguanlian78.html.

[4] 关于推进基层综合性文化服务中心建设的指导意见［EB/OL］.（2015-10-20）［2019-12-09］.http：//www.gov.cn/zhengce/content/2015-10/20/content_10250.htm.

的基层综合性文化服务中心。该指导意见明确了基层综合性文化服务中心的功能定位：重点围绕文艺演出、读书看报、广播电视、电影放映、文体活动、展览展示、教育培训等方面，向城乡群众提供基本公共文化服务；发挥基层综合性文化服务中心的终端平台优势，整合分布在不同部门、分散孤立、用途单一的基层公共文化资源；以基层综合性文化服务中心为依托，提供数字图书馆、数字文化馆和数字博物馆等公共数字文化服务；推进县域内公共图书资源共建共享和一体化服务，加强村（社区）及薄弱区域的公共图书借阅服务，整合农家书屋资源，设立公共图书馆服务体系基层服务点，纳入基层综合性文化服务中心管理和使用。

由此看来，基层综合性文化服务中心是建在基层群众身边的公共文化设施，是民众就近享受公共文化服务的重要阵地，也应该成为开展阅读推广工作的重要平台。图书馆依托文化中心开展面向基层群众的阅读推广，使社区居民在家门口的艺术、体育和阅读的"中心"学中有乐，寓教于乐。

依托文化中心开展的阅读推广服务可以包括以下形式。

1. 提供文献资源支持，送书进社区，在文化中心创建图书馆分馆或服务点。

2. 组织读书交流会、绘本故事分享会。

3. 举办图书馆公益讲座、主题展览进社区活动。

4. 提供业务指导，组织阅读推广人培训，组织参观体验图书馆活动。

重庆市少年儿童图书馆走进两江新区礼嘉街道嘉兴社区文化中心，开展"温暖爱心行阅读进社区"活动（见图 2-4），吸引了社区 40 多名小朋友和家长参加。活动内容丰富，给小朋友们带去了多维绘本讲读《神奇飞书》、动画短片欣赏、讲座《如何猜字谜》、有奖猜谜以及免费发放阅读推广刊物《少儿文摘》等多项体验。以纸质阅读、数字阅读和互动游戏三者有机结合的方式，吸引孩子们参与阅读、爱上阅读。在活动中，重庆市少儿图书馆馆员还与嘉兴社区居委会及市少儿图书馆嘉兴社区分馆工作人员进行了交流，对建立在社区文化中心的市少儿图书馆分馆进行了业务指导 ①。

---

① 重庆市少儿图书馆 开展"温暖爱心行 阅读进社区"活动［EB/OL］.［2019-12-09］. http：//www.sxcq.cn/html/2018/xwdt_0906/49272.html.

图 2-4　重庆市少儿图书馆在社区文化中心分馆开展阅读进社区活动（来源：书香重庆一点号）

延伸阅读

中国新闻出版研究院,江苏省全民阅读办 . 国外全民阅读法律政策译介［M］.
南京：译林出版社，2015.

第三讲

教育资源与图书馆阅读推广

教育资源是指教育过程所占用、使用和消耗的人力资源、物力资源和财力资源的总和。

教育机构是教育资源的所有者，也处在阅读能力培养的最前沿，为阅读推广提供场地设施资源、人力资源、财力资源等必不可少的要素，在全民阅读推广体系中发挥着重要作用。当前我国教育机构囊括了幼儿园（托儿所）、小学、中学直至大学的各级各类学校，以及其他社会教育机构。

本讲将以公共图书馆视角为主，探讨公共图书馆和各类教育资源的合作模式，以及开展阅读推广工作需要注意的问题，同时也会涉及学校图书馆同其他资源的合作。

第一节　教育资源界说

一、教育的基本概念

"教育"一词来源于孟子的"得天下英才而教育之"。拉丁语"Educare"，是西方"教育"一词的来源，意思是"引出"。教育影响着几乎每一个人的成长，与公民素养提升、社会经济文化发展都有着密切的关系。

《中华人民共和国教育法》第十七条规定，国家实行学前教育、初等教育、中等教育、高等教育的学校教育制度[①]。根据我国教育阶段划分，基本可以概括为基础教育（学前教育、中小学教育）和高等教育。

学前教育即对胎儿至进入初等教育（小学）前的儿童所进行的教育、组织的活动和施加的影响。从教育对象看，学前教育的教育对象包括胎儿、婴儿（0~3岁）、幼儿（3~6岁）。从施教主体看，学前教育包括教育机构教育（托儿所、幼儿园）、家庭教育和社会教育。

中小学教育包括从小学到高中整个基础教育阶段。中小学教育阶段时间跨度长，在我国，包括了九年一贯的义务教育阶段和高中教育阶段。此阶段是个人成长成才所必需的重要基础阶段。

高等教育是指中等教育以上程度的各种专业教育，以高层次的学习与培养、教学、研究和社会服务为主要任务。

二、各教育阶段阅读行为特征

（一）学前教育

学前教育的主要任务是使幼儿身心健康、活泼成长，为其升入小学打下良好的基础，由此可见，学前教育担负着良好习惯培养的启蒙之职。学前教育阶段的阅读有如下特点。

第一，学前教育对儿童阅读启蒙意义重大。学龄前是儿童身心发展的重要阶段，在此阶段的幼儿具有巨大的学习潜力、模仿力、想象力和创造力，这一阶段的教育对儿童的智力成熟、心理健康、认知能力培养都有着重要作用。因此，这一阶段也是儿童阅读的启蒙阶段，对后续阅读认知和阅读习惯养成有着重大影响。

第二，学前教育的施教主体在学前教育中发挥着主导作用。由于学龄前儿童心智处于发展形成阶段，因此，受教主体很大程度上依赖施教主体和外部因素，阅读材料的选择、阅读方法的采用，都对阅读效果有着直接而深刻的影响。

第三，学前教育是教育起步阶段，具体到阅读推广，学前儿童阅读以图画为

---

① 中华人民共和国教育法［EB/OL］.（2015–12–28）［2018–09–12］. http：//www.moe.gov.cn/s78/A02/zfs__left/s59 11/moe_619/201512/t20151228_226193.html.

主，施教者采用游戏吸引、互动参与和增强动手能力等方式，培养受教者对阅读的兴趣。

（二）中小学教育

中小学教育时间跨度长，具体又可以划分为小学低年级阶段、小学高年级阶段和初中、高中阶段。中小学教育阶段的阅读行为具有鲜明的特点。

第一，中小学教育时间跨度长，在不同阶段，受教育者的阅读行为都有着鲜明的特点。其中，小学低年级处于认知起点，在此阶段，受教育者知识快速积累，是阅读能力培养的起步阶段；小学高年级和初中阶段的学生，阅读能力已经基本成型，对阅读有了初步的自主意识和兴趣，是阅读习惯养成、阅读兴趣培养的黄金阶段；高中阶段的学生阅读能力已经较为成熟，对阅读的内容、阅读的时间、阅读的方法都有了相对成熟的认识，这一阶段则是阅读理解能力深化、个性化培养的最佳时期。

第二，中小学生阅读需求和阅读能力培养的需求旺盛。中小学生正处于知识快速积累的阶段，无论是出于提高认知水平的需要，还是课程的要求，都需要学生进行丰富的阅读活动，以拓展知识，提高能力。因此，无论是教育机构还是学生自身，都有着旺盛的阅读需求。

第三，基础教育阶段学生课业负担重。就目前情况看，我国的中小学生面临着较大的升学压力，应试教育的情况仍旧存在，因此，"去功利化"阅读确实难以保证。这一方面导致了中小学生的阅读是围绕着学校教育开展的，同时，也造成了部分中小学生课外阅读时间无法保证。

（三）大学教育

截至 2019 年，我国各种形式的高等教育在学总规模 4002 万人[1]，处全世界第一。大学阶段的阅读行为具有以下特点。

第一，高等教育的受教育者在阅读培养方面可塑性强。随着社会政治、经济、文化发展水平的不断提高，高等教育已经逐渐从精英教育走向大众教育。大学生年龄普遍处于 18 至 22 岁，生理和心理发展水平基本成型，但尚未成熟，因此他

---

[1] 2019 年全国教育事业发展统计公报［EB/OL］.（2020–05–20）[2020–07–01]. http://www.moe.gov.cn/jyb_sjzl/sjzl_fztjgb/202005/t20200520_456751.html.

们也被称为"发展中的人"，其阅读能力和认知能力的可塑性相对较强。

第二，大学生的阅读行为受到功利性和实用性阅读的影响。由于大学生普遍面临就业和升学压力，导致其学习受到功利性和实用性影响，倾向于短平快的实用性阅读。不可否认，实用性阅读能够有针对性地为读者答疑解惑，但是大学应当是通识教育与专才教育相结合的阶段，综合全面的阅读尤为重要。如何选择适合大学生综合素养培养的阅读材料，如何养成其终身学习的习惯，需要专业化机构介入并进行科学引导，这也正是图书馆的职责所在。

第三，大学生的阅读呈现碎片化、快餐化和娱乐化特点。青年学生结束中等教育阶段，进入高等教育阶段，大多数学生在学校住宿开始集体生活。大学生活丰富多样，新媒体接触时间较之中学阶段明显增长。有研究显示，大学生的媒介接触时间增长、媒介接触形式多样，造成了他们的阅读呈现碎片化、快餐化和娱乐化的特点。

三、与图书馆阅读推广相关的教育资源

图书馆是阅读推广的核心力量之一，图书馆开展多元化阅读推广的实践，需要与阅读推广体系中的另一主体力量——教育机构充分合作，在整合优势的基础上，协同创新，有效地推进社会阅读。

具体就资源占有而言，与图书馆阅读推广相关的教育资源包括以下几个方面。

（一）教师资源

教师肩负着教书育人的职责，是学生阅读能力和阅读行为培养的重要承担者。根据教育部《2019 年全国教育事业发展统计公报》，我国各级各类学校共有专任教师 1732.03 万人[1]，是图书馆阅读推广工作重要的合作资源。

优秀的幼儿教师和中小学教师拥有丰富的阅读指导经验。在教育教学实践中培养学生阅读能力的同时，许多教师还积极参与社会阅读推广活动，因而是公共图书馆推进未成年人阅读的重要合作力量。

---

[1] 2019 年全国教育事业发展统计公报［EB/OL］.（2020–05–20）［2020–07–01］. http：//www.moe. gov.cn/jyb_sjzl/sjzl_fztjgb/202005/t20200520_456751.html.

高校名师名家荟萃，是阅读推广活动中最具号召力与凝聚力的阅读推广人、公益讲座主讲人、阅读推广活动主持人的重要来源。因此，图书馆在阅读推广实践中广泛采用了联手高校师资的方式。

（二）学生资源

学生资源即基础教育和高等教育各个阶段的受教育者。根据教育部《2019年全国教育事业发展统计公报》，全国共有各级各类学历教育在校生 2.82 亿人[①]。这些学生既是阅读推广的受众，同时还会以志愿服务等形式，成为阅读推广活动积极参与者。

此外，作为群体性学生资源的校园学生社团，也是阅读推广活动的积极参加者和组织者。

（三）家长资源

这里所说的家长资源，主要指未成年人的父母或陪护人。家长是孩子阅读的启蒙老师，家长的学识水平、营造家庭阅读氛围和引导阅读的能力等，对儿童阅读习惯的养成有着至关重要的影响。家长资源也常常被幼儿园和小学校作为辅助施教的重要人力资源，如幼儿园和小学低年级班开展的"家长讲绘本"活动，即是调动家长资源辅助开展校园阅读推广的有益尝试。

（四）学校图书馆资源

学校图书馆是学校的有机组成部分，是开展教育教学和教育科学研究必不可少的条件。学校图书馆本身也是全民阅读推广主体的有机组成部分，其中，"组织学生阅读活动,培养学生的阅读兴趣和阅读习惯"[②]是中小学图书馆的主要任务之一；而高校图书馆拥有广博专业的阅读资源、功能多元前沿的阅读空间、专业高效的阅读推广馆员队伍，以及丰富的阅读推广实践经验，与公共图书馆、科研院所图书馆共同成为我国图书馆事业的三大支柱。从这个角度看，学校图书馆必然是公共图书馆开展阅读推广重要的合作伙伴。

---

① 2019 年全国教育事业发展统计公报［EB/OL］.（2020–05–20）［2020–07–01］. http：//www.moe.gov.cn/jyb_sjzl/sjzl_fztjgb/202005/t20200520_456751.html.

② 中华人民共和国教育部. 教育部关于印发《中小学图书馆（室）规程》的通知［EB/OL］.（2018–06–07）［2019–12–12］. http://www.moe.gov.cn/srcsite/A06/jcys_jyzb/201806/t20180607_338–712.html.

（五）场地设施资源

学校，顾名思义是学习的场所，自然也是推广阅读的重要场所，教育机构的场地及设施本身也是图书馆阅读推广可开发利用的重要资源。

第二节 图书馆与教育资源合作的重要意义

一、与教育资源合作的重要性

教育是一种有目的、有意识地对人的身心施加影响，并促进人向社会所要求的方向发展的一种实践活动。其根本任务在于将自然人培养成满足一定社会需要的社会人。因此，教育作为一种培养人的社会活动，广义上就是指为了增进人们的知识和技能、影响人们的思想品德；狭义上则指学校教育中的树德立人、教书育人。

从资源动员整合角度说，教育机构的名家名师、关注阅读热衷公益的学生、学校图书馆的阅读资源、学校的活动场地资源等等一系列丰厚的教育资源，都是阅读推广应该充分调动整合的优质资源，图书馆应在整合优势的基础上，协同创新有效地推进全民阅读。

阅读的本质是从书面语言和其他书面符号中获得意义的社会行为、实践活动和心理过程。从阅读的本质来看，阅读既是教育的手段，也是教育的目的，二者是高度契合的，这就构成了阅读推广工作和教育机构的天然联系。从公共图书馆角度说，培养阅读兴趣和支持正规教育是公共图书馆的重要使命之一。因此，公共图书馆应该积极主动与学校合作来践行使命，促进书香校园建设，支持学校教育。

二、与教育资源合作的必要性

十年树木，百年树人，同教育资源开展合作，既是依托教育资源开展好阅读推广所必须，更是协助教学机构引导培养好下一代所必要。近年来，我国针对少年儿童的阅读推广工作虽然有了长足进步，但是由于区域间的经济文化发展不平衡，各地的阅读环境发展水平也有差异。城市儿童与农村儿童的阅读环境差别又非常大。公共图书馆是国家公共阅读服务体系的骨干力量，针对发展不平衡的现状，公共图书馆有责任整合资源，服务下移，让孩子们公平享受图书馆资源。

此外，由于部分家庭对婴幼儿认知的误差，阅读起步较晚，错过了婴儿时期的认知成长黄金期。目前中小学仍无法摆脱应试教育的弊端，容易造成功利性阅读、阅读引导方法欠科学等问题，影响未成年人阅读兴趣和习惯养成、阅读综合水平的提高。加之青少年的媒介素养、知识获取能力都还不够完善，无法自行通过科学合理的媒介手段获取知识，完成阅读积累。这些都从客观上要求图书馆参与其中，运用专业优势，对学生及其老师、家长进行科学的引导，帮助其更有效地完成阅读活动，提高阅读素养，优化阅读感受。

三、法规政策依据

相关法律法规对图书馆整合教育资源协同推进全民阅读均有规定。

《公共图书馆法》第四十八条和第三十四条分别规定"国家支持公共图书馆加强与学校图书馆、科研机构图书馆以及其他类型图书馆的交流与合作，开展联合服务""公共图书馆应当……开展面向少年儿童的阅读指导和社会教育活动，并为学校开展有关课外活动提供支持"[①]。

《全民阅读促进条例（征求意见稿）》规定，中小学应积极与高等学校图书馆、公共图书馆加强合作，支持和帮助学生参加校外阅读活动。国家鼓励和支持学校图书馆（室）、科学与专业图书馆、民办非企业阅读场所及其他阅读设施承担或者参与全民阅读服务。

我国现行教育类法规政策对公共图书馆与学校合作也有明确规定，《中华人民共和国教育法》第五十二条规定"学校及其他教育机构应当同基层群众性自治组织、企业事业组织、社会团体相互配合，加强对未成年人的校外教育工作"[②]；教育部 2018 年颁布的《中小学图书馆（室）规程》[③]规定,中小学图书馆是社会主义公

---

① 中华人民共和国公共图书馆法［EB/OL］.［2019–12–12］. http：//www.npc.gov.cn/npc/c30834/201711/86402870d45a4b2388e6b5a86a187bb8.shtml.

② 中华人民共和国教育法［EB/OL］.（2015–12–28）［2018–09–12］. http：//www.moe.gov.cn/s78/A02/zfs__left/s5911/moe_619/201512/t20151228_226193.html l.

③ 中小学图书馆（室）规程［EB/OL］.（2018–06–07）［2018–09–12］. http：//www.moe.gov.cn/srcsite/A06/jcys_jyzb/201806/t20180607_338712.html.

共文化服务体系的有机组成部分，其主要任务之一是"组织学生阅读活动，培养学生的阅读兴趣和阅读习惯""（中小学）图书馆应当积极与本地公共图书馆，特别是少年儿童图书馆、高等学校图书馆开展馆际合作，实现资源共享"。教育部 2016 年颁布《普通高等学校图书馆规程》[①]，其中第三十二条规定，图书馆应积极参与校园文化建设，积极采用新媒体，开展阅读推广等文化活动。第四条规定：（高校馆）积极参与各种资源共建共享，发挥信息资源优势和专业服务优势，为社会服务。这些法规政策的颁布实施，为图书馆与教育资源开展合作提供了法律和制度保障。

第三节 图书馆与教育资源合作的方法策略

一、与学前教育资源开展合作的方法策略

学前教育是阅读能力养成的重要起步阶段。学前儿童阅读推广最直接的主体一是家长，二是幼儿园和早教机构，这些主体也是图书馆开展阅读推广合作的重点所在。国际图书馆协会联合会（IFLA）制定的《国际国联儿童图书馆服务发展指南》[②]明确提出"学校是图书馆的重要合作伙伴。学校图书馆为儿童提供教育支持，而儿童图书馆为儿童提供自我学习和闲暇阅读的服务；保健中心、看护中心、幼儿园，以及其他看护机构也是图书馆必要的和值得欢迎的合作伙伴，尤其是在为儿童、父母和专家开展的阅读推广活动中。"

在具体的阅读推广的过程中，图书馆应针对学前儿童认知特点、公共阅读服务资源分布、合作机构特点等，有侧重地制定阅读推广合作策略，优化阅读推广效果。

需要补充的是，由于早教机构在功能、方法上与幼儿园有相似之处，在本部分我们将主要聚焦与幼儿园的合作。此外，面向学龄前儿童和小学低年级儿童的阅读推广方式有相通之处，合作模式亦可互为借鉴。

① 普通高等学校图书馆规程［J］. 大学图书馆学报，2016，（2）：5–8.
② 国际图书馆协会联合会. 国际图联儿童图书馆服务发展指南［EB/OL］.［2019-12-12］.https://www.ifla.org/wp-content/uploads/2019/05/assets/libraries-for-children-and-ya/publications/guidelines-for-childrens-libraries-services-zh.pdf.

（一）"走出去"合作模式

这里所说"走出去"的主体是图书馆，即图书馆主动与学前教育机构开展合作，把阅读服务送到孩子身边。

1. 构建图书馆—幼教机构—家庭—社区合作路线图

学龄前儿童的主要活动场所，一是家庭，在这里，家长是阅读推广引导员，亲子阅读对学前儿童阅读启蒙有着非常重要的作用；二是幼儿园、托儿所等幼教机构，在这里，老师担任了阅读引导员的角色，陪伴、指导孩子阅读，对阅读能力培育有着至关重要的影响；三是社区，由于低幼儿童活动半径有限，社区教育资源诸如文化站甚至社区小广场等，都可以成为图书馆亲子阅读推广活动的重要场地资源。因此，公共图书馆实现"走出去"的学前儿童阅读推广，首先要构建图书馆—幼教机构—家庭—社区合作路线图，让阅读服务走向家庭、走向幼儿园、走向社区。

2. 深入一线开展专业阅读推广辅导培训

家长和老师是对儿童身心发展具有重要影响的个人和群体[1]，是儿童发展中的"重要他者"，他们在陪伴、引导儿童阅读中都扮演着重要角色。家长和老师阅读引导水平的高下、对阅读推广的认知水平高低，直接关系到学前儿童阅读兴趣、阅读习惯和阅读能力的培养，以及阅读质量和阅读效果的优劣。

因此，图书馆要深入幼儿园和社区，着力做好针对学前教师和家长阅读引导技能的专门性培训，培训主要针对以下几个方面开展。

（1）宣传阅读推广的基本理念，以及针对学前儿童开展阅读启蒙的重要意义，使家长和教师明悉阅读意识培养的重要性和必要性。

在培训中，要结合幼儿的生理和心理特征，构建阅读推广工作和学前教育工作的关联性，让其充分认识到，阅读推广工作和幼儿教育工作是有机的、相辅相成的整体，唯有如此，才能够发挥其主动性，真正达到阅读引导员的角色作用。

（2）讲解阅读推广的基本技巧，包括培养学前儿童阅读兴趣、提升学前儿童阅读能力的具体技巧。

阅读推广技巧的培训包括但不限定于以下这些内容。

① 讲故事的技巧、为孩子朗读的技巧，例如，如何根据不同年龄段孩子的

---

① 庞丽娟.教师与儿童发展［M］北京：北京师范大学出版社，2001：1.

认知水平，帮助孩子亲近图书、朗读图书。

②陪伴阅读的技巧，帮助孩子培养独立阅读的习惯和能力。

③阅读榜样树立，如何在家中通过家长阅读，树立阅读榜样，营造良好学习氛围。

④阅读空间打造，如何在家中打造专门的阅读空间，如书房、家庭图书馆等。

⑤与孩子一起选择图书，家长如何帮孩子选择合适的书籍，如何引导孩子自主选择书籍，即"你选一本，我选一本"策略。

⑥阅读成长记录，记录阅读日记或阅读清单，对孩子阅读形成鼓励。

⑦阅读习惯培养，例如注意力培养、媒介素养培养等。

（3）针对学前儿童的具体年龄分级，采用宣讲加交流的模式，培训学前教师和家长阅读书目选取技巧。

3. 阅读资源支持

大多幼儿园的阅读资源有限，正所谓"巧妇难为无米之炊"；而公共图书馆拥有丰富的适合各年龄段阅读的儿童读物，有经验丰富的专业馆员，这正是图书馆与幼儿园开展资源合作的重要前提。因此，图书馆与学前教育机构一种常见的传统合作方式，就是提供绘本等阅读资源支持幼儿园建设图书角、小小图书馆。这种方式更受农村、边远地区阅读资源相对匮乏的幼儿园师生家长的欢迎。如广东梅州剑英图书馆与乡镇民办幼儿园合作，投放阅读资源建立班级图书角、阅读展示墙，支持乡村幼儿园开展绘本故事课和图书漂流等推广活动，同时为幼儿园老师和幼儿家长提供绘本推荐、课件制作和阅读技巧等方面的培训[①]。

资源投放策略包括：（1）图书馆与幼儿园共同制定配送书目，以保证适用性；（2）实现"送书入园"，并根据书刊配送点实际状况，对老师进行书刊管理的简单培训；（3）投放宣传材料，帮助幼儿园营造良好的阅读氛围和阅读环境，进而借助教师的重要纽带作用，帮助学前儿童培养阅读习惯和阅读爱好。

此外，还有一些大学附属幼儿园与所属大学图书馆以总分馆的形式进行资源整合。

---

① 李梦霞. 贫困地区农村儿童阅读推广之"馆园合作"模式探索——以梅州市剑英图书馆为例［J］. 图书馆理论与实践，2019（10）：83-87.

北京师范大学图书馆与校附属实验幼儿园合作建设学前分馆 ①

北京师范大学实验幼儿园是北京市一级一类幼儿园示范园，较早开展了早期阅读教育，随着招生数量的增长及阅读教育实践的深入发展，原本在每个班级设置的"图书角"及图书室逐渐无法满足孩子和老师及家长的需求。北京师范大学实验幼儿园图书馆暨北京师范大学图书馆学前分馆建成后，进一步扩大了儿童图书采购规模，幼儿园的中西文图书均由北京师范大学图书馆编目加工，并利用总馆的自动化集成管理系统，实现文献资源的科学整合。总馆文献采编部门根据幼儿图书的出版特点和小读者的使用特点，拟定了学前分馆图书分类编目规则，以保证编目数据质量。幼儿园配备专门的图书馆（室）老师，负责书刊的借阅管理以及与总馆的沟通协调；总馆经验丰富的编目人员和系统技术维护人员负责建立高质量的书目数据库并维持图书管理系统的正常运行。

4. 图书馆教育宣讲走进幼儿园

在图书馆流动服务车走进幼儿园活动中，通过展示"图书馆的模样"，深化幼儿读者对图书馆的体验、认知和感受。例如，宁波市图书馆流动图书车开进江北茗馨幼儿园的阅读推广活动，设计了引导小朋友参观流动图书车，模拟图书馆借书场景，举办绘本阅读分享，参观展览等活动环节，力求激发小朋友对图书馆的好奇心和对阅读的兴趣 ②。厦门市图书馆与幼儿园和小学校合作开展"模拟图书馆——让孩子爱上图书馆"体验活动，该活动被评为中国图书馆学会 2018 年"中国图书馆最美故事"之创新案例。

厦门市图书馆的"模拟图书馆"体验活动 ③

厦门市图书馆与幼儿园和小学校合作，针对幼儿及低年级学生设计并开展"模拟图书馆"体验活动（见图 3-1）。主要尊重幼儿喜欢角色扮演的心理特征，让小朋友扮演图书馆工作人员和读者的角色，模拟开展图书馆服务，让孩子在游戏

① 康冬，梅赵星.高校附属幼儿园书馆（室）建设模式探讨——以北京师范大学图书馆学前分馆为例［J］.图书馆工作，2016（3）：19-21.

② 宁波市图书馆进幼儿园开展阅读推广活动［EB/OL］.（2016-06-06）［2018-06-29］.https：//www.nblib.cn/art/2016/6/6/art_1972_84577.html

③ 王芳.阅读推广之宣讲团进校园、社区——以厦门图书馆为例［J］.河南图书馆学刊，2018，（12）：6-7，10.

中体验阅读的快乐，潜移默化地培养图书馆意识，吸引他们尽快走进图书馆。同时，通过活动让孩子加深对图书馆和书籍的印象，提高阅读的兴趣，最终加强家庭阅读和培养独立自主阅读能力。活动包括以下方面。

（1）宣讲介绍。宣讲团工作人员运用精心准备的宣讲文本和PPT课件，讲解图书馆的相关知识，使参与者对图书馆的功能、借阅流程及岗位职责有了初步认识，为即将开始的活动做认知准备。（2）角色分配。宣讲团为参加"模拟图书馆"活动的学生分配角色，主要角色有办证人员、借还书人员、书架管理员、咨询员和读者等，并向其反复讲解所扮演角色的职责。未参与角色扮演的学生可与工作人员一起组成观察团。（3）场地布置。工作人员按照事先设计好的"模拟图书馆"布局，摆放图书、桌椅、桌牌等道具。（4）开始游戏。"模拟图书馆"活动开始后，参与者按照各自扮演的角色进行模拟活动；观察团成员在旁边观察各角色的扮演情况，发现错误的地方及时给予纠正；志愿者参与引导工作，带动活动现场的气氛；其他工作人员做好安保、摄像和活动情况记录等工作。（5）活动总结。"模拟图书馆"活动结束后，宣讲团及时撰写活动报告，总结活动经验，并编辑现场活动影音资料，制作宣传视频，及时将宣传视频推送到图书馆网站及新媒体平台进行宣传。同时，与厦门市图书馆合作的幼儿园和学校将该项读书活动反馈给学生家长。

图3-1　厦门图书馆鼓浪屿分馆走进日光幼儿园开展模拟图书馆活动（厦门图书馆供图）

这些寓教于乐的角色扮演式推广活动，对于增进低龄儿童及家长对图书馆的了解，培养阅读意识和阅读兴趣，都是一种有效的引导方式。同时也激发孩子们对"图书馆的模样"的向往，培育了图书馆的潜在读者。

（二）"请进来"合作模式

"请进来"模式则指吸引学龄前儿童及老师、家长走进图书馆，引导其融入图书馆的全民阅读的大氛围中，进而实现阅读推广的目的。

1. 吸引学前儿童了解图书馆

由于学前儿童处在特殊的年龄阶段，具有较强的模仿性和可塑性，观念和兴趣的养成比具体的阅读技巧的规训更为重要。因此，图书馆应充分发挥其"氛围"优势，引导孩子们走进图书馆，身临其境地感受图书馆丰富的藏书和浓浓的读书氛围，进而培养图书馆意识。例如，图书馆与幼儿园合作组织"图书馆之旅"类的活动，组织学前儿童参观图书馆，通过参观体验活动，向孩子们传播"我的图书馆"概念，在心灵深处留下一颗图书馆的种子。参观图书馆活动同样也适合小学低年级。但是，由于区域性限制，组织学前儿童集体参观图书馆只能解决一部分孩子的需求，尤其是各地区图书馆的差异，也会影响孩子们的体验感受，对此，还可以采取以下图书馆体验方式。

第一，图书馆利用新媒体技术手段，如拍摄宣传片、制作"图书馆3D游"、图书馆游戏等，进行线上图书馆意识教育。

第二，加大图书馆与幼儿园的合作沟通力度，例如请幼儿园老师给孩子布置作业，要求家长利用假期来一场"亲子图书馆之旅"，这样可以化整为零，通过学校教育和家庭教育相结合的方法，达到更为优化的效果。图书馆可以把"亲子之旅"打造成常规的专项推广活动。

广东省中山市中山纪念图书馆"图书馆亲子之旅"活动

此活动是中山纪念图书馆与中山市教育局合作开展的"图书馆意识教育"项目内容之一。"图书馆亲子之旅"每次有25个家庭参与。具体内容有：（1）认识图书馆。通过观看宣传片、馆员各功能区讲解及PPT展示，让小读者熟悉图书馆各阅读空间；（2）"走近图书馆"。参观各部门，了解图书馆的工作程序和各项服务内容。在参观过程中，适当进行操作演示，并让参观者亲自动手进行实践，增强感性认识；（3）互动环节。让亲子家庭参与馆的业务，如征求读者的意见和建议订报刊、图书、策划读书活动；（4）赠送好书推荐目录（小册子），发放有关图书馆的宣传资料；（5）根据低幼读者的年龄及心理认知情况，开展绘本分享或电影分享活动。

图3-2　中山纪念图书馆馆员为幼儿园小读者讲解图书馆的各功能区（中山纪念图书馆供图）

2. 邀请教师参与图书馆阅读推广

由于学前教师在幼儿教育中扮演着重要角色，对儿童的教育引导起着重要作用，加之学前儿童与图书馆之间并未建立直接的联系，因此，在阅读引导工作中充分发挥教师的作用是十分有必要的。幼教老师的话语更为生动、贴近儿童的认知心理，认知心理，如果能够充分发挥教师的中介作用，由他们搭建儿童和图书馆之间的纽带，可以达到更好的说服引导效果，也将更有利于儿童亲近图书馆，促成阅读兴趣的培养。图书馆应充分发挥平台优势，吸引学前教育老师加入儿童阅读推广人志愿服务队伍，走进图书馆进行领读、陪伴阅读、讲绘本故事等活动，深度参与图书馆阅读推广。

福建省晋江市图书馆与晋江市妇联、晋江市教育局、晋江市各巾帼文明岗学校联合开展"悦读风尚我引领"巾帼志愿服务活动，招募全市各巾帼文明岗的小学、幼儿园优秀老师组建教师志愿服务团队，在市图书馆、少年儿童图书馆以及社区街道分馆开展阅读推广志愿服务。活动服务对象是3~10岁儿童，内容包括亲子悦读、音乐韵律、美术手工、闽南童谣等。该活动自2014年以来持续开展，平均每年 30 多场，每年均有 20 多所学校响应合作，参加志愿服务的老师近 200 人次。该活动被纳入晋江市悦读节，作为其中的子项目 [①]。

二、与中小学教育资源开展合作的方法策略

培养阅读兴趣和支持正规教育是公共图书馆的重要使命，这一使命担当更体现在面向中小学生的阅读服务中。为此，积极整合相关资源，主动寻求与中小学教育资源的合作，就成为深化公共图书馆少年儿童阅读推广的必然之举。

图书馆和学校合作举办阅读推广活动具有双赢效应。对于图书馆来说，主要有两方面的益处：一是可以邀请到更多的中小学生参与，发展更多的学生成为图书馆读者，并在整个学校进一步推广该活动；二是学校的图书馆员或教师可以根据实践或教学经验为公共图书馆举办活动提出合理建议，帮助公共图书馆的阅读推广活动落地。对于学校来说也有两方面的益处：一是通过图书馆和学校的合作，可以弥补学校因时间或预算限制而无法进行的一些活动；二是合作举办活动可以鼓励学生走进公共图书馆，为学生提供一个学校之外的环境，为学生和成年人提供一个以新的方式互动的机会，进而激发学生的课外阅读兴趣，通过丰富的阅读实践活动培养品质，得到全面发展。

近年来，已经出现公共图书馆与中小学深度合作的案例，如将中小学图书馆纳入区域公共图书馆总分馆体系。广东顺德 2013 年开展"公共图书馆服务进校园"项目，将全区 200 多所学校图书馆全部纳入顺德图书馆集群，将公共图书馆服务覆盖全区 200 多所学校近 30 万学生。但这种模式尚未成为主流合作模式。

结合中小学教育的特点和双方资源优势所在，图书馆与中小学教育资源开展合作的主要方式如下。

（一）文献资源支持型合作

文献资源支持型合作指公共图书馆为中小学提供阅读资源方面的支持，这是公共图书馆与中小学教育机构常见的合作方式之一，具体见下。

---

① 王筼筼. 浅谈公共图书馆"部门联动、馆校合作"阅读推广服务模式———以晋江市"悦读风尚我引领"巾帼志愿服务活动为例 ［J］. 福建图书馆学刊，2018（10）：20–22.

1．了解教育教学及学生课外阅读资源需求，结合中小学教育教学任务，有针对性地提供图书资料的支持。如联合教学骨干老师编制专题推荐书目，制定中小学生分层、分级专题资源，在学校图书馆设立专题书架等。

2．充分利用新媒体技术，向中小学师生推送电子书刊、多媒体数据库等数字资源，并依托学校图书馆开展数字资源检索与利用培训，引导学生正确运用数字资源补充课内外知识，丰富阅读内容。

3．在边远地区和贫困地区推进文献资源建设与服务项目，并建立资源共享、定期更新的机制，为这些区域的中小学提供长期的文献资源支持。

在推进文献资源支持型合作中，公共图书馆非常有必要与学校图书馆建立有效的沟通合作机制。中小学图书馆站在中小学生阅读服务一线，同时又是阅读资源支持型合作的具体落地承接部门。公共图书馆应与学校图书馆紧密合作，以此为桥梁，充分掌握第一手的阅读推广需求，使阅读资源支持更具针对性，以确保中小学的阅读品质。

自 2011 年起，吉林省图书馆启动面向全省的"学生书房"建设，已经在农民工子女比例较高的学校建立了七十余家学生书房，由吉林省图书馆配送并定期更换阅读书刊。此外，吉林省图书馆还联合当地公共图书馆和"学生书房"所在学校，并吸引其他社会力量，开展了如"作家进校园"等一系列阅读推广进校园活动。

福建省晋江市图书馆启动"绿港家园·书香流动"乡村校园共享计划，向晋江各个乡镇的 11 所小学输送流动书箱和优秀青少年读物，开展图书漂流活动。这些学校既有偏远乡镇的中小学，也有外来工子弟学校。图书配送采取"图书馆提供分级推荐书目＋学校自由选书"的方式，让"漂流"图书更加契合学校的阅读需求，以有效提高图书的利用率。除图书漂流外，晋江"绿港家园·书香流动"乡村校园共享计划还在 11 个合作学校内开展《传统文化与家庭教育》专题系列讲座，讲座内容盖家庭教育、智慧家长的责任、孩子成长秘密等，讲座也采取订单预约式服务模式①。

---

① 晋江市图书馆.阅读推广案例［Z］.2019 年中国图书馆学会业务案例征集,2019.

（二）共同打造阅读推广品牌活动

开展全民阅读服务需要有系统化、体系化、可持续的品牌阅读推广活动。图书馆可以联合教育机构共同树立品牌，依托连贯性、主题鲜明的阅读推广活动，在中小学生中建立阅读推广品牌，拉近与中小学生读者的心理距离，让他们对阅读推广活动形成心理认同，进而将这份认同拓展到整个阅读活动中。

1. 合作举办主题读书活动

联合中小学校共同举办主题读书活动是一种常见的合作方式，图书馆往往和学校通过自上而下的联动共同开展活动。例如，北京市东城区图书馆依托"红领巾读书活动"品牌与学校联合举办多种形式的读书活动，如"红领巾"讲故事、青少年科普剧比赛、"我的藏书票"设计大赛、"读书小状元"评比等，形式多样的活动提升了中小学生的参与热情，与书香校园建设形成良性互动。河北省的"燕赵少年读书系列活动"由省文化厅、省教育厅、共青团省委联合主办，河北省图书馆学会和省市公共图书馆及各地教育局、共青团组织联合承办，截至2018年已经连续举办了16年。此项活动得到了全省各级文化、教育主管部门和共青团组织的大力支持，各地公共图书馆、中小学校及其他社会教育机构合力推动，中小学生广泛参与，成为颇具影响力的品牌主题读书活动。

2. 合作打造图书馆意识教育品牌

培养公众的图书馆意识是图书馆的一项重要任务。为引导中小学生走进图书馆，养成充分利用图书馆的习惯，公共图书馆与中小学校形成合力，运用了校园宣传、到馆体验、讲座课程等多种教育推广形式，也形成了一批"走出去、请进来"的图书馆意识教育品牌项目。此类案例有很多。例如，唐山市丰南图书馆以馆镇合作、馆校合作的模式，组织了"小手拉大手，乡村小学生走进图书馆——亲子阅读游学实践活动"（见图3-3），内容包括组织乡村学校师生和学生家长参观图书馆、利用图书馆场地设施举办阅读成果汇报表演，馆员阅读推广讲座、亲子选书指导等。再如，嘉兴市图书馆的"图书馆第一课"项目，就是一项市图书馆及区、镇（街道）分馆与当地中小学、幼儿园联动，合作开展的阅读推广活动。

图3-3　丰南图书馆乡村小学生走进图书馆亲子阅读游学活动（丰南图书馆供图）

嘉兴市图书馆的"图书馆第一课"馆校合作阅读推广项目

嘉兴市图书馆自2017年启动"图书馆第一课"馆校合作阅读推广项目。旨在通过馆校合作的方式把图书馆丰富的资源带进校园，在校园推广阅读，并针对不同年龄段，带去各种阅读推广活动，通过馆校合力让小学生从小培养阅读的良好习惯。"图书馆第一课"并非只有一课。它是将图书馆每一项服务的内容以一堂生动的推介课的形式送进校园，再邀请小读者们走进图书馆参加体验不同主题的实践活动。"图书馆第一课"的系列活动除了开展入馆教育外，还包括阅读礼包发放、作家进校园、数字图书馆阅读体验、信息素养教育等多项内容的阅读推广活动。学生通过"图书馆第一课"对图书馆有了更加直观的认识，从小就可以养成充分利用图书馆的习惯，培养阅读的兴趣。项目启动以来，嘉兴市图书馆及11家区、镇（街道）分馆与当地中小学、幼儿园签订了《馆校合作教育协议》，开展了几百场形式各异的"图书馆第一课"活动，约有2.6万名少年儿童参与，发放阅读礼包 6000 多个[①②]。

（三）整合教师资源，建设阅读推广志愿服务团队

1. 推进馆员＋教师的阅读推广人培养模式

中小学以及相关教育机构拥有优秀教师资源，这些老师有丰富的教学经验和阅读培训专业知识。图书馆可以通过搭建平台、整合资源，吸引优秀的中小学教师参与到少年儿童阅读推广活动中。

青少年阅读推广团队"树精灵使者团"

中国图书馆学会青少年阅读推广委员会与中山市教育局教研室、中山市中山纪念图书馆共同组建了全国青少年阅读推广团队"树精灵使者团"，以"馆员＋教师"的模式培养青少年阅读推广人。使者团首批成员由中山市教育局遴选推荐，由热爱阅读热心阅读推广工作的 40 名中小学优秀语文教师组成。中山纪念图书馆先后邀请梅子涵等青少年阅读推广领域知名专家为使者团成员集中授课培训，以进一步提高使者团自身的水平。

项目目的：培养青少年阅读推广人。研究适合不同年龄段、不同生理心理特征的青少年的阅读内容。探索行之有效的青少年阅读推广活动形式。挖掘并推广青少年阅读品牌活动，通过示范带动更多图书馆的阅读推广。

活动形式：班级读书会、故事会、图书情景剧、经典诵读、亲子阅读等。

运作模式：由合作主体提出项目，使者团老师按所报或指定项目实施，并提交案例，组织者有所选择地组织观摩、开展评析。征集案例并结集出版。[③]

2. 依托名师资源开办阅读指导课程

教学经验丰富、教学成绩突出的名师名教在学生及家长中很有影响力。图书馆可利用自身场地平台优势，依托名师资源开设阅读辅导课程，以提升中小学生的阅读能力，优化其阅读感受。如上海市闵行区图书馆从激发学生阅读兴趣入手，设计了符合儿童各年龄层次的阅读指导课程，邀请闵行区教育学院语文教研员、

① 王学思.浙江嘉兴：让孩子们上好"图书馆第一课"［N］.中国文化报，2017–12–27（11）.

② 黄烨."图书馆第一课"给孩子上好阅读的第一课［EB/OL］.（2019–09–12）［2019–11–20］. http：//jxxznews.zjol.com.cn/xznews/system/2019/09/12/031903603.shtml.

③ 吕梅.馆社合作 共促阅读——图书馆与社会合作推动青少年阅读推广［J］.图书与情报，2011（1）：91–94.

学校课外阅读和学科带头人举办"与好书交朋友""经典赏析""科幻之旅""文史之旅"暑期儿童公益阅读指导培训班①。

图书馆还可以邀请名师名教和教育研究专家，围绕中小学教育教学内容，举办公益讲座，与中小学教育形成良性互动。

深圳南山图书馆的"跟名师读名著"活动

深圳南山图书馆的"跟名师读名著"活动开始于2011年，在每月第三周周六上午举行，活动旨在引导已经具备阅读兴趣和阅读能力的学龄儿童读名著，进行阅读分享与深度阅读，用最好的书滋养孩子最美的童年。截至2019年底已成功举办86期，每场活动200人次参与。2018年3月，"跟名师读名著"第64期活动邀请的主讲名师是南山实验教育集团园丁学校的副校长、广东省南粤优秀教师、人民教育出版社培训专家张建伟。她和大家共同分享了《桥下一家人》（见图3-4）。《桥下一家人》是由美国作家纳塔莉·萨维奇·卡尔森创作于1958年的儿童小说，这本书于1959年荣获纽伯瑞儿童文学奖银奖，也曾获得美国图书馆协会优秀童书、中国出版政府奖图书提名奖。在阅读活动中，张建伟通过多种方法慢慢引导学生循序渐进，让现场家长和学生对《桥下一家人》这本书的理解不是停留于表面，而是通过表面去探寻更深层次的内涵，让学生对书本知识理解更为透彻，也让学生熟练地掌握了阅读技巧②。

图3-4 "跟名师读名著"活动现场（朱淑华供图）

---

① 胡莹.儿童阅读推广中区域协作与社会资源融合应用——以上海市闵行区图书馆为例［J］.河南图书馆学刊，2019，（5）：5–7.

② 南山图书馆"跟名师读名著"开讲 南粤优秀教师领读《桥下一家人》［EB/OL］.（2018–03–19）
［2019–11–09］. http：//life.szonline.net/contents/20180319/20180312206.html.

（四）支持中小学生课外成长

公共图书馆作为支持青少年课外成长的重要场所，在为青少年提供课余安全舒适的学习环境、增强学习能力，以及提升信息素养方面具有重要的作用。因此，公共图书馆应充分利用场地设施、馆藏和人力资源优势，积极为中小学生打造第二课堂，与在校教育形成有机联动，提升中小学生读者对图书馆、对课外阅读活动的认同。

1. 探索课后托管服务的有效形式

中小学生放学后与家长下班前的看护断层现象，已经成为困扰万千家庭的社会问题。公共图书馆应切实履行社会教育职责，加强与学校的沟通，积极探索课后托管工作的有效形式，组织开展课后作业辅导、课外阅读、艺术活动、娱乐活动、科学学习等活动。

长春市图书馆于 2017 年启动了"长图小树苗 16 点课堂"建设项目，以长春市图书馆的青少年读者服务部为主要阵地，开办了"书悦之声，小小朗读者""少儿国学公益课堂""小树苗图书角""快乐自修室"等特色活动，积极探索具有图书馆行业特色的"小学生课后免费托管服务"之路[①]。

20 世纪初，美国开始在全国范围内推行服务于课后中小学生的"放学后计划"，公共图书馆是该项目的重要参与者。公共图书馆通过设置专门的服务项目，开展丰富多彩的活动，吸引青少年在课余时间使用图书馆；同时，注重利用各种社会资源补充图书馆的人力物力和财力，如招募青少年放学后服务志愿者，将这些志愿者安排到图书馆创客服务和作业辅导工作中。

纽约公共图书馆的课后（After School）活动

纽约公共图书馆在这方面已经进行了多年的实践探索，开设了丰富的免费课后活动，已经成为学生重要的课后学堂。主要活动如下。

（1）为低年级学生提供的课后活动包括[②]：1 至 8 年级学生每周选择 2 至 4 天、每天 3 小时左右在课后来图书馆，在图书馆写家庭作业、接受个人辅导，参加电

---

① 何爽. 公共图书馆开展"中小学生课后免费托管服务"的分析及建议——以"长图小树苗 16 点课堂"为例［J］. 办公室业务，2018（21）：47–48.
② Enrichment Zones［Z/OL］.［2020–05–20］.https：//www.nypl.org/ost/enrichmentzone.

脑教学活动。图书馆为孩子们提供以下活动。

① 每日对孩子进行作业辅导

② 辅导共同核心阅读（common core reading）和数学能力

③ 数学和阅读方面的趣味电脑程序

④ 基于孩子的兴趣开展科学、数学、写作方面的活动

⑤ 引导孩子树立使用丰富图书馆资源的信心

（2）高年级与低年级学生的读写互助

① 基础教育项目（Literacy Leaders Early Elementary Tutoring Program）[①]：为低年级学生提供读写能力培训，包括语音和阅读理解能力，增强学生自信心，提升其对阅读的兴趣。该项目分为春季班（1、2 年级学生）和夏季班（1、2、3 年级学生），受过专业训练的高中生来到图书馆，为报名的孩子提供一对一的辅导。

② 青少年项目（Literacy Leaders Teen Apprenticeship Program）[②]：服务对象是10 至 12 年级学生，学生每周选择两天在课后（下午 4 点到 6 点）来到图书馆，学习读写工具。学生完成课程后可以获得教育部（Department of Education）的ELA 证书，并有机会成为纽约公立图书馆春季课程的阅读辅导员，帮助 1 至 2 年级学生提升他们的阅读能力和水平。

2. 支持学生自主开展课外活动

除课堂教育和必要的学习活动外，中小学生还有丰富的与图书馆相关的自主活动需求，例如在图书馆自习、组织兴趣小组活动、开展志愿服务等。图书馆还可以联合中小学教师引导学生利用双休日、寒暑假走进图书馆，自主开展课外活动。近年来，越来越多的学生社团开始主动走进图书馆，组织"一起动手做科学小实验""社团读书会"等活动。图书馆可充分发挥场地、资源等天然优势，根据学生年龄层次、兴趣爱好特点，以图书馆浓厚的阅读氛围引导学生利用好图书馆资源，最终实现学生主动参与图书馆阅读活动的目标。

此外，中小学生群体也是公共图书馆志愿服务活动的积极参与者，各图书馆也

---

① Literacy Leaders Early Elementary Tutoring Program［Z/OL］.［2020–05–20］. https：//www.nypl.org/ost/literacy–leaders.

② Literacy Leaders Teen Apprenticeship Program［Z/OL］.［2020–05–20］. https：//www.nypl.org/ost/hs–literacy–leaders.

都努力为中小学生搭建志愿服务平台，让中小学生在参与图书馆志愿服务的同时，进一步融入图书馆的书香氛围，与图书馆终身相伴。志愿者相关内容请参见第六讲。

三、与高校教育资源开展合作的方法策略

基于阅读推广发展形势所需及高校资源优势所在，图书馆主要采用了联合高校师资模式、整合学生资源模式、多元主体模式来推广阅读。

（一）联合高校师资模式

高校汇集了各学科领域的众多名师名家，既具学术权威性，也能产生广泛的社会影响力，有的甚至具有极受读者追捧的明星效应，是绝佳的阅读推广代言人；同时，高校也拥有强大的思政教师团队，能够有效地组织发动学生开展各类素质拓展活动。因此，无论是公共图书馆还是高校图书馆在阅读推广实践中均广泛采用了联手高校师资的方式。从图书馆携手高校师资的实践来看，主要采用了四种方式来发挥高校教师的学术影响力及组织影响力。

1. 名师讲座

邀请高校名家名师来为公众讲座，是图书馆联合高校开展服务的最常用的方式。这类讲座往往既具学术内涵、又适应读者兴趣，所以能取得良好的社会反响。

上海市闵行区图书馆公益读书会"敏读会"与高校有大量的此类合作，如邀请扬州大学文学院副教授黄诚为读者主讲"李叔同：一轮圆月耀天心"；邀请上海交通大学文学武教授主讲"今天，鲁迅对我们意味着什么？"[①]。这些讲座引导听众对所讲人物及作品有了更全面深刻的认识，推动其进一步去阅读他们更多的作品。诸如此类的案例极其普遍。邀请名家名师到馆讲座能产生多方面的积极意义：其一，可以充分发挥名家名师的名人效应、号召力与影响力，调动民众参与阅读活动的积极性；其二，可以有效地提升阅读活动的内涵、品位与深度；其三，使象牙塔式的学术研究走进民众生活，带领读者提高站位、提升阅读和学术素养。随着信息传播技术的发展，名师主讲图书馆阅读讲座的方式会进一步更新，将不拘泥于图书馆和学校的场地空间，以移动讲坛、云讲坛、智能讲坛等方便公众收

---

① 上海交通大学图书馆. 上海交通大学图书馆与闵行区图书馆合作举办鲁迅专题讲座［EB/OL］.［2019–11–09］. http：//www.lib.sjtu.edu.cn/f/content/detail.shtml?id=1077&lang=zh–cn.

看的形式出现。

2. 名师开列推荐书目

古往今来的推荐书目多由名师大家拟定，对于人们的读书治学产生着重要而深刻的影响。

图书馆邀请名师为公众开列推荐书目，通常包括名师荐书及系列导读活动的环节。

深圳图书馆携手北京大学信息管理系王余光教授，开创"南书房家庭经典阅读书目"项目，旨在向广大读者推荐适合当今中国家庭阅读与收藏的经典著作。"南书房家庭经典阅读书目"项目于2014年开始每年发布30种书目，截至2019年，该书目已连续发布6期，共推荐180种古今中外经典图书。围绕该书目，深圳图书馆还开展了经典品读、专题讲座，书目展、图书展、征文比赛、经典诵读等系列活动，为读者创造全方位、立体化的阅读体验。

北京大学图书馆将校党委宣传部收集到的百余名各学科领域教授治学感言中谈及的对自己最有影响的几本书汇总起来，形成一份推荐书目，标明馆藏地点、推荐教授等信息，置于图书馆主页"阅读推荐"栏目，指引学生阅读①。

高毅　北京大学历史系　教授

题　名	责任者	出版信息	索书号
世界史纲	韦尔斯著　蔡慕晖　蔡希陶译	三联书店上海分店　2008	K1/8.4
马克思恩格斯全集[著作卷]第一卷	马克思　恩格斯	人民出版社 1995	A1/1.1
从高卢到戴高乐	张芝联	三联书店 1988	K565.0/5
西方哲学史	罗素著　何兆武　李约瑟译	商务印书馆 1963	B561.54/LS/V
笑傲江湖	金庸	明河社 1984	I247.5/598f

图 3-5　北京大学图书馆教授荐书

---

① 北京大学图书馆.教授推荐阅读——对我最有影响的几本书［EB/OL］.［2020-01-30］. https：//www.lib.pku.edu.cn/portal/cn/fw/ydtj/jiaoshoutuijian.

2014 年，南京大学启动了"悦读经典计划"，邀请学科专家，按照经典性、思想性、知识性、前沿性和可读性的标准编制具备该校特色的经典读本，最后经全校师生网络投票选出独具南大特色的 60 种基本书目和 100 多种拓展书目，并通过研读课程、教师导读、举办活动的方式推动校园经典阅读。

3. 名师担当阅读推广人

高校汇集了各学科领域的众多名师名家，基于名师的影响力，邀请名师为阅读推广代言，就成为高校图书馆常用的阅读推广方式。邀请名师担当阅读推广人，既是强化名师的阅读推广意识，同时也是利用名师效应，推动学生阅读意识的增长，进而提升整体的校园阅读氛围。名师担当阅读推广人模式往往包括名师荐书、名师谈阅读、读书讲座、领读、沙龙等活动。

沈阳师范大学图书馆于 2015 年世界读书日前夕推出的"阅燃星火·共享书香"阅读推广人计划颇具代表性。该计划邀请学术带头人、教师、辅导员等担任阅读推广人，通过讲座、演讲、竞赛、读书沙龙等方式，推动引导学生阅读。通过计划的实施，该馆每年开展《经典十日谈》《向忱讲坛》专题讲座报告 20 余场，读书沙龙 20 多场，各种演讲、竞赛、成果展播 100 余次，多元化活动使阅读推广接连不断，阅读推广人在撒播经典阅读种子、传播读书技巧、引领读书方向上发挥了重要作用[①]。其中魏泽老师品读《少有人走的路》读书沙龙活动，用阅读开启学生的心智成熟之路，参加者有 8500 余名大学生。

上海交通大学图书馆于 2016 年启动"阅读推广大使计划"，请颇具人气的时任校长张杰亲自担任阅读推广大使，并由学生阅读推广使者探秘校长私人书架、与校长交流阅读心得（见图 3-6）；同时，邀请 12 位教师推荐课外书目，为他们分别拍摄导读微视频，在年轻学子喜爱的新媒体平台上推送，引领青年学子的阅读[②]。其后，该馆推出"交圕·师说"计划，邀请名师言传身教，在其独具校园文化感召力的特色空间"思源阁"，为师生解读交大人著作中蕴含的思想智慧和

① 王磊，吴瑾.图书馆"阅读推广人"模式的实践探索——以沈阳师范大学图书馆为例［J］.图书情报工作，2017，（6）：6–10.
② 上海交通大学：校长亲自担任"阅读推广大使"［N］.中国教育报，2016–04–23（2）.

文化精神，展现交大人卓越的学术成就和一脉相承的学术精神，传承与弘扬交大文化①。

图 3-6　阅读大使与大学生畅聊读书那些事（来源：上海交通大学图书馆）

4. 携手思政老师的阅读推广模式

高校有强大的思政教师团队，在学生中具有较强的组织影响力。结合国家重视本科教育、人才培养的形势，在立德树人的基调下，与思政老师携手，借助他们对学生的组织力与策动力开展阅读推广工作，既助力学校人才培养、也是推广阅读卓有成效的方式，同时也将成为极具发展前景的高校师资整合路径。

上海交通大学图书馆"交图·安泰书道计划"②

上海交通大学图书馆与该校安泰经济与管理学院于 2016 年起合作的"交图·安泰书道计划"（见图 3-7）是一个与思政老师合作阅读推广及人才培养的成功案例。该计划基于"全民阅读""立德树人""一流本科建设"精神，借鉴国外高校综合性新生教育计划 First-Year Experience（简称 FYE）和 Common Reading 项目，采用思政老师和学科馆员指导、学生自主组织管理的模式，组织开展了经典共读书目、经典阅读 App、图书馆之夜、春季阅读创意嘉年华、图书馆志愿行、

---

① 上海交通大学图书馆．IC 方人文拓展计划［EB/OL］．［2019-11-11］．http：//www.lib.sjtu.edu.cn/f/content/list.shtml?Lid=170.

② 陈幼华．交图·安泰书道计划——融合创新型大学新生阅读培育项目［J］．上海高校图书情报工作研究，2019，29（4）：33-35.

素养与创新训练营、大学生阅读偏好调研等活动。该计划的实施，解决了过去图书馆阅读推广单方面推进、学生却不甚了解、不多参与的问题，提升了学生的阅读意识，图书馆阅读服务效能也得到提高；同时，学生持续的图书馆志愿服务有效支持了图书馆各项工作的开展，并加强了学生对图书馆的了解与情感。基于优越的成效，该项目获 2018 年度上海交通大学决策咨询课题结项评审二等奖、中国图书馆学会 2018 年阅读推广优秀项目奖等多个奖项。

图 3-7　"交圕·安泰书道计划"图书馆资源交流会（陈幼华供图）

（二）整合学生资源模式

大学生是社会最富思想活力的群体。图书馆引入大学生力量来推广阅读，一方面能支持图书馆阅读推广工作，促进图书馆与学校的合作交融；另一方面，能有效地培养大学生的阅读意识、创新意识、组织力和领导力、责任感与奉献精神，推动其认识社会，加强与社会的融合。图书馆引入大学生资源开展阅读推广活动的方式主要有三大类型。

1. 建立大学生图书馆志愿服务工作机制

建立大学生图书馆志愿服务工作机制，推广大学生志愿服务项目，吸引大学生群体支持图书馆阅读推广工作，这种模式在高校图书馆和公共图书馆广为采用。例如上海市闵行区图书馆和厦门市图书馆的大学生阅读推广志愿服务都很有特色，相关内容请参见第六讲。

2. 大学生志愿开展未成年人阅读推广工作

上海师范大学心理学系吴念阳教授 2010 年发起的"大带小"项目，即是一个典型的大学生志愿者阅读推广案例。该项目团队由 100 多名研究生和本科生志愿者组成，他们深入上海奉贤区、闵行区、浦东新区等区流动儿童聚集的学校、社区和家庭，选择有童趣的、符合儿童认知水平的读物，由一个"大人"或者"大孩子"带领几名小朋友共读一本书，双方就书中的内容开展互动式讨论，让孩子们在快乐、自由的氛围中一起分享阅读所得，深受家长、学校和小朋友们的欢迎①。2012 年，"大带小"项目得到了陈一心家族基金会的资助；武汉大学图书馆的"书香大使"项目也较具代表性。该项目利用大学生假期返乡的时机，开展儿童阅读推广工作。每位书香大使（学生志愿者）回到家乡所在地，以最鲜活的方式、将最经典的故事传播到一般图书馆难以到达的广大乡村和边远地区，有如星星之火，把阅读的种子撒播开去②。

3. 建设图书馆督导的学生阅读推广社团或阅读推广计划

由大学生自主策划实施阅读推广项目。这种方式在高校图书馆较盛行，也有比较丰富的实践案例。

常熟理工学院图书馆"结伴阅读"项目，以 9 月新生入学为契机，创建有效的结伴阅读组织管理机制，招募大学生阅读推广人，开启老生与新生的结伴阅读计划。计划主要以图书馆引导性活动、学生以组长负责制的形式、新老结伴不定期入馆学习的方式展开。9 月图书馆开展"以老带新、以新促老"主题活动，让学生了解图书馆、学会利用图书馆；10 月开展"书香润心灵，阅读促成长"阅读分享会，检验学生的阅读任务完成情况；11 月开展阅读活动心得征集活动；12 月开展"有你陪伴，感恩有你"颁奖晚会③。该项目基于同伴教育理论设计，既适

---

① 上海师范大学"大带小"项目点亮儿童"悦"读人生［EB/OL］.（2014–12–10）［2019–10–10］. http://gongyi.cnr.cn/news/201412/t20141210_517065243.shtml.

② 卢娅. 参加阅读推广案例分享会的收获［EB/OL］.［2019–11–13］. https://mp.weixin.qq.com/s/wj84XW5cd8dR_132PqFkdw.

③ 梅华. "结伴阅读"新生季 // 蔡迎春，金欢. 图书馆阅读推广案例赏析［M］. 北京：国家图书馆出版社，2019：384–388.

应大学生的学习特点，也将图书馆的指导、学生的能动性有机融合，受到学生的欢迎。

公共图书馆平台吸引学生社团举办活动。这是公共图书馆与学生社团合作的常见形式。如河北省图书馆支持省高校文学社团联盟连续举办三届"河北省大学生青春原创征文大赛"，活动包括名师系列文学讲座、线上主题征文比赛和线下辩论赛等活动。社团学生通过参加活动与省图亲密接触，成为省图书馆"冀图讲坛"的忠实志愿者。

整合学生资源开展阅读推广活动优化了人力资源配置，拉近了图书馆与读者的距离，尤其对于学生读者群更有亲和力。在这种模式中，学生是阅读推广活动的参与者、组织者、主持人等多重角色，成为阅读推广的生力军。

（三）图书馆与多元主体合作模式

图书馆与多元阅读推广主体的合作，主要有三种方式。

1. 公共馆 + 高校馆 +X 模式

该模式合作主体为公共图书馆、高校图书馆和其他相关机构。合作面向特定社会群体开放，以合作项目的形式举行阅读推广活动。在资源共建共享的集约化趋势下，多元主体合作型模式既能提升阅读推广活动的规模化和联动效应，更能够优化多方资源，扩大活动的受众面，增强活动的影响力和辐射力。

西肯塔基大学图书馆、市公共图书馆和巴诺书店共同组织南肯塔基图书节

坐落在肯塔基州保龄格林市的西肯塔基大学图书馆与该市公共图书馆（后升级为沃伦县公共图书馆）和巴诺书店（全美最大连锁书店）结为伙伴关系，共同组织了第二届南肯塔基图书节，大获成功，从此举办图书节成为该地区的一个传统，并连续获奖。每届图书节均会举行丰富多彩的活动，包括：（1）150 至 180 位作家前来售书、签书，举行读者见面交流会；（2）根据图书内容改编的文艺表演；（3）少儿 DIY 活动；（4）品牌活动："一个社区、一个校园、一本书"（One Community-One Campus-One Book）、"同一页"（On the Same Page）、"一起读"（1Read）、"掉书里"（Fall into Books）、"大阅读"（Big Read）；（5）黑人月活动；（6）肯塔基写作大会；（7）全国家庭文化素养月；（8）中小学生写作比赛；（9）邀请政治人物和孩子们崇拜的大学生运动员到学校给孩子们读书等。

该图书节的成功，主要源于多方主体优势资源整合。正如美国西肯塔基大学图书馆袁海旺教授总结的一样：大学图书馆人力、物力、财力和技术资源都十分雄厚，且具有较强的组织和整合能力，同时还有专人负责募捐；公共图书馆拥有大学校园以外广大的社区读者群、与各个中小学联系紧密、又擅长开展丰富多彩的少儿活动，易于从大众的视角了解和掌握群众不愿意花钱购买却十分流行的图书的馆藏趋势；书店的读者群又与大学和公共图书馆的不同，且具有图书营销的专业经验。大家认识到，没有合作，任何一个机构都无法运作类似南肯塔基州图书节这样大型且丰富多彩的社区服务活动①。

国内也有不少这方面的成功案例。例如，上海商学院图书馆与上海市徐汇区图书馆、多阅公益、街道社区合作"友书·共读"阅读推广项目，将图书馆员、大学生志愿者、社区负责人、社区老幼读者等汇集于一起，开展"一封家书"亲子活动、"我们是小诗人活动"、"都绘演"活动、品味书香活动、我是小画家活动、诗歌城堡活动等，创建出高校图书馆、公共图书馆、街道社区、社会公益组织协作的"校社"文化服务模式②，反响不俗。

另外，高校图书馆依托所在区域的公共图书馆开展社会阅读服务也是较常见的一种合作方式。2015年，上海交通大学关于图书馆与上海市闵行区文广局就合作共建启动了签约仪式。依据协议，该馆将面向附近市民提供一定数量的借阅服务，面向闵行区的所有市民开设人文专题讲座；依托李政道图书馆，面向闵行区及全市大、中、小学生，开展科普教育与科技创新活动。

高校图书馆与公共馆合作开放或开展阅读推广活动，体现出在资源共建共享、人力资源优势整合、宣传推广的多元联动等方面的优势，既开拓了阅读推广的服务边界，也扩大了合作层面，有效地推动着文化融合。

2. 图书馆联合体驱动模式

因行业或工作发展需要，图书馆界创建有图书馆联盟等各类联合型组织。例

---

① 袁海旺.公共关系及其价值彰显——美国西肯塔基大学图书馆与肯塔基州沃伦县公共图书馆、保龄格林市巴诺书店伙伴的社会服务初探［J］.图书与情报，2010（1）：16-23.

② 金伟丽."友书·共读"——多方合作共建社区文化//蔡迎春，金欢.图书馆阅读推广案例赏析［M］.北京：国家图书馆出版社，2019：330-334.

如，2012 年成立的首都图书馆联盟由国家图书馆、党校系统图书馆、科研院所图书馆、高等院校图书馆，以及医院部队、中小学图书馆和北京市公共图书馆共 110 余家图书馆组成。在构建全民阅读社会的形势下，这些联合型图书馆组织也积极参与到阅读推广事业建设中。如首都图书馆联盟于 2012 年起举办"北京换书大集"活动，北京大学等高校图书馆结合自身优势和特色组织参与活动，开办大集的分会场，打造了联盟成员馆的独特品牌[①]。

国内外高校图书馆联合组织通过各自方式加入到社会阅读推广中。始创于 1988 年日本 SALA 联盟由埼玉县 47 家各类大学图书馆组成，2008 年开始，SALA 以联盟形式参与一年一度的"图书馆和民众的聚会"活动，由加盟馆举办所藏资料的协议展览。SALA 的成员馆将各自举办的、面向市民公开的讲座信息做成小册子，分发给民众。这种小册子也成了各成员馆自我宣传的窗口，拉近了民众和高校图书馆的距离[②]。

河南省高校图工委于 2016 年创建了阅读推广专业委员会，2019 年，该委员会联合河南省图书馆学会，组建河南省百部经典讲座专家团，在河南省图书馆"豫图讲坛"开讲首批十部中华传统文化经典，并以文件的形式建议全省各级各类图书馆自行邀请专家进行现场报告[③]。该委员会后期还计划以电子图书、专家讲座视频等形式开展经典阅读推广活动，覆盖到更广泛的社会读者群体。

图书馆联合型组织发起的阅读推广项目能够有效地整合资源优势，驱动包括公共图书馆与高校图书馆在内的成员馆协作创新，在统一的指导思想及顶层设计下，既面向校园、也面向公众，各具特色地开展百花齐放的阅读推广活动。高校资源的融合，既提升着整体阅读活动的内涵品质，也推动学术阅读、专业阅读与大众阅读的交融，激发民众对于更高精神文化的追求。

3. 高校图书馆 + 社会力量模式

当前高校图书馆与校内机构合作推动阅读已经非常普遍，与校外多元力量合

---

① 孙媛媛，于静 . 图书馆联合开展阅读推广活动的可行性研究［J］. 图书馆学刊，2016，（3）：82–85.
② 卢美辰 . 高校图书馆联盟参与社会阅读推广的实践与探索——以日本 SALA 为例［J］. 四川图书馆学报，2018（5）：96–100.
③ 崔波，申少春，岳修志，等 . 全媒体时代的河南省图书馆界阅读空间与经典阅读推广案例［Z］. 2019 年中国图书馆学会业务案例征集，2019.

作也越来越广泛。高校图书馆＋社会力量的阅读推广模式，主要指高校图书馆在阅读推广工作中，通过灵活的合作方式，引入社会支持力量，以达成推广成效。基于这种方式，图书馆可以获得优质社会资源多方面的支持，活动运作空间得以拓展，活动趣味性与影响力也得以增强。

北京大学图书馆与校外机构合作开展讲座、游戏设计等活动。例如，与腾讯文化协作开展"当代艺术、感觉主义——艺术与哲学的跨界对话"讲座、与IEEE 中国学生分会合作举行叶永烈先生讲座"《十万个为什么》背后的故事"。该馆与 IEEE 中国学生分会联合设计"密室逃生"游戏，需要游戏者通过寻找和发现线索或提示，层层解密，最终完成任务。该游戏结合图书馆空间和馆藏，通过临场感官效果来提升活动的吸引力和宣传效果①，极具新颖性和创意性。

上海外国语大学图书馆借力多方资源，开展接地气、聚人气、汇文气的阅读推广活动。2015 年于巴金先生逝世 10 周年纪念日之际，该馆联合巴金故居、学校党委宣传部共同举办纪念巴金先生逝世十周年系列活动。活动主要包括"青春是美丽的"——巴金图片文献展、巴金剧本诵读、乐读巴金——民乐欣赏、巴金珍本图书展、"巴金翻译的中国意义"讲座、巴金文学作品翻译等活动②。系列活动整合学校的外语专业优势、巴金故居的空间和文献图片资源优势，既丰富了阅读推广活动内容，又增强了活动的吸引力，同时提升了高校图书馆的社会服务效能，扩大了外语传播本土文化的影响广度。

延伸阅读

王京生，徐雁．书香满园：校园阅读推广［M］．深圳：海天出版社，2017．

---

① 王波，许欢．图书馆时尚阅读推广［M］．北京：朝华出版社，2015：16–22．
② 马吟雪．借力多方资源推进高校图书馆阅读推广活动创新——以上海外国语大学纪念巴金主题活动为例［J］．上海高校图书情报工作研究，2018（1）：46–49．

第四讲

媒体资源与图书馆阅读推广

图书馆和媒体作为全民阅读推广的两个重要主体力量，在各自领域开展阅读服务和引导工作，都积累了丰富的阅读推广经验。二者通过优势资源共享共建，开展了一系列丰富多彩的活动，为我们提供了诸多宝贵的成功合作案例。近年来，随着互联网媒介技术的快速发展，人们的媒介环境、信息交流方式都发生了诸多变化，一方面，信息获取的低门槛、便捷化为全民阅读带来了更多机遇；另一方面，信息碎片化带来的阅读能力、媒介素养等方面的问题，也为阅读推广工作带来更多挑战。如何在新媒体环境下创新与媒体的合作模式、拓展合作思路，成为图书馆阅读推广工作共同面临的重要议题。

第一节　媒体资源界说

一、媒体相关基本概念

媒体，是沟通交流、传播信息的工具[①]。我们通俗意义说的媒体实际有两层含义。

其一是作为媒介的媒体，也就是用来传输信息的载体工具，信息通过媒介得以实现在传播者和接收者之间传递。在这个范畴里，媒体包括报纸、广播、电视、

---

① 中国社会科学院语言研究所词典编辑室 . 现代汉语词典［M］.北京：商务印书馆，2012：882.

互联网等形态；

其二是作为组织的媒体，也就是我们一般日常所说的媒介机构（或称媒体机构），是从事媒体服务的社会组织的统称，报社、广播电台、电视台、杂志社和互联网机构都属于媒介机构。

媒体的分类多样复杂：按照技术属性划分，可以分为口头媒介、书面媒介、有线媒介和无线媒介；按照媒介发展划分，可以分为传统媒体（报纸、广播、电视）和新媒体（互联网）；按照传播类型划分，可以分为人际传播媒介、大众传播媒介、社会化媒介（社交媒体）等；按照社会属性划分，又可以分为主流媒体、行业媒体、商业媒体。

二、新媒体时代媒介环境与媒体资源特征

媒体形态是随着信息技术的发展而不断演进的。人类社会从农业社会向工业社会、信息社会发展，媒体的形态也经历了人际传播、大众传播、复合型传播的历史进程。

（一）社交媒体时代的媒介环境特点

随着我们从web1.0时代迈入web2.0和web3.0时代，社交媒体渗透人们的生活。社交媒体也可称为"社会化媒体""社会性媒体"，即基于用户社会关系的内容生产和交换平台。国内社交媒体平台包括博客、微博、微信、贴吧、论坛和网络社区等，近年新兴起的抖音、快手等也具有极强的社交属性；国外典型社交媒体平台包括脸书（Facebook）、推特（Twitter）、照片墙（Instagram）、拼趣（Pinterest）等。此外，随着网络交互性的不断提升，百度、网易、新浪，甚至电子商务、电子游戏、各类网站、应用都加入了社交互动功能，毫不夸张地说，今天互联网上几乎所有应用都具备了社交属性。

社交媒体具备扁平化、多元化的特点。

特点之一是内容生产和社交的结合[①]。不同于以往，报纸、广播、电视，信息生产者负责制作信息，之后将信息分发给每一个受众，在社会化媒体时代，每一个传播节点（或者说每一个人、每一个组织）既是信息生产者，也是信息接受者，

---

① 彭兰.社会化媒体,移动终端,大数据:影响新闻生产的新技术因素［J］.新闻界,2012（16）:3-8.

信息内容经过传播网络传播、加工、再传播，为我们呈现了一个多层级、多节点、多元化的传播网络格局。

特点之二是用户为中心。某一组织、单位和个人都可以在社交媒体上申请平台、创建账号、制作信息、传递观点、进行沟通，这一方面意味着用户对内容生产和传播有着很大的主动权，另一方面也意味着用户进入的低门槛有可能带来信息碎片化等结果。

（二）媒介融合背景下的媒体资源特征

从报纸到广播电视乃至 20 世纪 90 年代后逐渐普及的互联网，历史的经验无不告诉我们，传统媒体和新媒体之间并不是更新换代的线性演化史，而是一种"竞合"关系[①]。在这种"竞合"关系下，无论是传统的报纸，还是电台电视台，都可以利用社会化网络平台发声，将各类信息产品聚合其上。

今天，单纯讨论报纸、广播、电视、互联网任何一种单一属性的媒介，都不足以概括当下媒介特征，因此，我们选择综合媒体的传播属性和社会属性两个视角，来阐释不同类型媒体资源的特点。

1. 主流媒体

在我国，主流媒体被界定为具有强大实力和传播力、公信力、影响力的媒体或媒体集团；西方国家曾把主流媒体叫做"精英媒体"。主流媒体在国际国内舆论场中占据重要地位，负责记录和报道国内外政治、经济、社会、文化等领域的重要动向，承担着社会现实的监督者和记录者的职责。

传统的西方主流媒体有美国有线电视新闻网（CNN）、《纽约时报》、《华尔街日报》、《华盛顿邮报》等，英国《泰晤士报》、《卫报》、英国广播公司（BBC）等。近年来一些国家兴起的大型媒体也十分夺目，如俄罗斯的"今日俄罗斯"、卡塔尔的"半岛电视台"等。

在我国，党报是官方舆论场的主体，也是主流媒体的核心[②]，例如《人民日报》就是其中代表。同时，由于主流媒体的概念存在官方和民间、计划和市场、体制

① 史安斌. 危机传播与新闻发布：理论·机制·实务 ［M］. 北京：清华大学出版社，2013：136.
② 童兵. 官方民间舆论场异同剖析 ［J］. 人民论坛，2012（13）：34–36.

内外之分[①]，人们把受众范围广、传播力强的新媒体称为新型主流媒体，如凤凰网、今日头条、网易新闻等。

2. 行业媒体

探讨行业媒体的特点，要从行业报谈起。行业报是行业媒体的最早形态，它出现于 20 世纪 40 年代，蓬勃发展于 20 世纪 80 至 90 年代，是指由社会行业组织主办的以报道本行业内部政治和业务活动信息为主要内容的定期出版物[②]。2005 年前后，随着媒介技术的发展以及报业改革的深入，行业报逐渐发展成为市场化经营的、集互联网等新媒体形态于一身的行业媒体。

在我国，与图书馆行业紧密联系的行业媒体主要有《中国文化报》《图书馆报》等；出版发行业作为图书馆业的上游产业，其行业报如《中国新闻出版报》《中国出版传媒商报》等；阅读类专业报刊如《中国图书评论》《文汇读书周报》《中华读书报》等。此外，各类媒体开设的读书专刊专栏、读书类节目，也是推广阅读的专业平台。

3. 商业化媒体及平台

传统的商业媒体最早指西方商业报刊，当下，我们把我国依托互联网发展起来的一批具有经营属性的媒体公司统称商业媒体。此类互联网公司兼具新闻属性和平台属性，除了具有新闻采编资质的媒体公司外，还有一部分聚合类公司也可划归于此类媒体。

在我国，新闻资讯类移动应用前十位中，网易新闻、腾讯新闻、今日头条、凤凰新闻等新媒体聚合应用都榜上有名，占据了 70%~90% 的席位，其中网易新闻、凤凰新闻等均具有互联网新闻信息服务资质，人们也习惯将它们称为新型主流媒体。

此外，微博、博客、抖音、喜马拉雅、豆瓣等社交媒体在广义上也被纳入商业化媒体平台的范畴，它们为各类信息生产者提供平台，实现信息共享和交流。

我们不难看到，无论是人民日报、新华社、中国文化报这样的新闻媒体机构，还是图书馆、博物馆、学校等文教服务机构，都积极利用各类社交媒体平台发声，拓展交流沟通渠道，这些商业化媒体平台也是图书馆开展阅读推广合作的重要力量。

---

① 匡文波. 新媒体是主流媒体吗？——基于手机媒体的定量研究［J］. 国际新闻界，2011（6）：80–84.

② 童兵. 新闻传播学大辞典［M］. 北京：中国大百科全书出版社，2014：5.

三、媒体的阅读推广活动

（一）媒体对阅读活动的宣传报道

媒体肩负宣传引导的使命，有责任宣传报道全社会开展的阅读活动，引导公众积极参与阅读活动。近年来，在相关政策的引导下，我国各类媒体形成宣传合力，全媒体报道各地阅读活动，例如"书香中国万里行"大型媒体巡回采访就是其中影响较大的活动。

"书香中国万里行"大型媒体巡回采访活动由中国新闻出版传媒集团、中国全民阅读媒体联盟等单位主办，于 2014 年 4 月在北京启动。自举办以来，全国近 200 家媒体的新闻记者，先后走进多个省份，深入多地城市和县镇采访，跟踪报道各地阅读活动的生动案例。在 2014 年启动之年，巡回采访活动行程 3 万公里，通过众多媒体机构多角度的现场采访、全媒体手段的立体报道，采访 70 余个单位、200 多个人物，发表新闻作品 200 多篇，共计 34 万字[①]。

（二）报刊类媒体的阅读推广

开辟阅读专栏专版、举办阅读推广活动、创办数字化阅读新媒体，成为我国报刊业发挥组织传播功能、宣传推广全民阅读的三大抓手。据国家新闻出版广电总局 2012 至 2014 年期间报刊出版单位报送及网络监测收集的统计数据显示，全国报刊出版单位共设置阅读栏目（版面）460 余个，组织专题阅读推广活动超过 2.5 万场次，创办阅读推广数字化新媒体 220 余个，涵盖了网站频道（栏目）、官方微博、微信公众号、移动端等各类新媒体形态。一批在全民阅读推广方面比较突出的报刊，已经实现了栏目、活动、新媒体"三驾马车"并驾齐驱。比如《光明日报》的《光明书榜》版、"我与读书"系列活动、光明网读书频道，《新京报》的《书评周刊》栏目、"年度好书"评选活动、新京报网读书频道等[②]。除了综合类报纸的读书栏目，还有一些专门的读书类报纸，如《中华读书报》《文汇读书周报》等，这些报纸和刊物或推荐读物，或展示阅读心得，从不同侧面推动阅读。

---

① 李忠.打造书香传播第一品牌 构建阅读推广服务平台——"书香中国万里行"活动的实践探索
　　与思考［J］.中国出版，2015（13）：42–46.
② 赵旭雯.报刊业宣传推广全民阅读的回顾与建议［J］.传媒.2015（15）：25–28.

（三）音频类媒体的阅读推广

1958 年，中央人民广播电台开办《长篇小说连播》，1961 年开办《阅读与欣赏》，成为广播类阅读推广项目的经典。80 年代以后，随着作品的内容和题材不断丰富，社会上形成了轰动一时的小说连播、评书热潮，"用耳朵阅读"氛围日益浓厚。

目前我国多家电台开办有故事广播频率，有声阅读类节目大幅增多。仅北京地区就有中央人民广播电台的《长篇连播》《名家书场》，北京人民广播电台的《纪实广播小说连播》《品读时分》《长书连播》《小说连播》《午夜拍案惊奇》等。中央人民广播电台有声阅读频率全天播出 21 个小时，已经拥有了一大批忠实的听众，"听书"这种阅读方式已经成为他们生活中不可缺少的一部分，收听渠道也不再限于收音机，而是扩展到网络、手机移动终端等 [1]。此外，活动形式不断创新，在原有广播基础上增强了互动式体验。例如 2017 年成都人民广播电台以 FM99.8 成都新闻广播为媒体传播平台，推出 "乐活朗读体验营"，就是具有广播特色的全民参与的大型文化推广活动。市民可以走进朗读车，坐在专业的话筒前诵读经典诗文，参与活动的每一个普通百姓都能成为经典诗文的朗读者、体验者、传播者，广播变得可听、可看、可玩（见图 4–1）。

图 4–1　成都人民广播电台的朗读广播车

（四）电视媒体的阅读推广

电视类阅读推广节目的一个典型案例就是 1996 年美国著名电视节目主持人奥普拉·温弗瑞开播的《奥普拉读书俱乐部》，该节目以 "让美国人重新开始读书"

---

① 傅淳. 中央人民广播电台在有声阅读领域的探索与实践［J］. 中国广播, 2018（4）: 24–27.

为口号，每月向电视观众介绍一本书，并邀请作家到节目中与现场观众交流。《奥普拉读书俱乐部》成功将节目中推荐的每一本书都打造成全美畅销书，销售量达几千万册，美国有将近 1300 万人定期观看节目。

电视读书类节目于 20 世纪 90 年代在中国兴起。1996 年，中央电视台推出《读书时间》，掀起了中国电视读书节目的开播热潮。近年来，随着全民阅读工作越来越受到各部门重视，电视台纷纷推出阅读类节目，节目的形式不断创新，质量也有所提升。例如，《一本好书》通过演员对书中经典场景的现场演绎给观众带来"立体化"的阅读体验，《中国诗词大会》进一步唤起了人们对中华古典诗词的热爱，《朗读者》的热播让"朗读亭"成为城市里的一道风景线，《见字如面》《念念不忘》和《阅读·阅美》都在探索此类节目的新模式与新内涵，丰富人们对读书节目的认知，并在节目之外切实助力全民阅读的落地。

（五）融媒体的阅读推广

随着互联网技术不断成熟，文本、音频、视频类媒介产品在互联网上不断融合，形成了一系列多媒体、多形态、互动式阅读推广活动，为读者提供浸入式阅读体验。

移动智能手机普及后，喜马拉雅、蜻蜓 FM 等网络电台平台纷纷推出阅读推广类项目，以前的"你播我听"变成了"台网互动＋受众玩乐"。这些"互联网＋广播"的项目，立足全民参与，不但继承了电台类阅读推广节目的优秀传统，还不断打造广播阅读类节目新范式。

第二节　图书馆与媒体资源合作的重要意义

一、与媒体资源合作的重要性

（一）媒体和图书馆都是推动全民阅读的重要力量

服务人民群众公共文化生活是图书馆和媒体的共同职责，这是公共文化从业者传承人类文明、提升民族素质的职责所在，也正是这份共同的职责使命，构成了图书馆与媒体合作的基础。

从职责契合的角度看，图书馆承担着推动、引导、服务全民阅读的重要任务，具有实现和保障人民群众基本阅读权利、引导和帮助阅读、提供阅读服务的义务。图书馆之所以与媒体开展合作，一个根本原因就是二者的功能互补。

一方面，作为传播者的媒体，是传递知识和信息的重要载体。媒体的最基本社会功能之一就是报道新闻，反映、影响和组织舆论[①]，这也就意味着媒体是全民阅读推广的记录者、宣传者，有责任记录包括图书馆在内的全社会各主体开展阅读推广活动的情况。另一方面，作为生产者的媒体，又切身参与阅读推广本身，成为推广的重要主体。在阅读推广工作中，媒体肩负着向社会公众提供具体的阅读服务和信息获取服务的职责，图书馆与媒体的合作恰恰与媒体服务社会、指导生活的职能相契合。

因此，图书馆与媒体在阅读推广方面有着必然的深刻联系，开展合作既是阅读推广本身的属性决定，也是二者职责的内在关联所决定。这就为图书馆与新闻媒体开展合作提供了最重要的先决条件。

（二）图书馆与媒体开展合作具有法规政策依据

《公共文化服务保障法》第五十七条规定，新闻媒体应当积极开展公共文化服务的宣传报道，并加强舆论监督[②]。

国家新闻出版广播电视总局在 2016 年印发的《全民阅读"十三五"时期发展规划》中将"加强全民阅读宣传推广"列为"十三五"时期的重点任务，规定要"重视和发挥中央媒体和地方媒体、传统媒体和新兴媒体、主流媒体和各类媒体的重要作用，形成强大宣传合力，营造全民阅读的良好氛围""鼓励和支持各类媒体、组织全民阅读媒体联盟和全民阅读百网联盟成员单位深入街道、社区和乡镇、农村等基层，抓取第一手新闻素材，把鲜活读书故事、先进读书人物传递给广大读者"[③]。

[①] 童兵.理论新闻传播学导论［M］.北京：中国人民大学，2016：121–122.

[②] 中华人民共和国公共文化服务保障法［EB/OL］.（2016–12–25）［2020–01–16］.http：//www.npc.gov.cn/zgrdw/npc/xinwen/2016–12/25/content_2004880.htm.

[③] 全民阅读"十三五"时期发展规划［EB/OL］.［2020–01–16］.http：//www.sapprft.gov.cn/sapprft/contents/6588/311617.shtml.

二、与媒体合作开展阅读推广工作的必要性

（一）"平台＋专业"符合媒体发展的客观要求

媒体与人类的生存方式有着密切而深刻的关联，影响着国家政治经济文化生活的方方面面，正如尼古拉斯·尼葛洛庞帝（Nicholas Negroponte）在《数字化生存》中所说："信息技术的发展改变了人类的学习方式、工作方式、娱乐方式"。

谈论阅读推广，不可能脱离互联网的传播语境，新媒体时代为全民阅读赋能，新媒体意味着信息生产数字化、融合化，以及全民出版时代的到来。信息生产的数字化决定了信息存储、传输的成本更低，信息交互的速度和频率都得到了指数级的提高，这使得广大读者能够更便捷地获取信息；融合化意味着文本（报纸）、音频（广播）、视频（电视）等媒体形态融合，全媒体时代下的媒介产品更丰富，有声书、"图说"等形式让阅读产品更丰富；而更便捷的传播、更丰富的内容、更简易的操作都使得媒体空间进入门槛更低。人人都是信息生产者的时代里，每一个人都可以生产、再加工信息，都可以是新媒体时代的出版商、阅读推广人，这为阅读推广提出了诸如专业性等方面的众多挑战，在这种环境下，如何正确引导网民，提高公众阅读素养，增益媒体上发布的阅读推广信息的专业性、科学性，就变得更加重要。

（二）"服务＋声音"是图书馆阅读推广工作的迫切需求

新媒体带来阅读便利的同时，也不可避免地增加了数字鸿沟，不同行业、人群对信息和网络技术的拥有和掌握程度不同，势必造成信息鸿沟。打破信息鸿沟，让更广大的民众公平、公开地获取信息资源，参与阅读活动，享受社会主义精神文化成果，是图书馆人和媒体人共同追求的理念。

阅读推广工作从本质上来说是图书馆针对读者开展的说服和教育过程，因此，图书馆需要利用媒体渠道做好宣传和教育引导工作。具体来说：

一是发挥媒体宣传引导作用，在全社会营造阅读氛围，例如利用主流媒体发布的权威性，发布活动信息，奠定活动的舆论影响力。

二是发挥媒体组织动员和资讯服务作用，为读者供应高质量阅读指导信息。例如：在行业媒体分享阅读推广经验，供阅读推广人交流、讨论；在社交媒体发

布公益讲座、阅读指导信息，加强与读者互动。

三是发挥媒体娱乐作用，寓教于乐提升读者阅读兴趣。例如，在主流电视媒体和网络平台推出阅读类综艺活动、读者见面会直播等，吸引更多媒介受众喜爱阅读。

四是充分利用媒体广告做好推介。例如：利用传统媒体和新媒体上各类广告发布图书资讯、阅读推广活动预告等；或利用户外广告发布相关公益广告，营造全民阅读氛围。

三、图书馆与媒体合作的理念与原则

（一）与媒体合作要把握全局意识

图书馆在与媒体资源合作开展阅读推广工作时，要首先树立全局观念，从公共文化服务体系建设的大局出发，以服务全民阅读总目标为指导，把握好阅读推广工作的方向。

全局观树立的一个重要前提是明确图书馆与媒体在阅读推广工作中的共同目标。由于媒体和图书馆都是全民阅读推广的重要主体，为全民阅读提供服务，引导社会公众爱读书、善读书、读好书是两个主体的共同使命。图书馆在与媒体资源开展合作时，要充分把握这一共同使命，基于共同目标，确定合作方式、合作模式和合作效果评估方法。

（二）与媒体合作要树立品牌观念

品牌就是受众对产品的认可，阅读推广需要品牌效应，这关系到读者对图书馆、对阅读推广人的信任和依赖。然而，品牌建构是一个长期的、持续的过程，需要通过受众与品牌的长期接触，提高品牌知名度和美誉度，并不断拓展受众的品牌联想，最终达成用户对品牌的认同。

媒体往往十分注意品牌的打造，图书馆也要树立品牌优势，将优质的公共阅读服务项目上升为持续性、影响力大的品牌活动，吸引更多读者主动"拥抱"阅读推广品牌活动。

（三）在媒体发声要凸显主体意识

主体性是指人在实践过程中表现出来的能力、作用、地位。在图书馆阅读推广中，图书馆的主体意识具体是指图书馆与其他社会资源开展合作时，要明确自身职责，突出自身专业特点。

具体而言，树立主体意识就要积极发挥主观能动性，围绕自身举办的活动特点，在开展阅读推广之前就积极主动地设置利我议程，将媒体报道、媒体调研、媒体广告都纳入到总体的话语设计框架之中。主体性不可忽视的一点是利用专业优势规避新媒体传播环境给阅读推广工作带来的不利影响。例如，针对移动阅读碎片化、信息获取浅表化的特点，图书馆阅读推广工作既要在具体工作中避免自身陷入碎片化的漩涡，又要不断引导受众提高媒介素养，共同规避媒介陷阱，帮助更多读者跨过媒介鸿沟，共同享受阅读带来的知识红利。

（四）善用媒体要加强创新意识

创新意识是新媒体时代必不可少的素养，无论是图书馆还是媒体都应具有创新意识，这既包含了形式创新，也包含了理念创新。

形式创新在于图书馆人积极利用媒体融合、人工智能等新技术手段，创新阅读推广合作渠道和模式，尤其积极发挥社交媒体和商业媒体灵活性的优势，创新阅读推广模式。对于社交媒体和融媒体环境的把控，更考验图书馆阅读推广人的功力，用好新媒体，动情、合理地推出阅读服务，是图书馆阅读推广团队的重要任务。

理念创新在于图书馆的阅读推广合作理念设计上。图书馆由于自身承担着信息提供、阅读指导的职能，有义务了解各类新媒体特点，根据不同新媒体的特点，拓展服务方式。这就要求图书馆了解新媒体环境下信息传播特点，把握读者接收信息的规律。针对新媒体时代媒体的运营方式、话语体系特点，合理设计宣传引导方案，让媒体发出广大读者乐意接受的声音。

第三节　图书馆与媒体资源合作的方法策略

一、充分发挥媒体的宣传引导作用

宣传引导是媒体的最基本功能，也是图书馆与媒体合作最广泛的方式之一。

通过媒体宣传图书馆阅读推广活动的要点包括：第一，在全社会营造爱读书、读好书的良好氛围，引导广大人民群众积极开展阅读活动，提高精神文化生活质量；第二，通过媒体宣传，进行图书推荐、阅读方法推介和阅读推广活动推介，培养读者善读书、会读书的素养能力。

（一）把握开展媒体宣传的时机

图书馆要明确在什么时间、对什么事情主动宣传。图书馆与媒体合作开展宣传的时机总结如下：

1. 重大节点前后

重大节点是指阅读推广的纪念性节点，在这些节点重点宣传推广阅读，在全社会推崇读书风尚，更容易感染民众，吸引读者。例如，4月23日"世界读书日"，历来是阅读推广宣传的重点节日，每年这一天，世界各地都会举办各种各样的庆祝和宣传活动，图4-2显示的就是利用百度指数计算出的近年来全民阅读相关新闻的检索热度，不难看出，自2015年以来每年的4月23日前后，都是阅读推广宣传的高峰期。

图4-2 "全民阅读"相关新闻头条百度搜索热度 [①]

除了世界读书日，还有一些国家设置了倡导阅读相关的节日，例如美国自1995年起每年3月16日至22日举办全国性图书馆周，2001年创办美国国家图书节，日本自1950年起将每年的4月30日定为图书馆员节，英国自1983年

[①] 以"全民阅读"为关键词，利用百度指数计算的全国范围内移动端和客户端用户新闻检索热度。http://index.baidu.com/v2/main/index.html#/trend/ 全民阅读 ?words= 全民阅读 .

设立了爱丁堡图书节，西班牙将 3 月 23 日（著名作家塞万提斯忌日）定为图书节 [①]……

1989 年，文化部等八部委发文，确定每年 5 月的最后一周为"全国图书馆服务宣传周"。在宣传周期间，图书馆要向公众宣传图书馆，开展各种便民、利民活动，增强全社会的图书馆意识，提高图书馆利用率，促进阅读，树立图书馆的良好形象。因此，在我国，图书馆服务宣传周是以图书馆为主导的推动阅读的重大节点。

2000 年，全国知识工程领导小组把每年的 12 月定为"全民读书月"；各省相继出台的《全民阅读促进条例》大多也规定了地方的全民阅读活动纪念节点。随着全民阅读越来越被重视，与图书馆、阅读推广相关的节日活动也越来越多，这些都可以成为图书馆阅读推广宣传的重要时机。

另外，各种节日、纪念日，如儿童节、孔子诞辰以及中国传统文化节日等等，都可以是开展主题阅读宣传的节点。

2. 阅读推广活动举办期间

新闻宣传分为一般性感召和事件性报道，除了情感上的感召外，对阅读推广活动进行记录、报道也是宣传的最有效途径之一。图书馆应当有意识地在举办活动的时候通过媒体发声，而且这一"发声"过程应当是系统性的、连贯性的，包括活动举办前的预热、活动开展中的跟进和活动后的总结反馈，层层叠绕，形成回响。例如，"好书榜"评选结果揭晓、主题读书活动举办等，都可以在活动前后通过媒体进行配套宣传，在后面我们会详细展开讨论。

3. 日常宣传引导

阅读推广不是节日庆典，只闻热闹不见真章并不是有效的宣传。评价阅读推广工作，要以效果为导向。而除了针对节点、活动的宣传外，日常的引导和教化，才是深度影响读者受众不断提升阅读能力、优化阅读感受的关键所在。

日常的宣传引导就是指图书馆要有意识地在日常阅读服务中，通过媒体发布图书馆举办的阅读推广活动、阅读方法和图书推介信息。如果说前两种信息发布是为了吸引更多一般性受众关注阅读，那么日常的推介则是更有针对性、更为深

[①] 赵玉雯 . 世界各国图书馆节日 [J]. 图书馆建设，1997（2）：73.

入的阅读推广宣传。

（二）掌握与媒体合作进行阅读推广宣传的步骤

在这里，我们讨论的主要是与大众媒体合作开展宣传的技巧。无论是报纸、电视、广播还是互联网媒体，其面向公众进行传播的特性决定了与这些媒体合作的步骤总体是相似的。

我们将图书馆与媒体合作宣传的步骤归纳为媒体通气、报道预热、现场跟进报道、深度跟踪报道、沟通反馈与持续跟进几个环节。下面，我们将以国家图书馆和中国古籍保护协会发起的"中华古籍普查志愿服务行动"项目为例，对各步骤进行详细说明。

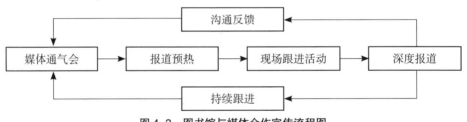

图 4-3　图书馆与媒体合作宣传流程图

第一步，媒体通气会。媒体通气会是指就重大事件召开的记者会，通过媒体加强与公众的沟通和联系。图书馆在进行阅读推广宣传工作之前，要进行媒体通气，向媒体介绍活动的主要内容、宣传的目的、预期效果。当然，重大活动可以召开通气会或新闻发布会，一般性的活动只需要与媒体进行提前通气。在重要活动举办之前进行媒体通气的主要目的在于向媒体预热，进而，媒体单位也会在自己的平台上为活动"造势"。例如，首届"中华古籍普查志愿服务行动"（2015 年）启动前，主办单位国家图书馆和中华古籍保护协会就向《中国文化报》主动介绍了这一活动，作为承办单位的河北省图书馆、河北省古籍保护中心也向本地媒体通报情况，主动向媒体进行活动推介，引起媒体兴趣，吸引媒体关注。

第二步，报道预热。在项目正式开启时，媒体会根据组织方提供的基本信息，在媒体上进行预热。先期预热不仅能够帮助更多读者关注活动，而且也能让媒体同行了解该活动。我们仍旧以首届"中华古籍普查志愿服务行动"为例，《中国文化报》在 2015 年 7 月 24 日的报纸上，采用"时讯"的形式报道了活动在京正式启动[1]。此外,组织方还可以利用社交媒体平台、自有媒体平台积极发布志愿者招募和活动启动信息,扩大活动关注度[2]。

第三步,现场跟进活动。现场活动是项目的重点核心,现场报道效果的优劣不仅取决于媒体信息生产的技巧能力,更取决于阅读推广组织方提前谋划好报道主题、报道方式和表达技巧。这需要图书馆与媒体深度沟通,根据双方需求和职责确定具体策略。

2015 年 8 月 19 日,《中国文化报》记者来到活动试点河北省,对志愿者在河北师范大学、河北省博物馆、定州市博物馆等 5 家单位古籍普查志愿服务工作进行了现场采访报道,通过对志愿者、指导老师以及活动的承办方的第一手采访,生动展现了古籍普查工作的真实图景,同时志愿者关于古籍基础知识、古籍保护工作方法的学习,也吸引了更多的读者、学生关注古籍普查志愿服务工作,达到了良好的宣介效果[3]。

第四步,深度报道。深度报道是指跟进式、全景式描绘,进而深入挖掘和阐明事件的因果关系,探讨活动存在的问题、举办的意义和发展前景。

2015 年 9 月 23 日,《中国文化报》对"中华古籍普查志愿服务行动"进行了专版报道[4]。专版报道包括以下亮点:

(1)活动总结,从志愿者、组织方、业界学界专家等多方面,对活动进行了总结,宣传了活动成果。

(2)古籍保护的宣介,专题报道对中华古籍保护协会、古籍保护工作等进行了详尽介绍,有利于更多读者了解古籍、了解古籍保护事业。

(3)方法提炼,专版还刊登了《调动社会力量　共同推进古籍保护工作》[5]一文,从社会力量合作、国家级省级联动等方面介绍了组织承办活动,拓展经验方法,对后续活动的开展具有借鉴意义。

---

① 李静 . "中华古籍普查志愿服务行动"启动［N］. 中国文化报,2015–07–24（7）.

② "中华古籍普查志愿服务行动"在国家图书馆启动［EB/OL］.（2015–07–22）［2020–05–21］. http：//www.nlc.cn/dsb_zx/gtxw/201507/t20150722_103220.htm.

③ 李静 . "我们太缺少这样的人才了" —— "中华古籍普查志愿服务行动"侧记［N］. 中国文化报,2015–08–19（8）.

④ 李静 . 青年学子结缘古籍,一次并不简单的相遇［N］. 中国文化报,2015–09–23（8）.

⑤ 顾玉青 . 调动社会力量　共同推进古籍保护工作［N］. 中国文化报,2015–09–23（8）.

第五步，沟通反馈和持续跟进。阅读推广在于久久为功，报道也应避免一事一议。尤其是在连续性阅读推广活动中，更应当重视循序渐进、系统化阐释，在报道中形成时空呼应，引导读者在举一反三中形成知识记忆。我们还是以"中华古籍普查志愿服务行动"为例，2018 年 7 月 4 日，第四届中华古籍普查志愿服务行动举办前夕，《中国文化报》采访了 2015 年至 2017 年参加该项活动的志愿者学生和老师，对该活动进行了生动的介绍，通过个人感悟、有亲和力的介绍，吸引更多志愿者关注此项活动 [①]。2019 年 11 月 7 日，《中国文化报》又以"中华古籍普查文化志愿行动进入第 5 个年头：227 名志愿者帮助整理古籍 21 万册（件）"为题，大篇幅报道了 2019 年项目进展情况 [②]。通过连续性发声，这一系列关于古籍普查志愿服务的连续性报道，为读者呈现了一条清晰的时间脉络，增强读者记忆，形成心理认同，在共同事业的时空呼应中最终打造出品牌项目。

中国文化报连续五年跟进古籍普查志愿项目，是图书馆与权威行业媒体合作进行专业性、精准性宣传推广的典型案例。

（三）与媒体合作宣传推广的技巧

1. 主动设置议程

无论是阅读氛围的营造，还是阅读素养的培养，图书馆在与媒体的合作中，都应当积极主动地设置议程，形成有利于阅读推广工作开展的舆论环境，确保阅读推广的信息能够传播、影响到更多个体。

那么，什么是主动设置议程呢？议程设置理论认为，报纸、广播、电视等大众媒介通过提供信息和安排相关的议题，以此有效地左右人们关注哪些事实和意见及他们谈论的先后顺序。这就意味着新闻工作者可以通过报道的内容和方式，影响公众内心对某一议题重要性的认识 [③]。然而，如果一味依靠媒体和媒体工作者决定报道哪些议题，就难免会造成阅读推广指向性、专业性不够，陷入知识浅表化、碎片化的陷阱。因此，这就需要图书馆人发挥自己的专业优势，积极主动地设置议题，包括：告诉媒体应该在哪些节点进行阅读推广报道；为哪些读者提供

---

① 杜洁芳. 与古籍作伴是美好的 [N]. 中国文化报，2018-07-04（8）.

② 中华古籍文化普查志愿者行动进入第 5 个年头 [N]. 中国文化报，2019-11-07（8）.

③ 布莱克，布莱恩特，汤普森. 大众传播通论 [M]. 上海：复旦大学出版社，2009：45.

阅读咨询和阅读指导，针对不同读者受众群进行哪些差异化的阅读宣传推介；在哪个媒体平台发布自有资讯，为读者直接提供阅读指导……

例如，2019 年 5 月，"图书馆服务宣传周"活动开启前，浙江传媒集团旗下《钱江晚报》新闻资讯客户端"小时新闻"发布原创报道《20 多场活动，图书馆服务宣传周周末开启》[①]——文中首先梳理了"图书馆服务宣传周"的来龙去脉，为读者展现了改革开放 40 年来公共图书馆与阅读推广事业的发展沿革，让更多读者了解到图书馆阅读推广工作的历史感、使命感和时代感。随后，又详细介绍了 2019 年杭州市图书馆系统在"图书馆服务宣传周"期间的阅读推广活动安排，包括经典书目展、电影展和讲座等一系列精彩活动。这一报道形式将图书馆的阅读服务职责放置在历史纵深中呈现，突出了阅读是不变的时代主题，让读者更直观地意识到图书馆的重要价值。只有图书馆在宣传推广策划中积极主动地设置议程，并提供了可靠素材，才可能实现如此专业的报道。当然，如果发布渠道能够进一步扩展，就会产生更大的反响。

2. 制定针对性策略

图书馆阅读推广宣传要懂媒体，讲明自身诉求，与媒体机构形成良性互动，达到良好推广效果。这就要求我们了解媒体特点，根据不同媒体特点，制定针对性策略。

例如，图书馆在与《人民日报》、新华社等主流媒体合作时，要注意发挥其影响力大、报道权威的特点，强化重大主题的宣传，记录阅读推广活动的同时，增加阅读推广活动的影响力，营造崇尚阅读的良好舆论环境；在与《中国文化报》等行业媒体合作时，要充分挖掘行业媒体专业性的特点，面向本行业做好信息发布和经验交流分享；在与凤凰网、网易新闻等商业媒体合作时，要注意利用这些媒体流量大、形式灵活的特点，进而发出图书馆自己的声音。

二、挖掘媒体的组织动员作用

媒体的组织动员作用指媒体作为一个组织单位，凝聚志趣相投的媒体受众，

---

① 陈淡宁 .20 多场活动，图书馆服务宣传周周末开启［EB/OL］.［2020–05–21］. http：//www.thehour.cn/news/272312.html.

组织受众开展活动、分享交流、传递感情。

提到媒体机构的组织动员作用，就不能不提在中国共产党成立之前，《新青年》引进马克思主义著作和理论的历史。1918 年，时任北京大学图书馆馆长的李大钊先生就曾在《新青年》上发表了《布尔什维主义的胜利》《庶民的胜利》等一系列著名文章，成为早期宣传马克思主义的经典著作。除了在杂志上做宣传，《新青年》杂志社改组后，吸引了众多早期马克思主义先进青年，让马克思主义理论从书刊上的"介绍"走向现实中的"传播"，形成了真正意义上的组织动员。

时间流转至今日，虽然媒介环境、社会环境几经变化，但图书馆与媒体合作，进行组织动员的作用方式经久不衰。如果说媒体的宣传属性只是将事件、观点传递给受众，使受众"知晓"，那么组织动员属性则是让受众从认知层面上升到行为层面，对受众进行实践层面的动员。图书馆调动媒体的组织动员资源的方式有以下几种。

（一）阅读推广品牌活动

图书馆与媒体合办阅读推广活动，一方面，图书馆可以充分发挥自身人力资源、馆藏资源和场地资源优势，凸显阅读推广活动专业性；另一方面，也可以充分利用媒体资源，打造品牌优势，获得更多关注，实现优势互补。

1.发挥图书馆的人力资源优势

图书馆的人力资源体现在两方面，一是图书馆专业人才资源，也就是我们通常说的专业馆员和专业阅读推广人；二是读者资源，他们同时也成为了媒体的潜在受众。图书馆通过与媒体合作，可以更为有效地将各类人力资源进行整合，达到"1+1 > 2"的效果。

河北石家庄图书馆"石图讲堂"和"美诗团"是两个颇具影响力的公共文化服务品牌，当地媒体与图书馆对其优质的讲师资源形成共享，如河北电台的《桐说文化》栏目，石图讲堂讲座嘉宾在做完主题讲座之后，就直接被邀请到电台直播间，就当天的话题做进一步解读，受众反响很好。河北电视台筹备一档国学类竞赛节目，特邀请美诗团团长参加节目的筹备会和研讨会，对节目的设置提出建议。节目开始录制以后，又多次邀请美诗团成员参与到节目的录制中。

英国林肯郡图书馆与英国广播公司林肯郡电台合作开展"本月之书"项目。该项目由图书馆工作人员选择一本书籍，在图书馆和电台上宣传，电白将该书话题作为月底电台直播的主题，并邀请当地读书会成员参加。

2. 发挥图书馆的场地平台资源优势

图书馆本身就是阅读推广的一个重要符号，任何一个人也许不了解"阅读推广"的含义，但不会不知晓图书馆的功能。图书馆可以为媒体品牌文化活动提供场地，将图书馆的阅读体验与媒体相关活动的趣味性联系在一起，有助于提升读者的阅读感知。如河北电视台的品牌读书类综艺节目《中华好诗词》走出演播厅，在河北省图书馆举办华北区总决赛，吸引了众多读者。中央电视台品牌文化综艺节目《朗读者》与全国多家图书馆合作举办线下活动，不仅为《朗读者》节目增加了公众线下参与影响力，也为图书馆的公益形象做了良好的宣传。《朗读者》节目线下"朗读亭"全国第一站在国家图书馆推出，第一季宣传片在国图取景拍摄，由中国出版集团、中央电视台、国家图书馆三家机构联合主办大型公益活动"通过朗读爱上阅读——《朗读者》新书见面会"在国图艺术中心举办，《朗读者》第二季新闻发布会又选在国家图书馆举办。《朗读者》制作人、总导演董卿，央视著名主持人康辉、白岩松等媒体人到国图参加宣传推广活动，受到广大读者欢迎和关注[①]。

3. 挖掘媒体人的影响力资源

媒体人可以说是自带曝光度，尤其是知名主持人，本身就自带"流量"价值。图书馆负责活动策划，提供馆藏资源、场地平台资源，邀请媒体人担任阅读推广人，走进图书馆，共同开展阅读推广活动，吸引读者来体验直观化的"悦读"，可以更好地吸引读者注意，提升活动关注度。

上海图书馆举办"上图之夜"活动，邀请媒体人主持节目，组织朗诵、访谈，为读者解读珀西·比希·雪莱、T.S.艾略特、夏洛蒂·勃朗特等著名作家的作品。上海图书馆的活动现场被装扮成狄更斯的书房、朱丽叶的阳台，活动策划人上海图书馆历史文献中心主任黄显功讲述展览背后的故事，梳理英国文学和上海的渊

---

① 国家图书馆.《朗读者》第二季新闻发布会在国家图书馆举行［EB/OL］.（2018–04–27）［2020–05–21］. http:∥www.nlc.cn/dsb_zx/gtxw/201804/t20180427_168564.htm.

源，配音艺术家刘广宁、主持人阎华等媒体人现场主持或表演，提升了读者的阅读感受[①]。

（二）阅读资源推介

1.合作举办阅读资源推介活动

图书馆与媒体合作开展阅读资源推介活动有很多形式，例如，合作举办图书评选活动，联合举行新书发布会、读者见面会，共同邀请作家与读者在媒体节目上面对面交流等等。利用媒体在图书馆与读者之间搭建良好的沟通桥梁，既可以达到阅读资源推广的目的，也可以通过媒体调动公众热情积极参与活动，提升民众的参与感和获得感。

"文津图书奖"设立于2004年，是由国家图书馆发起、全国图书馆界共同参与的公益性图书评奖活动。通过出版社推荐、读者推荐、作者推荐、专家推荐、图书馆推荐等多种渠道参评。评审工作由国家图书馆牵头成立的组委会策划组织，聘请馆内外专家组成评审委员会评审，获奖及推荐图书通过社会参与和专家评审相结合的方式产生，并通过媒体予以公布。吸纳读者、学术界、出版界、媒体界和图书馆界共同参与。

美国国会图书馆1979年曾经和哥伦比亚广播公司合作推出阅读推广项目——"读更多"（Read More about It）。该项目旨在通过电视促进阅读，打破了当时文化界认为电视与读书格格不入的传统想法。在选定电视剧目播出之后（第一部选定的剧目是根据小说《西线无战事》改编的剧目），鼓励观众走进当地的图书馆或书店去阅读相关书籍，推荐书目由国会图书馆编制[②]。

2.合作推介馆藏

图书馆拥有丰富的馆藏资源，图书馆阅读推广的直接目的之一是提高馆藏的利用率[③]。在维护作品版权的前提下，利用媒体平台推介图书馆资源，让更多读者更为便捷地接触到馆藏，这也是图书馆与媒体合作的重要方式之一。

① 上海图书馆举办"上图之夜——英华拾贝"全民阅读推广活动［EB/OL］.（2018–04–24）［2020–05–21］. http://beta.library.sh.cn/shlibrary/newsinfo.aspx?id=502.
② LC&CBS–TV team up to back reading［J］.Library Journal，1979（12）：2504.
③ 王波.中外图书馆阅读推广活动研究.北京，海洋出版社，2017：10.

无论是传统大众媒体还是新兴媒体，往往会设置出版周期固定的读书专刊、专栏、频道，图书馆应主动与这些媒体合作，充分利用好媒体平台资源，在合作中要彰显图书馆阅读推广的专业性，如在读书栏目上设置图书馆馆藏推介专栏、提供如何利用图书馆资源等方面的专业权威信息。例如，浙江台州图书馆在当地报纸的读书专版上设"台州市图书馆一周荐书榜""馆员书评""借阅排行榜"等固定专栏。图书馆还可以与电台、电视台及其新媒体平台合作，对馆藏资源、公益讲座等进行多层次、立体化推广，如湖南图书馆联合广播电台举办《湘图典藏》线性节目，对湖南图书馆的珍贵典藏进行系列推介[①]。还有部分图书馆与媒体合作，实现了公益讲座在媒体平台同步直播，都达到了较好的传播推广效果。

（三）阅读推广业务研讨交流活动

工欲善其事，必先利其器，加强专业研讨和经验分享也是做好阅读推广工作的关键所在。图书馆与媒体合作，共同举办研讨活动，既可以为专业人士提供阅读推广工作的总结交流平台，也有利于提高合作双方在全民阅读工作中的话语权和影响力。

行业媒体在这方面有着天然优势，一方面，行业媒体聚集了一批领域内有着共同爱好、共同职责的专业人士；另一方面，行业媒体为了提高自身影响力，对组织面向行业内的相关活动有着更大热情。图书馆可以充分利用行业媒体的组织动员优势，与行业媒体，以及聚集而成的专业团体和个人开展合作。如通过共同举办阅读推广研讨交流活动、依托行业媒体平台传播阅读推广典型案例等方式，进行资源共享，形成优势互补，优化推广效果。

《图书馆报》是目前我国唯一的一份图书馆行业报纸，由新华书店总店所属《新华书目报》社主办。《图书馆报》一方面为图书馆界与出版发行界开展阅读推广提供了传播平台，同时又以合作举办阅读推广业务研讨活动等形式，成为图书馆界众多阅读推广活动的重要合作者。前新华书店总店总经理、《图书馆报》前社长茅院生表示：《图书馆报》坚持为图书馆界、出版界、发行界搭建广泛深入地沟

---

① 刘雪花 . 公共图书馆联合社会力量开展阅读推广研究——以湖南图书馆的工作实践为例［J］. 山东图书馆学刊，2019（2）：45–50.

通、交流与合作的平台，并联合各方力量，共同打造全国馆社高层论坛、出版界图书馆界全民阅读年会、全国少儿阅读峰会等品牌活动，起到了引领市场、促进产业、推动阅读的作用①。

《藏书报》是河北出版集团旗下专业报纸，因其专业性质，《藏书报》联系了一批民间藏书爱好者，与古文献研究机构及专家也有较多联系。该报连续四年（2016—2019年）与中国图书馆学会阅读推广委员会经典阅读推广专业委员会、河北省图书馆、沧州市图书馆联合承办"公私藏书与经典阅读论坛"。"论坛"成功搭建了图书馆界、民间藏书界、出版界的交流平台，《藏书报》在活动策划、宣传报道、联络藏书界和出版界人士参加论坛活动等方面发挥了积极作用。

图4-4　2019公私藏书与经典阅读（沧州）论坛运河文化研究分会场（沧州图书馆供图）

（四）与媒体合作组织动员的注意事项

图书馆与媒体在举办阅读推广活动中，目标、服务对象总体一致，应在取长补短中共同把事业做深、做强。

1. 把好的方法移植到图书馆界

媒体拥有天然的传播平台，在宣传理念、说服受众方面积累了大量宝贵经

---

① 茅院生. 推进融合发展，助力全民阅读［EB/OL］.［2019–12–08］.http：//www.cpin.com.cn/h-nd –260.html#_np=115_439.

验。图书馆要善于把媒体先进理念、策略方法引进到图书馆的阅读推广工作中，将个例经验推广到更多阅读推广场景之中。例如，在《朗读者》节目热播后，引进"朗读亭"或开设其他诵读空间的服务在国内图书馆流行起来。读者可以在"朗读亭"里朗读自己喜爱的诗篇文章并录音上传至新媒体平台分享，图书馆可依托"朗读亭"等技术设备开展朗读比赛等阅读推广活动，这就是很好的方法复制。

2. 把图书馆的优势宣传出去

图书馆具有雄厚的资源优势、专业优势、平台优势，但是，对于一些不了解图书馆情况的媒体同行和普通媒体受众，可能对图书馆还或多或少保有"借借还还""自习室"等简单标签。为了打破这种简单化的刻板印象，图书馆要善于把自己的优势、特点宣传开来，主动向媒体介绍自身优势，通过媒体向更多公众介绍自身实力，通过落地化的、亲和力的活动，在活动中让更多媒体受众感受到图书馆的优势和阅读推广实力，吸引更多读者亲近图书馆、依赖图书馆。

3. 善于把握热点

虽然说阅读推广是长期性工作，但是好的传播效果的取得，就不得不依赖热点事件和议题。这就要求图书馆阅读推广人要有敏感的问题意识和热点意识，善于抓住社会中的热点事件，通过议题强化公众对图书馆阅读推广的感知。例如，上海图书馆把握《朗读者》节目热播、"朗读亭"走进上图时机，调动多种媒体，线上线下引导读者探索阅读新载体。活动期间，该馆微信公众号发布相关信息阅读数超过 8 万次，微博阅读数约 15 万次，新增粉丝较活动前增长 52%，主页浏览量增长 42%，各类媒体发布原创性报道 40 余篇[①]。

三、善用巧用社交媒体

社交媒体又被称为社会化媒体，简言之，就是基于用户社会关系的内容生产

---

① 上海年鉴 2018/ 二十四、文化艺术［EB/OL］.［2020-05-21］.http://www.shanghai.gov.cn/nw2/nw2 314/nw24651/nw45010/nw45075/u21aw1395911.html.

与交换平台[①]，它们通过社交节点的关联，将互联网上的内容、用户、信息、服务等各要素紧密联结在一起，改变了人们的信息获取和交互方式。社交媒体无处不在，图书馆阅读推广也同样需要了解社交媒体、用好社交媒体。

（一）如何利用社交媒体发出自己的声音

在社交媒体平台上，信息生产者、信息接受者两个身份凝聚于一身，对于图书馆来说也同样如此，那么图书馆要怎样利用社交媒体平台做好知识生产传播呢？

1.建设自有社交媒体矩阵

凡是具有社交属性的内容生产和交换平台，都是社交媒体平台。社交媒体的独特之处在于"社交"，交互性的特点意味着信息交互节点越多，信息的传播链条就越长，信息的传播力就越大。因此，图书馆要积极开拓跨平台传播，在多个社交媒体平台上共同发声。以美国、英国的几所著名图书馆为例，纽约公共图书馆（New York Public Library）、大英图书馆（The British Library）、澳大利亚国会图书馆（National Library of Australia）、俄罗斯国立图书馆（Russian State Library）等均在脸书（Facebook）、推特（Twitter）、照片墙（Instagram）、优兔（YouTube）、拼趣（Pinterest）等社交媒体上设有账号。这其中，优兔以视频社交为主、拼趣和照片墙以图片社交为主，它们内容特点不同、用户群体不同，图书馆通过这些账号的协作发声，形成了真正意义上的自有全媒体矩阵。

在同一平台上，也应当有针对不同主题的多个账号相互转发、构建话题图谱，通过不同主题的子账号相互转发关联，形成立体化的话题矩阵。以纽约公共图书馆为例，该馆是世界上最负盛名的公共图书馆之一，拥有4个研究图书馆和88个社区分馆，纽约公共图书馆除了"NYPL"主账号外，还有多个部门账号，各账号之间选取相关内容进行信息再传递。例如，"纽约公共图书馆"推特的主要转发对象就有"NYPLEvents""NYPL_lpa""NYPLBookmobile"等，各专题账号选取和自己相关的阅读推广信息进行二次传播，形成了针对特定用户的精准传

[①] 彭兰.社会化媒体时代的三种媒介素养及其关系［J］.上海师范大学学报（哲学社会科学版），2013（5）：52–56.

播，优化了信息的传播效果（见图 4–5）。

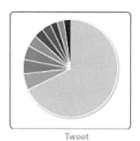

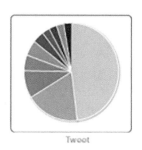

图 4–5 "纽约公立图书馆"推特分析

2. 针对不同社交媒体的特点精准投放信息

社交媒体不是一个大而化之的概念，每一类社交媒体都有自己的习惯受众、有着自己的传播特点，因此，图书馆在使用社交媒体进行阅读推广时，要注重根据不同的社交媒体进行信息内容的精细化加工，提升读者的阅读感受。

（1）微信公众号。公众号属于"分发—散发"模式，即公众号发出后，受众可以进行点对点的多次转发。通常微信公众号发出的一组信息中包含 2 至 4 篇文章不等，推送内容往往以文字为主，还包含图片、音频和视频。图书馆在利用微信号推广阅读时，要注意适应移动阅读的特点，适度推送一些适合深度阅读的长文本，并进行文本修饰突出重点，方便读者阅读。

（2）微博等短文本社交平台。微博等短文本社交平台上的信息具备短平快的传播特点，用户无论关注与否，都可以转发或评论该条微博。因此图书馆在做阅读推广工作时要抓住微博短平快阅读和高度互动性的特点。发布短小、精悍、有煽动性和号召力的内容，例如，阅读推广活动的发布广告、表达强烈的情感类

NY Public Library ✓
@nypl

We
really
really
really
 really
  really
  really
  really
 really
really
really
really
really
really
really
really
 really
  really
  really
really
love books. 📚

2:45 AM · Jan 24, 2019 · SocialFlow

1.4K Retweets **6.7K** Likes

图 4-6 "纽约公立图书馆" 推特推文

号召和动员。纽约公共图书馆在 2019 年间发布的推特中，关注度较高的一则推文就是"我们真的真的真的……真的热爱图书"（We really really really…really love books"。该则推文虽然内容简单，但排版新颖，在社交媒体上十分吸引读者眼球，获得了 1400 个回复和 6700 个点赞，是纽约公共图书馆 2019 年关注度第二高的推文。

（3）抖音等短视频社交平台。抖音是最著名的短视频社交平台之一，用户呈现年轻化、参与度高的特点。目前有百余家图书馆在抖音上开设账号，发布内容包括：一是宣传图书馆，例如国家图书馆在 110 周年馆庆时，发布了康辉的小视频，号召大家"使用图书馆，走进图书馆，爱上图书馆"，在短时间内该视频获得 70 个评论、2061 个点赞；二是推荐图书，例如针对抖音娱乐性、用户年轻化的特点，国家图书馆与抖音短视频合作发起"#抖音图书馆"系列活动，并邀请影视体坛明星进行阅读倡导、图书推介；三是寓教于乐，例如 2019 年春节，杭州图书馆发布小视频，将《新年》《祝福》《愿你活成自己喜欢的模样》《愿你的青春不负梦想》等书籍依次摆放在书架上，为读者祝福，新颖的方式获得网民关注。

2019 年 4 月 23 日第 24 个世界读书日，国家图书馆联手抖音短视频发起了"#抖音图书馆#"系列活动，号召全民参与阅读，获取新知。活动期间，国家图书馆向全国公共图书馆发起活动号召，邀请各地图书馆参与"我的图书馆打卡活动"，读者可以通过抖音短视频拍下当地图书馆内的情景，发布视频并添加图书馆的地理位置，活动结束后，抖音平台将以图书馆地理位置下的视频投稿数量为标准评选出最受欢迎的图书馆。同时，抖音平台邀请了邓亚萍等 10 位体坛影视明星担任"阅读明星"，为读者推荐历届文津奖图书并分享读书感言，朗读推荐书单，号召粉丝多读书读好书。此前，众多抖音网友就曾在抖音平台上发布了国家图书馆内读者阅读的场景，其中一条对阅览区域进行俯拍的短视频在抖音上收获了接近 40 万的点赞和超过 1 万条的评论[①]。

图 4-7　邯郸市图书馆馆员杜楠在抖音上推荐图书（该图书馆供图）

2018 年 10 月，邯郸市图书馆推出"南瓜时刻"栏目，在微信公众号、抖音平台（见图 4-7）进行品牌注册，同时上线。通过 60 秒短视频荐书的形式，每一到两周推荐一本书，"南瓜时刻"的基本工作流程包括：确定书目—编辑文案—现场拍摄—后期制作—平台推出—读者反馈—优化改进，所有工作都由馆员团队负责。为满足幼儿阅读的需要，邯郸市图书馆推出衍生栏目"小南瓜时刻"，专门针对 0~6 岁儿童推荐绘本，通过拍摄，有声书的声音、互动立体书的各种机关进行展示，充分体现每本书的特色，增强幼儿阅读的趣味性。这种馆员真人入镜的视频化荐书模式既打破空间、时间的限制，又增加了阅读推广的亲和力，提升了读者与馆员的互动参与度。

（4）"B 站"（bilibili）、优酷等视频网站平台。我国图书馆在视频网站上开设账号进行阅读推广宣传仍有很大发展空间。一方面是由于"抖音"分流了一部分用户，另一方面也由于我国视频网站仍旧以娱乐为主，并未被图书馆高度关注。一些新兴传播平台值得图书馆关注和挖掘，例如，B 站等视频类社交媒体平台、喜马拉雅等音频书籍分享平台。图书馆可以利用这些平台，上传阅读推广资源，扩大读者覆盖范围，例如，佛山市图书馆公益讲座品牌"南风讲坛"在花生FM、喜马拉雅同步上线。喜马拉雅 App"佛山有声"之"南风讲坛"栏目收录

了"南风讲坛"自1995年创办以来的优秀讲座，2000多位来自文学、艺术、教育、经济等领域的专家学者的3000多场精神盛宴。四川省图书馆在喜马拉雅开设机构认证账号，先后上传了"巴蜀讲坛"（共71集音频资料）、"周末艺术品鉴会"（65集音频资料）和"川图读者沙龙"（6集音频资料），虽然这些拓展性尝试关注度尚不够高，但也不失为图书馆阅读推广工作的有益尝试。

（二）如何整合社交媒体上的各类资源

前面一部分，我们主要分析了图书馆如何在各类社交媒体平台上经营自己的账号。这一部分，我们将关注图书馆如何整合利用社交媒体上的各类账号，达到阅读推广效果。

1. 充分发挥意见领袖作用

"意见领袖"是在传播圈层中较早接触信息并传递给其他人、影响其他人观念的人物，通俗地说就是传播圈层中的权威人士，也就是我们通常所说的"大V"。社交媒体具有多级传播的特点，意见领袖在信息二次加工转发中起到关键作用。因此，图书馆要充分挖掘意见领袖的作用，一方面可以提高自身知名度，在社交媒体中获得话语权；另一方面，也可以借助领域专家的个人魅力吸引更多读者关注。可供图书馆合作的意见领袖包括以下几类。

① 图书馆阅读推广专家、学者

② 明星、知名媒体人

③ 作家

④ 明星读者

⑤ 其他热点事件的重要人物

例如，通过与具有影响力的"大V"合作，可以在社交媒体上利用媒体人的影响力实现信息的多次"转传"和"落地"。转传就是转发，知名媒体人的粉丝成为信息二次传播的重要节点，每一次节点的转发，都会在这些意见领袖粉丝的自有群圈产生影响；落地就是信息的传播效果。由于图书馆的机构账号毕竟受众有限，是否传得开关键在于各个节点的转发和受众的"悦纳"，通过名人效应可以更具有亲和力，符合社交媒体"流量"规律。例如，国家图书馆抖音账号上观看量较大的一则短视频就是康辉关于国图的介绍内容，这就是图书馆账号与知名媒体人合作的典型案例。

2. 打造阅读圈群

社交媒体的最大特点就是社交传导，点到点的传播扩散力度有限，图书馆要抓住其他机构账号、尤其是与粉丝影响力比较大的各类机构账号合作，相互转发，增益效果。

（1）转发活动公告，拓宽渠道。图书馆在发布阅读推广的线上活动公告后，可有意识地邀请本地媒体账号、生活账号转发。在挑选转发账号时，既要注重该账号本身的影响力，一般情况下，账号粉丝量越大，转发内容的传播力就会越大；同时，也要注意账号本身的质量，应注意挑选有正能量、教育性的公众号。

（2）主动参与社交媒体上的热点话题。图书馆要在社交媒体账号运营时提升敏感度，捕捉具有教育性、公益性、文化性的热点话题，主动参与话题讨论，既可以提升自身影响力，也可以吸引话题下的粉丝成为自有粉丝。例如纽约公立图书馆就关注了美国国家博物馆的推特账号，并且参与了该账号发起的"因为她的故事"（#because of her story）话题。

（3）主动评论"大 V"、媒体账号的阅读推广相关文章或视频，实现"引流"作用。流量，也就是网民点击、关注一则信息的数量，是评价社交媒体时代的一个重要标准。如何吸引更多的网民关注阅读推广账号，吸引热点话题的流量为我所用，是需要我们考虑的重要问题。在确保阅读推广专业性的前提下，图书馆可以积极"拥抱"热点，在热点微博、视频下留言、评论，吸引网民关注图书馆账号。例如，在新中国成立 70 周年前夕，国家图书馆等多个图书馆都在抖音、微博等账号上发布了《我和我的祖国》的歌曲，并在其中介绍图书馆，实现了优质流量的共享。

（三）图书馆与社交媒体合作注意事项

1. 内容为王

无论在任何媒介环境下，内容的质量都是决定媒体产品质量的生命线。正所谓巧妇难为无米之炊，没有好的内容，各种融媒体技术、传播技巧都是无源之水、无本之木。图书馆在利用社交媒体进行阅读推广时，一是应高度重视内容的把握，注重自有资源的深加工、精加工，将拥有版权的资源根据社交媒体平台特点进行加工，保留精华内容，为读者直观获取提供便利；二是要重视推送的时效性，应第一时间将相关资料上传到图书馆新媒体平台，重要的阅读推广活动可采用直播方式传递推广，便于关注活动的读者同步了解活动进展，并进行交流互动和分享。

2. 巧用社交媒体数据

无论是微信公众号，还是微博账号，粉丝数据都是一笔重要资源。图书馆可以在确保用户数据安全的前提下，充分利用数据进行深入分析，了解掌握读者粉丝群特点，针对发布的不同信息进行跟踪分析，及时调整传播策略，评估阅读推广效果。例如，针对不同粉丝的关注情况，开设多个微博子账号，针对不同账号进行有针对性的内容投放；利用微信公众号后台数据，对投放内容进行评估比对，及时总结经验，积累符合自身特色的传播策略。

3. 提升危机应对能力和媒介素养

社交媒体在给人们信息交流分享带来便利的同时，难免出现网民媒介素养较低、谣言传播等不良现象。因此，图书馆既要不断提高自身媒介素养，对阅读推广重点事件、自身阅读推广文化产品进行评估，及时识别极端舆情，通过向网民提供知识信息，消解不良误解，促进彼此交流，疏导极端情绪。同时，也要注意引导网民提升媒介素养，向网民推介提升媒介素养的阅读资源，或推送提升信息鉴别能力的培训材料及典型案例，将阅读素养的提升与媒介素养的提升合二为一，实现相互促进、共同提升。

延伸阅读

彭兰. 新媒体用户研究：节点化、媒介化、赛博格化的人［M］. 北京：人民大学出版社，2020.

第五讲
阅读类企业与图书馆阅读推广

在诸多社会力量中，除了政府、学校、公益组织或团体，企业也是一支重要的社会力量，其中，和阅读相关的企业尤其需要图书馆界关注，主要包括出版机构、发行机构、绘本馆、知识付费产品等。下文将对上述阅读类企业进行介绍和分析。

第一节　出版社

一、出版社阅读推广活动概述

（一）出版社开展阅读推广活动的意义

出版业作为文化产业的重要组成部分，其肩负的主要责任就是为国民阅读提供高品质、多样化的精神食粮，正确引导国民阅读，提高国民阅读力。而阅读推广不仅顺应了文化传承与发展的形势，对出版社业务的发展也大有裨益。

从文化发展角度来看，出版工作的存在与发展为人类优秀文化的传播与创新提供了支持，促进了文化建设。优秀的人类文化成果通过编辑出版而被众人知晓，出版社通过对作品编辑加工，向公众发行传播优秀文化产品，为读者提供高质量阅读产品的同时，也促进了文化建设与发展。

从读者发展角度来看，出版社通过策划阅读内容，从而引导读者阅读偏好，激发读者阅读潜能。在倡导全民阅读的当下，出版社通过市场调查与读者反馈，影响对书稿的取舍。出版社选择的阅读主题可能左右读者的阅读导向，其出版的阅读作品影响着读者的阅读选择，引导着读者的阅读偏好，无形中激发了读者的阅读潜能。

从出版社发展角度来看，阅读推广帮助出版社及时准确地掌握读者阅读需求，为实现出版社的良性发展打下了基础。出版社以阅读推广的形式为读者推荐新书，不仅可以及时准确了解读者阅读需求，为其出版符合其阅读品味的图书，还可以为自身打开销路、培养购买者，促进出版社的良性发展。

（二）出版社阅读推广概况

自 2006 年原国家新闻出版总署大力倡导和推动全民阅读开始[①]，各出版社在阅读推广方面不断探索，并取得了一定成效。在当下全民阅读活动从国家到地方广泛而深入开展与推行之时，出版机构更是以此为良机，积极响应，并与业界展开合作，为推动全民阅读实施了一系列的阅读推广举措。

出版社的阅读推广方式多种多样，如活动式、会议式、展销式等，具体包括节日活动、主题读书、公益讲座、论坛或研讨会、图书展销、图书捐赠等等。此外，在数字阅读的挑战下，一些出版社与电信服务商展开合作，利用网络技术，打造数字出版平台，以良好的阅读模式服务于读者。比如，以人民出版社、中共中央党校出版社为首的首都社科十联十二社与天翼阅读合作，通过天翼阅读业内领先的"三屏双媒"数字阅读解决方案，把社会科学、文化艺术、百科全书等传统社科类优质图书转化为数字阅读产品[②]。此外，少年儿童出版社、二十一世纪出版社、深圳出版发行集团等传统出版社都根据自身资源情况，打造数字出版阅读服务平台，为读者提供特色数字阅读服务。

二、图书馆与出版社阅读推广的合作模式

从传承人类文明的角度来看，图书馆与出版社承担着共同的责任，并且肩负着提供公共文化服务的使命。以往，图书馆与出版社一般要通过馆配商才能建立合作关系，图书馆 – 馆配商 – 出版社这种间接合作模式，是图书馆实现资

---

① 叶翠.出版界与图书馆界阅读推广合作研究［D］.长沙：湘潭大学，2014.
② 叶翠.出版界与图书馆界阅读推广合作研究［D］.长沙：湘潭大学，2014.

源采购的途径之一。中间环节的出现，不仅降低了彼此的效能，也不利于实现服务读者的双赢局面。图书馆与出版社具有上下游产业链关系[①]，图书馆是出版社重要的消费群体，出版社则是图书馆文献信息资源的主要来源[②]，二者建立直接的合作关系，共同开展阅读推广活动是大势所趋，不仅为彼此的发展注入了新活力，也带来了更大的社会效益。阅读推广模式是在对实际的阅读推广工作进行总结和抽象后得出的完整而典型的活动流程，是由众多的相关因素和环节构成的系统过程[③]。通过文献研究，根据图书馆与出版社在阅读推广活动中运作形式的不同，二者阅读推广实践中采用的合作模式可归纳为如下三种：活动模式、会议模式、展销模式。

从"3W+1H"角度来理解图书馆与出版社合作开展的阅读推广，即"谁来推广（Who）、向推广（Whom）、推广什么（What）、如何推广（How）"，显然"3W+1H"代表的是阅读推广的主体、对象、内容、形式四方面内容。在图书馆与出版社的阅读推广合作中，不排除有第三方机构的参与，活动中图书馆与出版社或同为阅读推广的主导者，或至少有一方是阅读推广合作的主导者；阅读推广的对象根据活动的具体性质与内容，可以是少儿、青年、中老年等不同群体；阅读推广的内容可以为阅读文本、阅读方略、阅读工具、阅读理念、阅读文化等；阅读推广的形式通常采取活动式、会议式、展销式中的一种。

（一）活动模式

活动模式常见的形式有节日活动、项目活动、图书捐赠、赠书优惠等。活动式阅读推广以推广阅读文本为主，主要是将各种合适的阅读文本推广给有阅读需求的读者。活动式阅读推广是在图书馆与出版社合作中采取的一种重要方式，具有良好的可执行性和可操作性的活动不仅可以为阅读推广注入更多的活力与能量，还可以打造出更多优秀的阅读服务品牌。

由河南省文化厅主办，河南省少年儿童图书馆、多家出版社承办的"中

---

① 刘娴. 公共图书馆与出版发行业的合作模式与思考——以上海图书馆为例［J］. 图书与情报，2014（6）：134–137，144.

② 李昆明，喻丽. 高校图书馆与出版社多元合作模式探析［J］. 农业图书情报学刊，2015，27（12）：102–105.

③ 叶翠. 出版界与图书馆界阅读推广合作研究［D］. 长沙：湘潭大学，2014.

原童书榜"活动，就是图书馆和出版社合作开展少儿阅读推广活动的一个有益实践。自 2016 年启动该系列活动，目前已连续开展两年，活动分三个阶段进行。第一阶段，候选书目征集与推荐。由河南省少儿图书馆牵头，向出版社和社会各界广泛征集上一年度出版的童书书目，通过由作家、出版者、专家、阅读推广人、图书馆员、读者代表等组成的委员会对各出版社提供的样书进行初评、复评、终评，实名投票推选出适合各年龄段少年儿童阅读的共 20 种候选童书，主要包括绘本、儿童读物、科普读物三种图书类型。第二阶段，开展"作家与书进校园"活动。全省各图书馆按照候选书目进行采购，将所购图书以集体借阅的形式分配给参与活动的学校。图书馆与出版社联手，邀请候选图书的作者、编辑进学校，与学生面对面进行深度交流，并根据儿童自身特点与喜好，开展阅读推广活动，培养孩子们的阅读兴趣。第三阶段，学生投票，形成"中原图书榜"。孩子们通过与书籍和作家接触，以实名投票及网络投票的方式为自己喜爱的图书投票。通过平台统计，最终形成"中原童书榜"榜单，入选的图书、出版社、先进单位及先进个人将由主办方给予表彰。"中原童书榜"活动是馆社合作的成功探索与实践，通过整合社会多方力量，以灵活的服务方式精准定位阅读推广对象，调动了儿童的阅读积极性，更好地满足了少年儿童的阅读需求。

2012 年 11 月陕西出版集团与陕西省图书馆共同举办"陕西出版集团成立五周年百万图书赠读者"大型图书免费赠阅活动。活动现场，陕西省出版集团向陕西省图书馆赠送 406 种 2280 余册图书及 2000 张数字阅读卡。陕西人民出版社、陕西人民教育出版社与省图书馆一起向全省市县公共图书馆赠送精品图书。活动现场为读者免费赠送近万册精品图书，内容涵盖政治、经济、科技、历史、文化、艺术等多个门类。同时，为了满足互联网时代读者的新兴阅读习惯和阅读需求，陕西省出版集团专门制作的 6000 张价值 12 万元的"书海小说网"阅读卡，免费赠予广大读者。活动中参与赠书的读者多达数千人。

（二）会议模式

会议模式采取的推广形式具体有讲座、论坛、研讨会、报告、培训等。会议式阅读推广也是图书馆与出版社合作常采取的模式。这种推广模式主题集中，从具体主题出发开展推广，不仅效率高，还能使参与者全面深入了解推广内容，感知推广的作用。会议式阅读推广以推广阅读方略与阅读理念为主，主要是将对阅读有帮助的工具、方法、策略传播给读者，帮助他们更科学有效地阅读。会议式阅读推广不仅帮助图书馆宣传了读者服务，也为出版社打开新书销路提供了发展路径。

会议式阅读推广多用于高校图书馆或图书馆行业组织与出版社的合作。2009年以来，由清华大学图书馆、香港大学图书馆、中国学术期刊电子杂志社、中国知网等主办的"中文数字出版与数字图书馆国际研讨会"已成功举办八届。八届研讨会以来，各参会机构就数字资源整合平台和服务模式、数字出版及其传播利用的新模式、全面服务创新的数字出版新模式、互联网＋大数据环境下的学术出版即新业态、新服务等话题进行了讨论，在探讨合作潜力的基础上更结合大数据背景，交流经验，为阅读推广工作创建重要的交流平台，共谋阅读推广事业的规划与发展。

2018 年 6 月 30 日，"凝聚推动全民阅读的力量"[①]阅读推广大会在北京召开，这是出版社加盟图书馆，与学界三方共同推动全民阅读的有力举措。活动的主体成员为人民出版社、中国新闻出版研究院、人民出版社读书会办公室、新阅读杂志社，协助者为清华图书馆、角楼图书馆、思享读书会、青莲读书会等学会组织。会议对全国各地推广全民阅读的经验进行了总结，同时对优秀合作阅读推广机构及个人进行了表扬，以此鼓励社会各界阅读推广机构及个人发扬阅读精神，凝聚力量推动全民阅读开启新征程，展现新作为。

又如，中国图书馆学会、中国出版工作者协会少年儿童读物出版工作委员会、图书馆报联合举办主题为"全国少儿阅读公共论坛：馆社合作推动阅读"论坛。论坛中，各方对少儿读者在不同成长阶段、不同情绪下适合阅读的作品进行了研究。在深化少儿阅读的问题上，对出版社的图书推销品牌活动及作家推介活动与图书馆阅读推广活动结合的活动方式进行了研讨[②]。

① 中国网 . 人民出版社读书会阅读推广大会在京召开［EB/OL］．［2018–07–06］. http：//www. xinhuanet.com/newmedia/2018–07/06/c_129908449.htm.

② 吕梅 . 馆社合作 共促阅读——图书馆与社会合作推动青少年阅读推广［J］. 图书与情报，2011（1）： 91–94.

（三）展销模式

展销模式也是图书馆与出版社阅读推广合作中较常见的一种模式，具体形式包括书展、观摩、博览会等。图书馆与出版社合作承办图书展销，是一种受广大读者一致好评的阅读推广形式。展销式阅读推广以阅读文本、阅读文化为主，活动中通常会配备相应的工作人员为读者进行辅导或咨询。展销式阅读推广不仅帮助图书馆提升了采购效率与图书利用率，也拓展了出版社的业务量。

如 2017 年上海书展期间，上海图书馆继续创新服务模式，再度与上海外文图书有限公司携手推出"你荐我购"活动，把图书馆搬至书展现场，让读者感受自主选择，零距离阅读。此外，上海图书馆内还设有图书文化博览厅（原名当月新书展示厅），该厅不仅是传递新书信息、展示图书文化的窗口，也是连接读者与出版社、读者与图书馆、读者与作者的信息桥梁。除了用展柜、橱窗、新书推荐榜等多种形式向读者推荐新书，博览厅还充分发挥上海图书馆在读者中的巨大影响力，通过新书发布会、签名售书、读者研讨会等多种丰富多彩的活动，对部分优秀图书进行重点推荐。

在高校图书馆与出版社的合作中，展销作品大多是与学校专业课程相关的教材及教辅类图书，读者在展销中通过直接与出版社工作人员进行沟通，在多样化的书目中选择适合自己的图书，这种阅读推广形式不仅迎合了读者的阅读需求，也优化了馆藏资源。如东南大学图书馆与东南大学出版社联合举办的"东南大学出版社春季书展"，中央财经大学图书馆与机械工业出版社联合举办的国外经典教材展、计算机类教材展[①]。

图书馆与出版社合作开展阅读推广活动，于图书馆而言，可以及时获取出版资源的信息，赢得读者与新书见面的最佳时间，还可以借助出版社作家、编辑等优质资源，开展富有深度与广度的阅读推广活动。对于出版社而言，通过图书馆不仅可以扩大用户资源，增加图书销量，还能够在第一时间获得读者的反馈信息，为出版发行工作的改进提供参考。因此，图书馆与出版社合作开展阅读推广有利于实现双赢局面。

---

① 叶翠.出版界与图书馆界阅读推广合作研究［D］.长沙：湘潭大学，2014.

案例：台北市立图书馆与某出版公司的合作经验——共游小兔彼得故事花园—百年儿童文学经典巡回展

活动内容

1. 小兔彼得 fans 来报到：欢迎小兔彼得 fans 拿着收藏品来报名参加开幕活动，当日加入"小兔彼得 fans 俱乐部"，可获赠送"小兔彼得出版百周年纪念书签"一只。

2. 小兔彼得图书及相关资料显示，包括下列主题区。

① 拜访百年经典作家——碧雅翠丝·波特女士

② 共游小兔彼得故事现场实景

③ 经典插画区（主题故事插画欣赏）

④ 珍品收藏区

⑤ 亲子阅读区

3. 小兔彼得动画电影院：播放《小兔彼得和他的朋友》9 个动画故事 DVD。

4. 林老师说小兔彼得故事：以《小兔彼得的故事》为主题展开说故事活动。

5. 小兔彼得与儿童文学研讨座谈会：第一场，百年儿童文学经典——小兔彼得系列故事的阅读与赏析；第二场，小兔彼得系列——认识碧雅翠丝·波特及其创作故事中的生活哲学与智慧；第三场，以《小兔彼得》系列故事为例的创意教学成果分享发表会。

三、图书馆与出版社合作的筹备

阅读推广活动的效果很大程度上取决于完善的活动方案与周到的运筹工作，创意水平、资源调配、步骤实施、成本预算、读者反馈都是阅读推广活动中需要考虑的重要节点。阅读推广活动中，除了坚持以"读者"为核心，也要在"实施"中下功夫、想办法。因此，不论图书馆与出版社采用何种阅读推广合作模式，都需要做好前期的筹备工作，主要包括以下几方面内容。

（一）确定阅读推广的对象

阅读推广的对象即阅读推广的目标人群。社会大众具有广泛性、异质性、反馈性的特点。因而，阅读推广需明确目标群众，了解阅读推广对象的阅读特点，以便有针对性地开展阅读推广，具体可从阅读需求、阅读环境、认知水平[1]三个维度了解推广对象的特点。从阅读需求来看，社会生活环境能影响个体的能力、习惯、爱好、心理特征、价值取向等各个方面，同质个体或群体的阅读需求相似或相同，异质个体或群体的阅读需求相异或相反。因此，阅读推广中要调查了解推广对象的阅读需要，为同质人群推广相似的阅读主题，为异质人群营造和而不同的阅读气氛。从阅读环境来看，经济能力的不同、资源获取的难易程度都会影响个体的阅读行为。为缩小读者的"信息鸿沟"，阅读推广者应明确资源获取中的方便人群、不便人群及困难人群，面对不同的群体实施不同的推广措施。从认知水平看，阅读推广者要根据推广对象的认知水平、阅读能力的差异调整推广策略与力度。面对高端人群、普通人群以及特殊人群采取不同的阅读推广方略。

（二）确定阅读推广的主旨与内容

阅读推广活动虽然涉及面广、灵活性强、拓展空间大，但明确的阅读推广主旨可以帮助活动主体找到恰切的定位与明晰的目标，从而使活动展现鲜明的特色。阅读推广的主旨既可以是引领良好的社会风尚，也可以体现时代精神，还可以是传播优秀文化传统。阅读推广主旨的选择与确定，应与所推广的对象相关，要符合阅读推广对象的阅读状况、需求与期望，因此，应该加强前期的调研活动，从而对阅读推广对象有一个相对清晰准确的把握，为明确阅读推广主旨奠定基础。在阅读推广内容的选择上，要明确是进行阅读文本推广、阅读方略推广、阅读工具推广、阅读理念推广还是阅读文化推广。只有确定了阅读推广的内容，明确推广客体，才能将所推广的资源合理整合到具体活动中。

（三）明确阅读推广活动的时间与资源调配

阅读推广活动的开展需找准时机，除了要做充分的前期宣传工作，也要选择能渲染阅读气氛的推广时间。良好的宣传工作是阅读推广的软实力，把握宣传要点，提升宣传工作的质量与水平，对阅读推广活动起着推波助澜的作用。优秀的

---

[1] 张怀涛. 阅读推广的要素分析［J］. 晋图学刊，2015（2）：1–7，11.

阅读推广活动既可以达到预期的阅读推广目的，还有助于形成有分量的文化品牌。因此推广时间可选择有特定文化价值与意义的时间点，通过有意识的个性化品牌打造，使人们在参与阅读推广活动获益的同时，为品牌活动的打造与持续发展构建基础。此外，在资源的调配上，一般图书馆提供场地，出版社提供资源。图书馆宽敞明亮、设备齐全，出版社资源丰富、资金充足，图书馆与出版社发挥各自优势，形成合力，可有效解决阅读推广所需的场地、读者、经费、资源等方面的问题。

四、合作中需要注意的问题

图书馆与出版社合作开展阅读推广获得双赢的同时，也需要共同注意中的一些问题，只有意识到存在的问题，克服问题障碍才能更好地实施合作。

（一）公益性与营利性的平衡问题 [①]

图书馆与出版社虽然都承担着公共文化服务责任，但一个属于公益性机构，一个属于营利性机构，二者在公益性与营利性问题上存在天然的矛盾。在公益性、均等性原则下，图书馆以满足公众文化需求作为出发点，开展阅读推广活动。出版社作为营利性机构，受经济利益的驱动开展读者服务。因此，在合作对象的遴选上，图书馆要选择合适的出版社，使其公益性与出版社的营利性达到基本的平衡，使读者享受公益文化服务的权利得到保障。

（二）加强深度合作

目前，图书馆与出版社合作开展的阅读推广活动，大多是临时性的，只注重活动的策划、组织与实施，忽视了活动品牌的形成，也未对各自拥有的重要数据进行充分挖掘与利用。图书馆拥有读者的属性数据、借阅数据，出版社拥有出版数据、销售数据 [②]，阅读推广中，二者不仅需关注活动的过程，还需做好内容的价值挖掘工作，在挖掘利用读者数据的基础上，形成活动品牌，注重品牌效应与社会影响力的提升。

---

① 王海辉 . 馆社合作对少儿阅读推广的促进作用——从"中原童书榜"谈起［J］. 出版广角，2018（12）：25–27.

② 夏丹 . 学术图书出版推广馆社合作模式探析［J］. 图书情报工作，2016（22）：41–47.

第二节 书店

一、书店阅读推广活动概述

（一）书店开展阅读推广活动的意义

书店是一座城市的文化名片，浓缩着城市的精神与内涵。书店以书为媒介，为读者与图书提供了邂逅的空间，打造着城市的阅读文化生态圈。书店实施阅读推广，不仅可以传播文化信息，引领文化风尚，也为书店拓展自身业务，提升读者服务水平提供了良好机遇。

对城市发展而言，书店在阅读推广中发挥着构建文化生态，引领文化风尚的作用。对读者而言，阅读推广的实施，有助于丰富读者的文化生活与阅读体验。书店开展阅读推广活动，延伸阅读服务产品，不仅可以为读者提供以书为载体的文化休闲场所，也为读者营造了独特的阅读体验与氛围。对书店而言，阅读推广有助于提高书店的品牌文化价值，促进书店的发展。书店在市场的经营与营销中需要形成持续的突破力，从而提升品牌价值，为书店的持续发展提供了可能。阅读推广活动是一次或连续的以"阅读"为核心的推广活动[1]，活动的开展可以深化读者对图书与书店的认知，提高读者对书店文化价值的认可度，帮助书店提升品牌文化价值。

（二）书店阅读推广概况

自"全民阅读"上升到国家层面，受到国家政策支持与鼓励以来，书店作为图书流通的重要一环，也积极投身于阅读推广的大潮中，为阅读推广与读者搭建了桥梁。书店的阅读推广方式主要包括三类：活动类、讲座类和展览类。活动类包括朗诵比赛、文艺表演、送书活动、读书节活动等；讲座类包括文艺讲座、读者见面会、品读会等；展览类包括主题展览、图书推荐、展架陈列等。国内书店开展的阅读推广活动具有一定的特点：在举办时间上，多数书店的阅读推广活动于"世界读书日"4 月 23 日前后开展，活动的连续性不强，活动影响力不具有持续性；在活动对象上，书店的阅读推广活动大多是和图书馆、出版社、企事业

---

① 汤亚旭 . 美国巴诺书店与皖新传媒阅读推广活动对比研究［D］. 合肥：安徽大学，2016.

单位合作开展的，活动对象包括儿童、企事业单位员工及其他市民，目标群众挑选比较零散；在采取的推广方式上，少数地区的书店采用了线上线下融合的方式对阅读推广进行了创新，多数书店仍采用书展、朗诵会等传统形式。

二、书店与图书馆阅读推广的合作模式

作为读者获取图书的两大途径，书店与图书馆长久以来各自为战，似乎一直处于"争夺"读者的竞争关系中。书店以市场为导向、盈利为目的，在购书的选择上将畅销书刊作为关注对象。此外，实体书店内"蹭书"读者往往多于购书读者，这不仅给实体书店带来了很大的负担，也影响了书店的经济效益。图书馆的馆藏具有一定的系统性与完整性，而在实际的馆藏借阅中，也存在一定的劣势。在每年购书经费有限的情况下，图书馆难以兼顾读者的多元化需求，资源采购和读者需求契合度不高。此外，新书上架需要经过采选—到货—验收—加工—编目—上架等一系列过程，采购新书不能及时满足读者的阅读需求。存在竞争关系的书店与图书馆各自的发展劣势为其合作形成了潜在的互补态势，并在新的发展背景下逐渐走向了合作的道路。

"互联网＋"时代的兴起与发展，从多方面改变了人们的思维方式与行为方式。借用"互联网＋"思维，"图书馆＋"作为一种创新理念在图书馆界应运而生。书店与图书馆因"书"结缘，不仅同为文化的传播者，也成为阅读推广的合作践行者。以"图书馆＋"背景为发展契机，书店与图书馆进行了深度合作，在服务模式上共同推陈出新，打造升级版服务。通过文献研究，图书馆与书店合作开展阅读推广活动主要为"你选书，我买单"形式，具体实施方式主要表现为举办书展、读者现场采购、零星购买、"互联网＋"采购[1]等。举办书展指读者在书展活动中当场选择图书，登记图书信息（借阅证号和ISBN）即可借走新书；读者现场采购主要指图书馆不定期组织读者代表到大型书市、书店现场采购图书；零星购买是指读者通过登录图书馆的微信公众平台或网站，扫描有意阅读图书的ISBN号，若显示该书无馆藏，可以先自行购买，留存正规发票。读完书后，携书与发票到

---

[1] 康思本.基于"你选书，我买单"活动的馆藏建设研究——以广东理工职业学院为例［J］.图书馆研究，2018（3）：50–55.

图书馆还书并报销购买费用；"互联网＋"采购是一种网购行为，读者通过图书馆官网进入与图书馆建立合作关系的书店的网站，若有意借阅的图书无馆藏，便可输入读者信息，设置收货地址，享受足不出户的图书借阅服务。

根据合作方式的差异，图书馆与书店在阅读推广中为"你选书，我买单"采取的所有服务方式可归纳为"图书馆＋书店"与"书店＋图书馆"[①]两种合作模式。

（一）"图书馆＋书店"模式

"图书馆＋书店"模式，即将书店"开"在图书馆中，是一种由图书馆提供"场地"、书店"进驻"图书馆为读者提供新书借阅或其他服务的运营模式。这里与图书馆合作的书店不仅指实体书店，也包括网络书店。书店经营是一种市场行为，尽管很多地方对书店实行了一定的财政扶持政策，但效果不佳。图书馆属于公益性质的文化服务，馆内难免存在一些资源或利用不充分，或处于闲置状态，而如何盘活馆内资源成为每个图书馆面临的实际且重要的问题。"图书馆＋书店"模式是图书馆与书店的合作升级版，读者通过图书馆便可实现看书、选书、读书的一站式服务与体验。"图书馆＋书店"不仅为书店提供了新的发展模式，也为盘活图书馆资源、满足读者文化生活需要提供了新的路径。

1. 图书馆与实体书店的合作

图书馆在与实体书店合作的阅读推广中，具体运作包括如下方面。

（1）图书馆提供场地。图书馆免费或以租赁的方式为书店提供场地，书店则提供阅览室内部装修、设备和工作人员，并负责新书上架工作。

（2）读者自主借阅或购买。读者在阅览室阅读、外借或购买。

（3）借阅或购买手续办理。工作人员为借阅书籍办理新书借阅手续：贴条码，在书店的售卖系统对图书进行售出处理，在图书馆流通系统借出图书，然后在借出信息里对该图书进行编辑，输入 ISBN 号、书名、价格等信息后完成借阅手续。若读者直接购买，则书店直接收取书款，并为读者提供折扣优惠。

（4）图书馆为借阅书籍支付费用。图书馆定期或不定期向书店支付读者借书产生的费用，完成已借书籍的采购工作。

---

① 张婷. "图书馆＋"背景下馆店协同运营新模式——以南京图书馆"陶风采"服务为例［J］. 新世纪图书馆，2017（10）：37–41.

（5）读者还书至图书馆。读者持读者证，在规定的借阅期限内将书还至图书馆。

当前国内采取"图书馆＋书店"模式的有很多，就实体书店而言如烟台港城书店、佛山市东方书城等。2011 年佛山图书馆成立的"知识超市"即是公共图书馆与实体书店的跨界合作，采取的就是"读者选书，图书馆买单"的形式。双方约定 3 个月内如有图书被读者借阅 1 次则由图书馆购买成为馆藏，如无人问津则退回书城，若读者直接购买则享受 9 折优惠。具体合作流程为：读者先要选择想借阅的图书，由工作人员对图书进行包括贴条码、盖馆藏章、简单数据录入等方面的初加工，就可将书借出阅览，通过计量借阅次数将归还的图书移交公共图书馆采编部进行深加工后即可上架流通。"知识超市"也可根据借阅量进行查重处理，并对复本量进行有效有针对性地控制，对畅销书可适当放宽复本量；也要对购书者在一定时间内的可购新书数量做出规划限制，通过双重措施保障新书借阅处的购书经费控制在预算范围内，充分发挥有限经费的价值最大化，达到双赢效果。此外，2014 年 7 月烟台市图书馆与烟台港城书店合作，推出"你选书，我买单"活动。港城书店在烟台市图书馆一楼设畅销书专柜，5 个书架共 100 多种新书赫然在列，市民在畅销书专柜选书，不用花钱，将书交给工作人员，随后可进行借阅。值得注意的是，活动参与者需为持有烟台图书馆有效成人借书证的读者，每人每天限选一册，图书馆每天为读者买单的书籍限量为 30 册，每种书复本不超过 3 本。

2. 图书馆与网络书店的合作

图书馆在与网络书店合作的运作中，具体运作如下。

（1）图书馆网站提供网络书店的入口。图书馆不必为书店提供物理空间，只需在图书馆网站上提供进入网络书店的访问入口即可。

（2）读者自行选择图书。读者通过登录账号与密码进入网络书店，为自己喜欢的书籍下单。

（3）书店为读者邮寄。书店以最快的速度送书到读者手中。

（4）图书馆为借阅书籍支付费用。图书馆定期或不定期向网络书店支付邮寄图书产生的所有费用，完成已借书籍的采购工作。

（5）读者还书至图书馆。读者持读者证，在规定的借阅期限内将书还至图书馆。

2017年5月沧州图书馆与京东商城合作开展"易读·新书快借""你选书，我买单"活动。读者登陆沧州图书馆网站，通过活动入口进入"易读·新书快借"线上选书平台，输入读者账号与密码，为自己喜欢的书籍下单，随后京东会以最快的速度送书到读者手中，所有费用由沧州图书馆支付。读者只需在30天内，持读者证将图书归还至沧州图书馆总服务台即可。沧州图书馆的"你选书，我买单"活动为读者提供了足不出户新书到手的荐购服务，既满足了读者的阅读需求，又促进了图书馆的馆藏发展。

（二）"书店＋图书馆"模式

"书店＋图书馆"模式，即把图书馆开到书店，这种模式也非常受读者的欢迎。如全国首创的内蒙古图书馆开展的"彩云服务"，北京东城区第一图书馆、扬州市图书馆分别与当地书店合作开展的"读者选书，图书馆买单"活动等，践行的都是这种模式。"书店＋图书馆"模式具体包括两种运作形式，一种是书店与图书馆建立集"借、采、藏"一体化的服务管理平台进行数据连接，一种是实体图书馆进驻书店。

1. "借、采、藏"一体化的服务管理平台

"借、采、藏"一体化的服务管理平台具体的运作过程包括以下步骤：

（1）读者借书办理。读者在书店服务管理平台刷读者证、输入密码，书店工作人员对读者所借图书进行条码和RFID芯片粘贴，并通过光笔扫描转换，完成读者借书流程。

（2）借阅信息转换与上传。系统自动将转换的图书编目信息上传至图书馆书目数据库，完成图书的编目业务操作。

（3）图书馆为借阅书籍买单。图书馆定期或不定期向书店支付读者借书产生的费用，完成已借书籍的采购工作。

（4）读者还书至图书馆。读者持读者证，在规定的借阅期限内将书还至图书馆。

2014年5月，内蒙古自治区图书馆为解决长期以来普遍存在的供需不对称的突出矛盾，推出了"彩云服务——我阅读、你买单，我的图书馆、我做主"的创新实践活动 ①。凡是持有内蒙古图书馆读者证的读者，可以在任一与"彩云服务"数据交互云管理平台联网的图书销售单位借阅图书，图书馆会定期为所借图书结算费用，读者只需在借书 30 天内将书还到内蒙古图书馆即算完成借阅程序。为了保证每位读者借阅的新书能够契合更多读者的阅读需求，彩云服务对读者自主采购的图书种类、复本、个人采购量和自主采购图书的总量进行了控制，并采用了信用等级制度，将读者自主采购信用划分为 A、B、C、D、E 五个等级，默认读者的信用等级为 C 级，每月可自主购借图书两册。如果某位读者所购借的图书流通率较高，在达到一定比例后，其信用等级则会上升，每上升一级，可自主购借的图书就增加一册。

2. 实体图书馆进驻书店

实体图书馆进驻书店的具体运作过程为如下。

（1）读者选书。读者在书店规定的区域内挑选自己喜欢的图书。

（2）图书现场采购。读者将所选图书拿至图书馆区域由工作人员现场采购，图书编目信息收入馆藏后，读者即可借出。

（3）读者还书。读者在规定的借阅期限内，将书还至规定的图书馆即可。

2018 年 7 月 2 日，北京东城区第一图书馆王府井书店分馆开馆营业，这是北京市东城区第一图书馆与王府井新华书店为实现公共文化和文化产业融合发展的创新尝试，也推出了"读者选书，图书馆买单"活动。凡持有东城区第一图书馆图书证的读者，在王府井书店一层至五层符合一定条件范围内挑选自己喜欢的图书，将所选图书拿至 6 层图书馆由图书馆当场采购收入馆藏，被选图书经工作人员确认、加工后即可借出。读者不需支付任何费用，还书可通过全市 300 多家大小图书馆完成。该项特色服务被称为"馆配现采"，持证读者每人每年可自选图书 1 次，每次可选 1 册定价在人民币 60 元以内的图书。若读者所选图书与馆内现有藏书重复，且达到复本量上限 5 本，图书馆将不再入藏此书。"书店 + 图书馆"模式，不仅活跃了图书馆的读者，也为书店带来了更多的客流，是一种效果一加一大于二的共建共享发展之举。

---

① 段宇锋，王灿昊 . 内蒙古图书馆"彩云服务"的创新之路 [J] . 图书馆杂志，2018（4）：43–50.

三、合作中需注意的问题

不论图书馆与书店以何种模式展开合作，都需要注意以下问题。

（一）合理定位读者采购行为

"读者选书，图书馆买单"形式的馆店合作，将图书的采购权赋予了读者。而读者在自主采购借阅服务中尚处于感性经验积累阶段[①]，难免过于关注通俗性、娱乐性的阅读作品，长此以往不利于馆藏资源的结构性和系统性发展。因而，馆店合作中应合理定位读者采购行为，以图书馆整体馆藏建设为大局，平衡好读者采购和馆员采购的关系，选择最佳的资源建设方式。

（二）制定科学的选书标准

科学、规范的选书标准，不仅能在一定程度上约束读者选书的盲目性、自我性与娱乐性，还可以避免书商将高价图书推销给读者。如国外一些图书馆将"10-10-1-1"作为选书公式，图书馆考虑购买图书需满足如下条件：翻阅整本图书的 10 页，用户连续使用 10 分钟，或者一本复印、拷贝或者下载[②]。制定科学的选书标准，能帮助图书馆满足长期的、深度的读者文献需求，也在一定程度上提升了所购图书的专业性、针对性。尽管这种方式更适合电子书的读者驱动采访，但是也为图书馆和书店合作时提供了一个思路，那就是限定图书的范围，图书馆可以在和书店合作时，结合图书馆的馆藏发展计划，对书店的图书进行初步选择，这样能够在一定程度上避免读者选书的盲目性。

第三节　绘本馆

绘本馆，又称私人儿童图书馆、私营儿童图书馆，主要通过对儿童及家长提供绘本租借以及对阅读活动进行收费。从是否营利角度划分，绘本馆包括两类，

---

① 康思本.基于"你选书，我买单"活动的馆藏建设研究——以广东理工职业学院为例［J］.图书馆研究，2018，48（3）：50-55.

② 康思本.基于"你选书，我买单"活动的馆藏建设研究——以广东理工职业学院为例［J］.图书馆研究，2018，48（3）：50-55.

一类以营利为目的，一类不以营利为目的。本节主要分析以营利为目的的绘本馆。

一、我国绘本馆发展概况

（一）绘本馆的兴起

图 5-1　上海布客少儿图书馆（上海布客少儿图书馆供图）

从 2005 年北京皮卡书屋诞生至今，各地的绘本馆从北京、上海、广州等大城市逐步辐射到各中小城市，如雨后春笋般涌现。这些民间儿童图书馆以近几年开始兴起的绘本（又称图画书，picturebook）为介质，多以私人创办，以绘本阅读为主要服务载体，传播儿童阅读理念和教育理念，推动儿童阅读推广的发展。这些绘本馆发展迅速，已经成为一道亮丽的文化风景。

我国公共图书馆体系的不完备问题为绘本馆的发展提供了有利的发展空间，如城乡差距拉大、分布地区不均等，使大型、完善的图书馆集中于大中型城市，小型城市特别是农村的图书馆无法满足民众的需求，表现为人均拥有公共图书馆数量严重不足，地区分布不均衡，无法满足民众日益增长的阅读需求。即使在比较发达的城市，优质的公共图书馆服务也尚未普及到社区。从需求层面，面对社会的竞争压力，现代年轻的"80后""90后"父母对教育的重视度越来越高，对于0~12岁孩子读书需求量越来越大，公共图书馆已经难以满足需求，既然大多数孩子和家长的阅读需求不能得到满足，势必会产生另一种形式的图书馆——绘本馆，公共图书馆体系的长期不完善是绘本馆兴起的催化剂。

国家现行文化政策的支持为绘本馆的发展提供了保障。从2001年起，国家鼓励并扶持民间资本参与文化教育事业建设，其中就包括图书馆事业建设，并为民间资本参与图书馆建设提供了有利的政策依据[①]；政府在《国家"十一五"时期文化发展规划纲要》和《国家"十二五"文化产业规划》中也提出了鼓励和支持非公有制资本以多种形式进入政策许可的文化产业领域。相关规章制度的施行为私营阅读服务机构提供了法律保障，也为绘本馆的发展提供了政策支持与可行条件。

（二）我国绘本馆的类型

目前国内绘本馆按照经营模式可以分为连锁型和独立型两种类型。

1. 连锁型绘本馆

目前国内比较成规模的绘本馆都是加盟性质，比如老约翰、悠贝亲子图书馆。老约翰在全国多个城市开通200多家加盟点，只要注册成为会员即可找到就近的加盟点，享受"网上借阅、免费配送"服务。悠贝采用的是"嵌入式、轻资产、微创业"的模式，在儿童聚集的早教、艺术学习机构等场所嵌入"一个人＋一面墙"，形成一个可以借阅图书、指导阅读的迷你型亲子图书馆。

---

① 张学梅.让我们共同关注私营图书馆的发展［J］.河南图书馆学刊，2004（6）：59-61.

2. 独立型绘本馆

这类绘本馆的创始人包括两类人群，一类是有相关出版经验的从业者，一类是受教育水平较高的全职妈妈。大部分独立型绘本馆建在社区，这样降低了阅读的时间成本和交通负担。

二、绘本馆的主要业务内容

据学者对北京市绘本馆的调查，在绘本馆提供的服务中，以借阅服务和课程为主（见图 5-2）。尽管不能完全用北京市绘本馆的情况去代表全国绘本馆情况，但从中可窥一斑。

图 5-2　北京市绘本馆主要服务内容构成情况图 [①]

（一）图书借阅服务

无论在实体绘本馆还是网络绘本馆内，图书借阅服务都是主营服务。对外借阅服务一般实行收费制，有年费、半年费、三个月和月费等收费方式，绘本馆也由此来发展自己的会员，从而得到自己盈利效益。随着电子商务的迅猛发展，一些绘本馆还提供网上租赁并送书上门的便捷服务。

（二）课程

绘本馆提供各种课程，按照王芳等学者的分类，大概可以分为阅读相关、阅读周边和其他课程三类，具体见表 5-1。

---

① 来源：王芳，刘晓晔.民营绘本馆发展现状研究——以北京市民营绘本馆为例［J］.图书馆工作与研究，2016（10）：110-112，121.

表 5-1 北京市民营绘本馆开设课程汇总

服务对象	服务内容	课程设置	频数	课程设置	频数
儿童	阅读相关	讲故事	26	绘本写作	1
		英语绘本课	15	作文课	1
		绘本剧	5		
	阅读周边	手工	16	早教阅读	1
		绘画	8	全脑阅读	1
		创意美术	7		
	其他	数学思维	1	乐高	2
		厨艺	4	口才	2
		陶艺	2	国学	2
		书法	7	茶道	1
		沙画	3	跆拳道/太极	1
		棋艺	2		
成人	教育指导	父母课堂	12	学术讲座	1
亲子	其他服务	亲子活动	15	托管	4
		亲子瑜伽	1	游学	4

来源：王芳，刘晓晔.民营绘本馆发展现状研究——以北京市民营绘本馆为例［J］.图书馆工作与研究，2016（10）：110-112；121.

1.阅读相关课程

在绘本馆的亲子阅读服务项目中，其中的阅读服务种类多样，最普遍的项目之一就是主题故事会。故事会和公共图书馆的讲故事活动类似，通过精心设计的阅读主题，运用不同的中英文绘本，让孩子享受阅读带来的乐趣，培养孩子们的阅读习惯。同时让家长在健康快乐的亲子阅读氛围中，发现绘本带给孩子心灵的启迪，爱上亲子阅读，拓展孩子们的阅读能力。如上海萤火虫亲子悦读馆组织的阅推广活动，根据不同年龄阶段、层次、不同读者群体需求来设定不同时间、不同内容的主题故事阅读活动。

除了面向儿童的讲故事，一些绘本馆为会员家长们组织进行互动式分享阅读指导讲座。通过不同形式、主题类型的讲座来满足不同读者需求。上海萤火虫亲子悦读馆通过联合上海师范大学"大带小"阅读推广团队，邀请儿童阅读专家为家长们支招，专家还现场指导绘本阅读，让家长们回家即可将"互动式阅读技巧"实践于和孩子的阅读中。

2. 其他课程

为了推陈出新，各绘本馆都在创建自己的特色服务。如天欣悦读馆不仅有借阅图书服务、亲子阅读活动，还推出众多的课程，如故事妈妈特训班、故事宝宝特训班、创意美术课、心理沙盘课、儿童茶艺课、象形书法课、准妈妈成长课等等，这些特色课程希望以多种服务来吸引会员们加入，壮大自己的会员队伍与发展影响力。但是在这个过程中也出现了一个问题，那就是一些绘本馆成为早教课程的大拼盘，或者是兴趣班的一种载体，绘本阅读的核心特点不突出。图书馆在和绘本馆合作时，需要用心甄别其是否在绘本阅读方面有足够的积累。

三、绘本馆的盈利情况

绘本馆常见运营模式是利用自身的资源优势，为儿童提供绘本销售、借阅、现场阅读及场地租赁等服务。对外借阅服务一般实行收费制，有年费、半年费、三个月和月费等收费方式。每次借阅册数也根据会员级别的差异，分为10本、5本、3本不等。以北京为例，最低的"快乐伙伴儿童绘本馆"380元/年，最高的"悦读荟"1280元/年，平均792元/年[①]。除此之外，以馆藏绘本为主题的亲子故事会、创意手工、舞台剧等阅读延伸课程，吸收外部师资推出各类早教课程，如外教少儿英语、少儿美术、儿童思维训练等课程，甚至提供场地租赁业务，成为其维持经济平衡的方式。延伸课程的价格大约为200元每节课，亲子活动约在50~80元每场活动。另外一位学者对北京市绘本馆的调查表明，借阅年费只能覆盖绘本馆在海淀区一套两居室的房租，很多馆长是通过自我盘剥（不领取工资）或者不聘请雇员保持运转。由于大多数独立运营的绘本馆在规模、资金和能力上的局限性，课程无法与大机构的教学和研发相媲美，无法形成稳定的师生来源[②]。大多数绘本馆的盈利情况并不乐观。以单纯的借阅服务和低收费的阅读延伸活动为主要收入来源的实体绘本馆，面临的成本压力很大。2014年，"《中国绘本阅读地图》项目组"通过多种方式获得信息的绘本馆有2805家，到2015年底正式出版前复核时发现，

① 王芳，刘晓晔.民营绘本馆发展现状研究——以北京市民营绘本馆为例［J］.图书馆工作与研究，2016（10）：110–112，121.

② 推动儿童绘本馆"公"与"私"的融合发展［J］.出版发行研究，2016（11）：39–41.

其中的 448 家已停业，509 家失联。由此可见绘本馆整体经营状况不佳。

四、绘本馆和公共图书馆的合作

我国公共图书馆的主要矛盾在于国人的阅读需求增长与当前中国公共图书馆系统覆盖率偏低、社区图书馆缺位之间的矛盾。阅读服务的刚性社会需求无法满足，需求者转而寻求替代者。这给民间儿童图书馆的产生提供了契机。这些民间绘本馆，成为对当前公共图书馆系统的补充。

公共图书馆和绘本馆都拥有自己独特的优势，且拥有一个共同目的——为儿童及其家长提供阅读服务。图书馆拥有丰富的用户、空间、馆藏资源，绘本馆拥有自己的特色教育、专业导师和管理模式，将其进行资源整合可以将自身优势最大化。合作方向主要有两类。首先，可以进行图书目录的整合，可以联机公共图书馆检索到当地绘本馆的书目信息，绘本馆也可以同时使用公共图书馆的图书资源。其次，公共图书馆可以和绘本馆合作开展阅读推广活动，也可以考虑将儿童阅读活动或绘本排架管理等业务外包给绘本馆，外包相关内容请见本书第八讲。

第四节　阅读类知识服务企业

伴随着移动支付手段的日趋完善和微博、微信等自媒体平台的蓬勃发展，在经历了付费打赏和付费阅读模式对市场的早期探索之后，知识付费产业在 2016 年迎来井喷式发展，以知乎、分答、喜马拉雅等为代表的知识付费平台相继上线，在短短数月间用户规模达千万级，此后更是一路保持高速增长态势，2017 年年底产业规模达到 49.1 亿，同比增长近 3 倍。这其中也包括阅读类知识服务企业的发展。

一、认识阅读类知识服务

阅读类知识服务或者阅读类知识付费产品，即通常所说的讲书，以音频形式为主。阅读类知识付费产品不同于有声读物，有声读物主要强调对文本的朗读，阅读类知识付费产品强调的是对原始文本归纳、总结和分析。

（一）阅读类知识付费产品的生产流程 [①]

阅读类知识付费产品的生产流程主要有以下几个步骤：选择书目—解读、撰稿—审核稿件—录音、剪辑—校对—上线。这一系列生产流程中最为核心的环节是解读、撰稿。"得到"App为"每天听本书"栏目撰稿人提供的稿费以篇为单位进行发放，稿费具体数目根据撰稿人资历和稿件质量而定，一些知名度较高的撰稿人稿费每篇过万。各平台发给撰稿人的创作手册或创作指南，基本都会做出类似的要求，比如，字数的限制一般在6000到8000之间，相应来说，音频产品时长则控制在20到30分钟之间。

各平台对产品内容结构的安排大同小异，稿件开篇首先须介绍关于所解读书籍的基本信息，如书目名称、书籍分类，以及书中主要内容的概述，目的是激发用户的阅读兴趣；然后进入讲述故事、提出疑问阶段；最后列出解读大纲。实用性的社科书籍的解读基本分为三部分，分别为是什么、为什么和怎么做。每部分内容的解读字数要求控制在2000字左右，最后进行总结，将凝练的知识点再次呈现给用户。

（二）主要的阅读类知识付费产品介绍

1. 樊登读书会

作为目前国内最大的线上付费阅读社群，"樊登读书会"2016年仅靠出售一年365元的会员资格就已收入过亿，2017年获首届"中国最具商业价值品牌社群10强"奖，2018年已有能力在全球超过1900个城市举办读书活动，从原来的几万会员到现在近千万书友。

（1）精准定位目标用户。樊登读书会目标在于"帮助那些没有时间读书、不知道读哪些书和读书效率低的人群每年吸收50本书的精华内容"，产品定位的用户群体"以25~45岁间的中产阶级人群为主，但也同时拥有大批处于求学阶段的青少年群体以及老年人群体"。据统计，樊登读书会的三大关键词是"职场""成

① 吴倩，锡晓静.读书类知识付费产品的传播价值分析［J］.出版广角，2019（24）：70—72.

长""进阶"，更加强调成长路上的陪伴者这个定位。因此，樊登读书会的实际目标用户大多是略低于中产阶层、事业正处于上升期的人群，其中很多是刚创业的小企业主、公司职员和毕业不久的大学生。这个群体年轻、有活力，对知识颇为渴求，同时充满知识焦虑感，期望通过提升自我以改变命运。他们更愿意对自我学习和成长投资，乐于为知识付费。"樊登读书会"年费365元，1天1元的价格与他们得到改变和进步的可能性相比微不足道。

（2）同步拓展线上线下渠道。樊登读书会最早从种子用户发起，由最初的1000个种子用户（即初始会员）帮助推广读书会App，成功后可获取巨额的代理费用；运用病毒式营销拓展线上渠道，即一个用户网上推荐给好友可兑换积分或免费试听7天；然后通过线下代理和众筹模式开拓线下渠道。线下代理由地方代理销售会员卡，樊登与各地有独立法人资质的公司签订代理合同，代理公司以分会的方式进行樊登读书会的会员卡销售，樊登读书会则将销售收入的一半分给代理商。在这种线上线下渠道同时拓展的营销模式之下，樊登读书会会员呈指数型增长。

（3）整合线上阅读与线下活动。樊登读书会线上工作主要进行内容输出，坚持一周1本书，一年50本书的定位。在讲授方式上，樊登读书会有其自身特点。首先，读书会基本是樊登本人解读自己消化理解的图书内容，少数时候是书籍作者讲解；其次，单本书的讲授时间平均50分钟，是其他同类产品的2倍；在图书资源上，除了提供音频内容，还有视频内容，不仅有图书的简介大纲，还特别提供图书的思维导图。因此，樊登更像是一个读书类的自媒体平台，在解读深度上优于同类产品。樊登读书会会员的阅读、评论、分享、签到、笔记漂流等阅读行为都可以转化为读书会积分，换取相应的阅读奖励，到读书会积分商城中兑换纸质图书。樊登读书会在线下的分会，每周会组织当地的会员参与社群活动。仅2016年一年，樊登读书会就在线下组织了1400多场活动[1]。

2. 罗辑思维（得到）

得到是罗辑思维推出的知识付费平台，于2015年12月试水上线，最初主要

① 王蕾. 认知盈余与知识付费：网络阅读圈群的社群阅读考察［J］. 现代出版，2019（1）：27-30.

推送知识新闻,提供电子书、音频书等服务,于2016年5月上线《李翔商业内参》代表着得到平台真正向知识付费领域开始了探索。现在得到平台主要有"每天听本书""罗辑思维""李翔知识内参""精品课"4项服务内容。付费模式为单次付费,价格从4.99元到199元不等。在用户群体方面,根据得到App2018年度公布数据,得到用户数突破2500万,相当于在中国每50人就有1人是得到的注册用户[1]。根据艾瑞咨询提供的数据显示,2017年12月至2018年11月的平均月独立设备数为341万台[2],如果按每个用户使用1~2台设备登录得到App,大致推测目前得到的活跃用户数在250万以上。得到用户的年龄分布主要集中在25~35岁这个区间,25~30岁的用户占比30.47%,31~35岁的用户数量最多,占比39.16%。得到的精品付费产品定价基本都是199元,对于25岁以上的用户来说,经济独立后承担这样一笔知识支出压力不大,而且25岁到35岁的人持续学习的需求更加迫切,也更愿意接受碎片化知识学习的方式。在运营方式方面,得到开创了PGC(Professionally Generated Content,即专业生产内容)订阅付费模式的新方向,过去知识变现通常是依靠广告创收或是更直接的卖书,而得到则独立完成了从内容生产、传播到分发的整个流程,这一途径使得知识变现更为有效且收益可观。

3. 有书

有书致力于帮助有强烈读书意愿但不知道读什么书,以及行动力和自制力差的人群在信息碎片化时代持续、系统且高效地获取所需知识。有书产品包括有书共读App、有书微信公众号、有书微信群和有书直播平台,已经形成了达人领读+书友共读+语音听书+群组讨论+直播分享的立体化服务体系。

有书App是2016年、2017年现象级的产品,通过最初带领用户坚持读书15分钟,每周读完一本书,写一篇读书笔记的形式将其发展为读书平台,该平台构建了有书共读App,开发了有书直播平台,还做了一系列签到、打卡功能。在内容方面不断进行深入的研发,开发了书籍导读短视频系列"有书快看",通过五六分钟短视频的方式让用户看懂一本书,了解这本书的概要。做了365听书

---

① Igetget. 得到2018年度数据 [EB/OL]. [2018–12–25]. https://www.igetget.com/.

② 艾瑞咨询. 艾瑞APP指数 [EB/OL]. [2018–12–24]. http://index.iresearch.com.cn/app/detail?id=1505&Tid=70.

的产品，该产品能够让用户用大概 20 分钟时间了解一本书百分之五六十精髓的内容。做了更深的精读内容，通过 10 期的拆解，把一本书的精髓内容呈现给用户。在这个基础上也开发了相应的课程内容，通过内容的层层递进达到了比较好的效果，内容也成为有书不断传播、不断获取用户的核心优势。

有书力求做一个开放的空间，让大家自由表达意见，有书内部有一个团队跟踪、对接用户的需求。只要是书友反馈的问题，在有书内部必须 24 小时有明确的回应，如果不能解决是什么原因，什么时候能解决，必须给用户一个明确的反馈。通过社交媒体的天然传播性——只要有优质的内容，用户就会分享出去，新的用户看到之后也会继续分享，这种扩散的效应也会更强。当扩散的效应能够抵消衰减效应，这种持续裂变增长的效益就能够形成。有书在 2016 年、2017 年的持续裂变，就是应用了这种模型。在各个环节尽量降低衰减，同时争取增强这种扩散效应，本质上就是一个口碑的提升。找到精准的目标用户群体，使其达到传播需要的用户密度，以达到快速增长的效果 [1]。

三、图书馆和知识服务类企业合作方式

栾春晖认为，一个领域的价值增值，在总体社会经济保持平稳的情况下，去除一定的增量元素，大部分的所谓价值增值，其核心本质不过是价值的转移。知识服务领域同样如此，在用户对于知识的总体需求没有巨大变动的前提下，知识付费的崛起和火热，其背后必然意味着传统知识服务行业的衰落 [2]。这一点在公共图书馆服务领域表现得尤为明显。知识服务企业的兴起对公共图书馆的服务提出了更高的要求。

图书馆的跨界合作由来已久，尤其是在数字信息技术迅速发展之后，很多图书馆界人士指出了图书馆跨界合作的必要性，从知识服务的层面上来看，在知识付费方兴未艾的今天，图书馆应该关注知识服务类企业的发展，并充分利用知识服务类企业的资源。

---

① 雷文涛.知识服务创业的十点心得 [J].新阅读，2018（3）：24–26.
② 栾春晖.知识付费泡沫化及其影响 [J].中国报业，2017（11）：25–27.

（一）将知识服务产品的图书推荐和馆藏推荐建立联系

图书推荐是图书馆阅读推广的基础工作，图书馆在进行馆藏推荐时，除了图书馆自己的推荐语，也可以将微信读书中相关内容链接整合到书目推荐中。比如，在图书馆微信公众号的推荐中，在某本书的推荐后，附上已获得版权认可的吴晓波读书会或樊登读书会或其他产品关于该书的讲解音频或视频链接，帮助读者从多个角度深入理解读物。除了微信推荐，有的图书馆在主入口配置大屏幕播放，每天开馆即播樊登读书视频，吸引读者关注。并把樊登读书的所有书籍设专区陈列，实现好书推荐与便利借阅一体化[①]。

（二）将知识服务企业所推荐图书作为馆藏建设的参考依据

一般来说，知识付费类产品所推荐图书均是经过个人或团队精心挑选的图书，图书馆在进行馆藏建设时，可以结合自身馆藏建设目标，选定几个和本馆定位比较切合的推书产品，定期跟踪整理它们所推荐的书目，并适当关注读者反馈，将读者反馈良好的图书作为图书采访的依据之一。

（三）为读者推荐优质推书产品

目前各种知识服务产品层出不穷，仅以微信读书为例，因为门槛相对比较低，很多签约讲书人在平台上进行图书推荐，对于部分读者来说，如何选择质量较高的推书产品是读者面临的一个问题。节省读者的时间一直是图书馆服务的原则，如果图书馆能够根据读者的需要，为读者挑选出比较优秀的听书或讲书产品，这也是图书馆服务读者的应有之义。

（四）合作开展阅读活动

当下已经有公共图书馆与知识服务企业合作的案例，如樊登读书会与图书馆的合作，樊登读书会在很多地方开设有分会，一些图书馆和当地的樊登读书会分会合作举办读书分享活动。比如河北省唐山市丰南区图书馆和樊登读书会唐山分会举办线下活动；青岛港湾职业技术学院邀请樊登读书会西海岸分会开展线下读书分享活动，并成立了樊登读书会港湾学院站点。

---

① 走进公共文化服务体系的读书会［EB/OL］.［2020–06–26］.https：//www.jianshu.com/p/2db608 1d757b.

延伸阅读

［1］袁荣俭 . 知识付费：知识变现的商业逻辑与实操指南［M］. 北京：机械工业出版社，2019.

［2］赵慧 . 下一代书店［M］. 东方出版社，北京：2018.

第六讲

民间阅读力量与图书馆阅读推广

近年来我国民间阅读机构、社团、组织发展非常迅速，尽管目前没有全国的权威统计，但是从一些报道中可窥一斑，2017 年的统计，江苏省有 13000 多家读书会，南京一地有 350 多家读书会。一般来说，按照社会团体服务对象的不同，可以把社会团体分为互益性社会团体和公益性社会团体。民间阅读社团也可以大致分为两类，一类是以成员互益为主的民间读书会，这类读书会一般比较松散，绝大多数没有在民政部门注册，但这类读书会数量庞大。一类是服务大众为主的社会阅读组织，这类组织一般会在民政部门注册，有比较明确的章程，运作相对规范，数量相对比较少。这里要说明的是公益互益是一个相对的概念，有些读书会创立之初是成员互益型，逐渐发展成公益型。除了这两类主要的民间阅读力量之外，阅读推广志愿者也是图书馆进行阅读推广时需要重点考虑的合作方。本讲主要讨论这三类民间阅读力量和图书馆的协同合作。

第一节　民间读书会

一、民间读书会的基本情况

阅读是一件个人化的事情，同时也是一种社会化的行为。近年来，北京、上海、广州、深圳、杭州等地兴起"抱团读书"的风潮，出现了一批比较有影响的民间读书会，比如"阅读邻居""星期天读书会"等，这些读书会尽管形态不一、规模不等，却以更接地气的方式影响塑造着我国的阅读生态，成为推进全民阅读的重要形式。

（一）概念

顾名思义，"读"是指阅读行为，"书"是阅读对象，但并不局限于实体书。"会"指一群人聚在一起。对字面意思进行剖析，读书会即对阅读的读物进行分享和交流的团体[①]。英文对应为 Reading Group、Book Group、Book Club、Reading Club 等名称。邱天助认为"读书会是一个自主、自助、自由、自愿的非正规学习团体，透过成员对共同材料的阅读、心得的分享与观点的讨论以吸收新的知识，激发新的思考"[②]；高小军认为"民间读书会是通过相近的阅读兴趣、目标、地域等因素聚集而成的民间阅读团体，具有主题丰富、形式灵活、成员来源广泛等特点，能够满足人们阅读、交流、学习及交友等多种需求"[③]；陈艳认为"民间读书会多由热爱读书的民间人士发起，与一般意义上的读书会不同，民间阅读团体因相近的阅读兴趣而吸引，因地域因素而聚集，因共同的价值观、目标而得以持续发展"[④]。

民间读书会的核心特点包括以下四个方面。一是民间性，所谓民间是指自发形成，没有政府或者机构强制作用因素，可能接受政府的资助，但基本属于自助性团体。二是自愿性，读书会的成员是基于自由意愿，不受外力压迫，来去自如。三是以阅读交流为主，读书会的核心是阅读的分享和交流，强调互动。北京"阅读邻居"读书会要求参与者阅读公布的书目，在活动现场分享自己的阅读心得，每一个人都要说话，积极参与。四是小团体，因读书会强调互动分享，一般团体规模不大，否则互动分享效果会大打折扣。

（二）民间读书会的类型

按照不同的维度可以形成不同的分类方式，笔者认为可以从读书会成员维

[①] 在我国，读书会的提法比较庞杂，采用读书会这一提法的既包括营利性组织，比如樊登读书会，也包括非营利。非营利组织中很多正式注册的阅读组织也采用读书会的提法。本节的民间读书会主要指未正式注册的非营利性阅读团体。

[②] 邱天助. 读书会专业手册［M］. 台北：张老师文化事业股份有限公司，1997：19.

[③] 高小军. 发挥民间阅读组织在公共图书馆阅读推广中的作用［J］. 图书馆界，2011（2）：28-30.

[④] 陈艳. 民间读书会与公共图书馆合作模式探析［J］. 图书馆界，2017（1）：9-12.

度、读物维度、以及读书会活动方式三个维度理解民间读书会的类型。

1.成员维度

按照成员进行划分，从参与人员的人口学特征划分，比如从年龄（儿童 / 亲子读书会）、性别（女性读书会）、职业（白领读书会、职业经理人读书会、大学生读书会、警察读书会、农民读书会等）等多个角度进行划分，对于我国当前的读书会，儿童 / 亲子读书会、女性读书会、社区读书会、大学生读书会等读书会比较有代表性。

2.读物维度

按照读书会阅读的读物类型划分，从目前掌握的民间读书会的阅读读物类型来看，很难将其一一列举，因此笔者这里主要提出这一维度。比较常见的类型包括经典作品读书会（比如哲学经典读书会）、经济学读书会、《论语》读书会、《红楼梦》读书会、鲁迅作品读书会等。

3.活动维度

民间读书会的活动方式多样，主要包括阅读讨论、书目推荐、讲座等多种方式。如果以读书会举行的主要活动类型划分，可以分为讨论型读书会和讲座型读书会。讨论型读书会以对特定阅读文本的深入讨论为主，拓展丰富成员对读物的理解，为了保证讨论效果，一般每次活动人员数量控制在一定范围内，比如 20 人。讲座型读书会不以讨论作为主要活动，而是通过举办讲座、报告等活动进行阅读交流。

（二）我国民间读书会发展特点

读书会并不是今天才有，读书会伴随着人们阅读交流行为的产生而产生。我国一直有以文会友的传统，文人团体是我国古代早期读书会的雏形。20 世纪初叶，现代意义上的民间读书会开始产生，民众图书馆、民教馆等社会教育机构注重读书会的教育职能，开始推动读书会的发展。新中国成立后，我国图书馆界将读书会（读书小组）作为图书流通和宣传政治理念的重要方式，与工厂、学校通力合作，推进读书小组的广泛建立，仅山东省图书馆一个馆就建立有 2000 多个读书小组。改革开放初期，全国总工会发起职工读书活动，各地纷纷成立读书小组，仅北京地区就有 50000 多个 [①]。之后读书会的发展一度沉寂，进入 21 世纪之后，特别是 2006 年全民阅读活动开展以来，民间读书会开始复苏，2013 年之后快速增长。当前我国民间读书会的发展主要呈现如下特点。

1. 从一线城市向二三线城市辐射

我国民间读书发展整体上呈现地区分布广泛但不平衡的特点。江苏省、广东省、上海市、北京市和浙江省位列前五，紧随其后的是湖北省、山东省、福建省、四川省和湖南省。北京、上海、广州等一线城市读书会数量较多。不过近年有一个可喜的变化，那就是二三线城市乃至县城的读书会也开始发展。截止到 2014 年，河南省郑州市的民间读书会已近 100 家。辽宁省沈阳市有 20 多家。包头市文广新局在一次包头市读书会的会议中称包头有 300 多家读书会。厦门市图书馆的苏华和曾玉娇曾经对厦门民间读书会的发展进行调研，发现厦门有 181 家读书会，填写问卷的有 71 家。另据不完全统计，在石家庄，各种形式的读书会不下百个。株洲市有 20 多家读书会。济南各类民间读书会达十余家之多。上述报道充分说明除了长三角、珠三角地区和北京等发达地区的一线城市，二三线城市的读书会也开始发展。

2. 个人发起为主

从发起方分析，当前民间读书会的一个很重要的特点是民间个人自发组成的读书会越来越多。在 562 家样本读书会中，其中 253 家能够查到发起方或发起人，240 家为个人，占比 95%，个人发起的读书会占绝大多数 [②]。发起人的职业比较广泛，作家和教师是比较常见的两类职业，比如包头的最美书友会就是由当地作家水孩儿牵头成立。大学教师和中小学教师由于职业关系，对于成立读书会比较积极，教师组织的读书会可以分为两类，一类是以教师之间交流为主的读书会，一类是以促进学生阅读交流为主的读书会。除了作家、教师之外，还有媒体工作者、警察、家庭妇女等多种职业人群建立读书会，比如：陇原读书会的创办人郑晓红是一位编辑；山西省比较有名的青莲读书会，其创办人是一名警察；南京比较知

---

① 我国民间读书会的发展沿革，请参阅：赵俊玲，白仁杰，葛文娴，等. 我国民间读书会研究［M］. 北京：国家图书馆出版社，2020.

② 赵俊玲，白仁杰，葛文娴，等. 我国民间读书会研究［M］. 北京：国家图书馆出版社，2020：80.

名的读书会"悦的读书会"的创办人新琴是一位会计。可见发起人的职业非常多元。

图 6-1　家长组织的儿童读书会（赵俊玲供图）

3. 民间读书会定位分化明显

从今天的读书会来看，发展定位主要可分为三种：一种遵循以往的模式，以小团体成员讨论互益为主。除了这一定位，很多民间读书会在发展中向公益阅读推广组织转化，尽管有的读书会没有注册，但是通过其活动以及其表述来看，更多是希望能扩大影响力，发展为阅读推广机构。还有一类民间读书会，其成立初衷是开发知识付费产品，目前没有以企业形式注册，主要是尚不具备企业化运作的条件，属于企业化之前的蓄力时期。当然也不乏一些民间读书会为了可持续发展，认为商业化是一条可持续发展的必然路径。知识焦虑时代带来了知识付费产品的产生和快速发展，也让很多人意识到了其中的商机，笔者在参加 2018 年全国社会阅读组织大会时，发现几乎一半的读书会希望能够提供知识付费产品进而营利。还有一些读书会，尽管名称是读书会，但是其主体业务内容并不是阅读。图书馆在和读书会进行合作时应该探查清楚该读书会的发展定位。

二、图书馆界关注民间读书会的依据

（一）作为阅读交流平台的图书馆应该发展读书会

图书馆长期以来主要满足个体读者的阅读需求，为个体读者提供阅读读物、阅读空间、阅读设备，但是阅读不仅仅是个人化的事情，同时也是一项社会化的行为，很多人阅读之后都有交流的欲望，那么作为图书馆，应该也为大众的阅读交流提供场所、氛围和平台。图书馆可以通过编制阅读刊物、读者评论等方式来提供阅读交流，同时也应该大力推动读书会这一交流平台。

（二）读书会发展需要图书馆的推动和支持

读书会持久、良好的发展需要图书馆的大力支持。美国读书会能够广泛深入开展的根本原因就是得到了政府以及公共图书馆的大力支持。2007 年，美国几家大的图书馆在妇女全国读书协会的赞助下，联合呼吁全国图书馆将每年 10 月设立为"全国读书会月"，这足见美国公共图书馆对读书会的重视和支持力度。而至今台湾地区至少有 15000 个以不同名称出现的读书会团体，而公共图书馆在其中承担了重要的角色。我国民间读书会近年来发展迅速，已经成为一支重要的阅读力量。尽管读书会是民间自发的阅读团体，但并不意味着政府和相关部门任其自生自灭，而是需要进行扶持和引导。目前读书会发展中遇到很多问题，诸如寻找场地困难、活跃度低等问题，需要专业的帮助。图书馆是政府引导管理民间读书会的重要载体，图书馆在阅读推广中的角色已经从资源提供者和活动举办者向资源整合者和专业指导者转变，图书馆则面临如何实现和民间读书会良性互动，更好地整合阅读促进资源的问题，应该在读书会发展方面发挥重要作用。

（三）图书馆的角色框架

图书馆一直在推动民间读书会发展方面发挥着重要作用，不管是我国民国时期的图书馆还是新中国成立初期的图书馆，都采取诸多措施发展民间读书会。从英美情况来看，公共图书馆也一直在读书会发展中发挥重要角色。英国曾经制定《英国公共图书馆的读书会发展计划》[①]，明确了公共图书馆在读书会发展中的核

---

① Reading Agency.A National Public Library Development Programme for Reading Groups［R/OL］.［2015-03-10］.http：//readingagency.org.uk / about / Programme_for_reading_groups.pdf.

心作用，并提出了公共图书馆具体可以围绕哪些工作开展，见表6–1。

表6–1　英国公共图书馆读书会发展战略质量框架

标准／基础服务	中级服务	增强服务
① 图书馆应该向用户提供获取读书会信息的入口。比如引导读者发现本地读书会或网络读书会活动的相关信息 ② 图书馆应该提供可下载的信息包：包括关于如何发起读书会的相关信息、支持材料和图书馆资源	① 图书馆自身运营读书会 ② 图书馆为读书会提供服务：提供读书会借阅、为读书会提供书目推荐、建立读书会之间的联系等 ③ 提供咨询：为读书会提供如何设计活动方面的咨询	① 建立读书会网络。对满足不同类型读者的各类读书会进行管理 ② 设计线上活动 ③ 目标设定：按照所需服务的人口比例制定本地发展目标 ④ 核心能力：支持当前读书会的可持续发展并催生新的需求 ⑤ 协商 ⑥ 合作网络 ⑦ 评估：对读书会的活动进行评估；宣传读书会的价值，将其和众多政策目标相结合；推广图书馆服务和读者工作

来源：王波.中外图书馆阅读推广活动研究［M］.北京：海洋出版社，2017：53.在参考文献的基础上，结合英文原文进行了微调。

三、图书馆服务民间读书会的策略

（一）资源支持

图书馆在读书会发展中可以提供资源支持，包括读物资料和场地两个方面。

1. 读物及资料支持

（1）面向读书会的馆藏资源建设。读书会在进行阅读讨论时一个首要的问题是读物。面向读书会的馆藏资源和面向个人的馆藏资源在提供上有所不同，读书会需要的副本量比较多，图书馆可以考虑为读书会提供阅读资料，一般由读书会进行申请，图书馆主要考虑该读书会需要的资源是否符合图书馆的馆藏发展规划（见案例）。

诺瓦克（Norwalk）公共图书馆面向读书会的馆藏建设政策（book discussion collection）

图书馆有专门针对图书馆运行的读书会的馆藏，其他读书会需要的图书可以申请图书馆购买，图书馆会考虑以下因素：

1. 所申请的图书应该符合图书馆的馆藏选择政策。

2. 会优先考虑那些以诺瓦克为基础的读书会，特别是在图书馆举行活动的读书会。

3. 仅购买平装版本。

4. 会优先选择面向读者群广泛的图书。

5. 读书会馆藏也会根据图书馆的剔旧政策按需剔除。

6. 申请应该在图书讨论60之前提交。

7. 图书只借给读书会的会员个人，不打包外借。

（2）提供讨论及相关资料。上述案例中的图书馆主要提供读书会所需读书的采访，在读书会发展的比较好的图书馆，已经有比较成熟的"读书会资源包"的形式向读书会提供。佐治亚州迪卡尔布县图书馆为读书会提供的每个资源包含有10~12本图书，还包括一些关于作者、写作背景的资料以及引导读书会如何讨论该书的指南。亚利桑那州梅萨图书馆的每个资源包上均标有所含书籍数量以方便不同人数的读书会选择。

在建立了相应的馆藏之后，图书馆还需制定相关的借阅政策等进行管理。美国公共图书馆很多明确规定了读书会资源包的借阅规则。下面举例进行说明。

金斯顿弗朗蒂纳克（Kingston Frontenac ）图书馆读书会资源包（Book Club Set）借阅规则

什么是读书会资源包？

读书会资源包是指面向读书会的资源，其中包括一种书的10个副本，还包括用于促进讨论和分享的相关资料。

中心馆一楼提供读书会资源包的书名查询，并且可以送到任何一个分馆提供借阅。借阅期限为6个星期，如果没有人预约该读书会资源包的话，还可再续借3个星期。读书会一次可以借3个资源包。

谁可以借读书会资源包？

如果要借读书会资源包，需要一个专门的读书会图书馆证。读书会的任何成员都可以申请办理此证件，并负责资源包的借还。你只需要提供个人ID和住址证明就可以办理读书会图书馆证。

如何查找和预约读书会资源包？

一旦你拥有了面向读书会的图书馆证，你就可以搜索图书馆的馆藏目录，或者在中心馆浏览读书会资源包的书架。如果你发现了你们读书会可能感兴趣的书，你可以通过网络输入你的读书会借书证的号码和 PIN，在网络上预约，或者你也可以直接到图书馆进行借阅。图书馆不能保证读书会资源包在具体某日之前能够借到。

如何归还读书会资源包？

你可以在任何一个分馆归还。所有的资源必须一次性归还（包括 10 本书、1 个文件夹，还有 1 个书袋），可以在流通台进行归还，也可以归还到外面的还书箱，但是不能通过自助借还系统归还。超期不还，每天罚款 1 美元。

这里要强调一点，不管图书馆如何制定面向读书会的馆藏政策和借阅政策，都应该将相关信息在官网、图书馆内等多种渠道进行公布，从而让读者能够了解图书馆如何为读书会提供服务，有哪些注意事项。

2. 场地支持

图书馆本身承担着社区交流职能，图书馆应该为读书会定期开展的主题讨论活动提供充足场地。当前，我国民间读书会多有场地缺乏之困，在解决这个问题上，倾向于与咖啡馆或书店合作，图书馆在其中应该更主动地为读书会提供服务，特别是场地上的支持。也有一些图书馆和民间读书会建立了比较好合作关系，比如苏州独墅湖图书馆实行引进来策略，以图书馆咖啡厅为大本营，积极引进各类读书会在此举办活动。还有天津泰达图书馆将滨海读心书友会引入图书馆，该读书会的很多活动在图书馆举行。

（二）提供读书会运营方面辅导、培训

1. 提供读书会手册、指南等指导资料

很多读者可能有成立运营读书会的想法，但是并不了解如何运作一个读书会，图书馆应该为这些读者提供相关的指导资料。英国、美国很多公共图书馆在其网站上为读者提供读书会手册、指南（reading group handbook，guideline）之类的信息，内容主要包括如何确立读书会的宗旨，制定读书会的章程，如何

确定活动周期、如何选择读物、如何确定规模等问题。这些指导资料可操作性很强，美国西雅图公共图书馆的培训文件就是以"如何进行第一次读书会讨论"开始，细致到"如何选择一本书""该书结局不明确应该如何做""有哪些适宜讨论的问题""脱离书的限制还能想到哪些""如果不喜欢这本书该如何参与讨论"，等等。

西雅图公共图书馆网站列出的面向读书会的指南

（1）如何开始成立一个读书会

在第一次聚会之前或第一次聚会时，讨论以下问题：

读书会聚会的时间、地点和频率

每次聚会持续多长时间

读书会是否提供食物和饮料

读书会带领人的作用和角色

读书会阅读和讨论的图书类型

（2）如何选择要讨论的读物

寻找那些角色立体感强的图书，特别是那些需要在艰难的环境下进行抉择的角色。

那些讲述特别清楚的书一般不会引起讨论，比如某些神话、浪漫小说、科幻小说。

可以尝试下列类型的书籍：结尾不明确的图书、可以大家一起读的图书，可以引起多个话题的图书。

（3）如何引导讨论

准备10~15个不能只用是或否回答的开放式问题。

或者让每个成员准备一个讨论题目，因为每个读者关注的重点不同，因此每个人都会获得新的体会。

（4）让讨论自然进行

尽可能地让成员不要只是简单地说"我就是不喜欢"，要让他们描述为什么不喜欢。那些引起强烈情感的书——不管是肯定的或是否定的，会引起最热烈的讨论。

在个人看法和对书的反应之间获得平衡，那些将时间主要花费在追忆和分享个人感受方面的读书会失去了读书会的本质。

2. 培训读书会带领人

读书会活动开展的效果，有很大一部分取决于带领人的能力。因此条件成熟的图书馆应该对读书会带领人进行培训，培训读书会带领人需要具备关键能力，包括带领讨论的能力和技巧、交流合作能力、数字推广能力等。台北市立图书馆就先后举办过"读书会领导人培训""儿童读书会带领人培训""英语志工教育训练"等课程。通过这种培训，培养更多的读书会骨干，以便开拓成立更多的社区和学校读书会。

四、读书会信息的整合发布

（一）读书会基本信息的收集

图书馆应该将读书会的信息进行整合并展示，图书馆本身承担着社区信息中心的职责，对于读书会，图书馆应该全面了解本社区内读书会的具体情况，并且能向读者推荐相应读书会。这就需要图书馆对读书会的信息进行整合并做好相关的咨询服务工作，图书馆需要掌握本地区每个读书会的信息，包括读书会的规模、读书会面向的群体、读书会的活动周期、读书会的阅读读物侧重等，将这些信息进行整合揭示提供给读者，这样方便那些有兴趣参加读书会的人群进行选择，选择适合自己的读书会。

阿特尔伯勒（Attleboro）公共图书馆收集整合读书会信息

我们欢迎所有阿特尔伯勒地区的读书会在阿特尔伯勒公共图书馆建立一个读书会账号。读书会不一定必须在图书馆举行活动。

所有的读书会需要提供：

1. 读书会的名称

2. 一个联系人和联系方式

3. 读书会活动日期安排和讨论书籍安排

（如果需要讨论的书籍不能提供，备选的书籍名称）

4.所需要的副本量

5.图书馆参考咨询部会：

为每一个读书会建立一个账号

为每个读书会的专用资源箱提供标识

（二）信息的整合揭示

收集完相关信息之后，需要将这些信息进行整合提供给读者，从而让读者了解身边有哪些读书会，它们的主题是什么、活动周期是多长，从而选择自己感兴趣的读书会。美国很多公共图书馆的网页上设有读书会的专区，为方便读者选择适合自己的读书会，大部分公共图书馆会将下属读书会的面向人群、组织简介、讨论时间以及领导者的邮箱地址等基本信息以列表的方式明文写出。科罗拉多州的丹佛图书馆就在网上公布了2014年该馆各读书会的时间安排、讨论书目及活动地点，吸引了更多潜在读者的加入。

五、培育读书会

我国民间读书会发展规模还比较小，因此第一要务是扩大读书会的数量，切实增加读者人数。对于图书馆来说，需要将培育民间读书会作为工作重点，每个图书馆应该根据本馆情况制定《读书会培育计划》，明确规定每年新增读书会的数量以及行动方案。培育的重点是小团体讨论型读书会。

高校图书馆可以和教务处职能部门相联系，对于学生读书会采取通识学分的处理方法，或者与学生处沟通，将读书会纳入评优评奖系列，也可以采取资金支持的方法。公共图书馆则需要通过阅读推广人培训带动民间读书会的组织者，培育民间读书会的组织者和领读人，同时应该重点加强同社区图书室的密切合作，以社区读书会作为重点抓手。下面分别介绍高校图书馆和公共图书馆在培育读书会方面的一些比较有成效的做法。

（一）高校图书馆培育读书会的举措

1.提供经费补助并进行严格考核

2008年，我国台湾地区制定"第二期奖励大学教学卓越计划"，提出"鼓励学生借由社团、读书会等方式进行主动学习",台湾地区的很多高校制定了推动读书会发展的计划。尽管台湾地区在推动大学生读书会发展过程中,图书馆在其中并不是最主要的角色,但是其在读书会发展过程中积累的培育经验也可以为其他地区图书馆培育民间读书会提供借鉴,主要措施包括提供经费补助并进行严格的审查和考核。比如台湾清华大学规定对读书会的补助包括:"书籍、印刷、影音记录等材料费;小组召集人工读费;活动导读人补助; 3 项总经费最高补助10000 元"[①]。这些措施推动了读书会的成立。

2. 根据流通数据自动生成线上读书会

为提高阅读推广能力和效率以及覆盖面,开发互动性较强的阅读交流平台,重庆大学图书馆在 2016 年研发、启用了"悦读会"系统。"悦读会"系统以重庆大学图书馆馆藏图书阅读为核心,将相同兴趣的书友组织起来[②]。"悦读会"分为两种类型,一种为普通悦读会,当一本书被借次数达到一定次数后,系统会自动将借阅此书的读者联系起来,形成以此书命名的悦读会,即一个小的群组讨论交流空间;另一种为图书馆推荐的专题悦读会,即馆员根据当前社会热门话题或教育科研热门话题,主动推荐一批书,创建群组空间,读者需要申请才能加入讨论。

"悦读会"系统中的普通悦读会可以被认为是图书馆培育线上读书会的有效途径。图书馆培育读书会的一个有利条件就是图书馆对读者借阅图书情况的了解,通过借阅数据的分析,可以将阅读兴趣相同或相近的人组织在一起,这也是民间读书会形成的一个要件,即志同道合,阅读兴趣相近的读者团体。图书馆在这方面有比较天然的优势,通过对借阅数据的深度挖掘和分析,将读者自动组织成各种不同的阅读兴趣小组,此种方法结合了图书馆自身的特点,同时节省了与外部机构进行沟通的成本。

3. 招募读书小组

北京农学院图书馆 2016 年曾经在读者中招募读书会小组,并对读书会小组提出了明确的要求。

---

① 曹桂平 . 台湾地区高校读书会的推广与运作［J］. 图书情报工作,2014（23）:102–109.

② 谷诗卉,杨新涯,许天才 . 读书会网络化服务模式与实践研究——以重庆大学图书馆"悦读会"
系统为例［J］. 图书情报工作,2017（5）:73–78.

读书会小组要求

① 组长：1 名。

② 固定核心会员：至少 5 名。

③ 可以根据兴趣或专业选择适合的图书。

④ 每场读书会时间不低于 90 分钟。

⑤ 到 2016 年 11 月底，至少组织三场读书会。

⑥ 每场读书会后提交照片、记录和报道。

⑦ 图书馆可协助发布读书会通知。①

（二）公共图书馆在培育读书会方面的举措

公共图书馆在培育民间读书会方面，原来一直比较依赖单位或者体系，比如新中国成立初期的图书馆主要依靠和学校、工厂等合作，以各单位为据点，广泛建立读书小组。20 世纪 80 年代的读书会则主要是依托工会系统建立起来。今天随着业缘关系在人们休闲社交中的减弱，如何寻找一种更合适的方式培育民间读书会成为公共图书馆面临的一个重要问题。

1. 通过阅读推广人培训培养民间读书会带领人

民间读书会属于典型的创始人治理模式，或者说创始人是民间读书会的灵魂。图书馆在培育读书会的过程中，首先就需要找到一批可以堪当读书会带领人或者组织者的人群。深圳市在这方面积累了一些经验，深圳市光明新区图书馆通过"光明领读者"培育计划，建立阅读推广专业人才体系，提出诸多举措，其中包括读书会带领人培训，"面向新区读书会团体、文艺团体、企业、工会、妇联、团委、义工联等机构主要活动执行人，开展读书会带领人培训"②，推动读书会发展。

2. 通过奖励进行培育

部分图书馆通过设计丰富的奖励机制，培育孵化民间读书会。例如，台湾高雄图书馆建立了一套制度，支持建立和奖励优秀的读书会，并根据读书会的效果

---

① 北京农学院图书馆 .2016 年读书会小组招募［EB/OL］.（2016–06–12）［2018–02–06］. https：// library.bua.edu.cn/html/library/library_5/20160612103541731121019/20160612103541731121019.html.

② 王凌宇 . 阅读推广联盟机制研究——以深圳市光明新区图书馆为例［J］. 图书馆界，2017（4）：70–73.

公开表扬优秀的读书会，给予其现金奖励；读书会的会员可以参与到图书馆的讲故事活动、图书导读等活动中。

六、依托读书会完善图书馆相关服务

图书馆除了要服务读书会之外，同时要充分利用读书会的资源对本馆的阅读推广服务项目进行完善，特别是书目推荐、导读、馆藏建设等方面的服务。

民间读书会是由民众自发组织的以阅读与研究兴趣为导向的读书团体，好的民间读书会能聚集一批具有一定专业阅读研究背景的高素质成员。这些成员，一方面，对某一领域的核心出版物具有较深的认知水平，能够为公共图书馆的资源采购提供高水平的建议；另一方面，读书会基于长期的阅读实践及与一般读者的紧密联系，更易了解该领域群体的阅读习惯与特点，能够提出有效的阅读指引与导读建议。因此，公共图书馆可建立由民间读书会广泛参与的馆藏资源采购机制，以民间读书会的活动及研究成果为基础，通过吸引其成员深度参与导读及阅读分享活动，建立以民众参与、自由分享为主旨的图书馆荐书导读机制。

伊利诺伊州的斯科基图书馆就在线上以列表的形式展示了各图书会讨论过的书单，并按照字母排序，包括书籍的题名、作者以及讨论的年份，充分显示了该馆读书会的历史与当地读者的阅读素养。普林斯顿图书馆会将讨论的书籍以图片滚动的方式呈现出来，以吸引更多读者选择阅读。

第二节　社会阅读组织

一、社会阅读组织的基本情况

目前对于社会阅读组织并没有准确定义，比较相近的定义是民间阅读组织，按照谯进华的定义，民间阅读组织是指在政府财政拨款之外由机关、企事业单位推动或市民自发成立的、以阅读为核心的社会组织和机构，包含了具有独立法人资格的阅读社会团体、阅读民办非企业和阅读基金会。

（一）社会阅读组织发展历程

本书中界定的社会阅读组织主要指在民政部门注册的组织，经过对中国社会组织公共服务平台的检索，发现截止到 2019 年 12 月 31 日，我国共有登记在册的社会阅读组织 662 个，有 7 个社会组织没有明确标明注册时间，笔者对其余的数据进行分析（见图 6–1）。

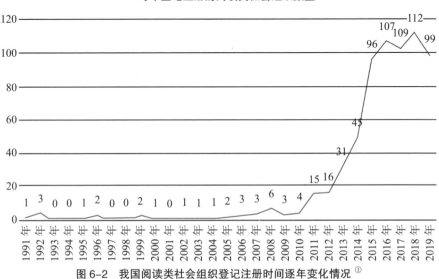

每年登记注册的阅读类社会组织数量

图 6–2　我国阅读类社会组织登记注册时间逐年变化情况[①]

通过图 6–2 可以看出，我国阅读类社会组织在 2011 年之前发展比较缓慢，每年注册个数维持在个位数，2011 年之后，注册数量开始有快速增长，特别在 2014 年之后开始大幅增长。社会阅读组织数量的增加和当时全民阅读写入政府工作报告密切相关，另外，2014 年之后，一些省份相继出台关于全民阅读的地方性法规，注重发挥社会力量在全民阅读中的作用，推动了社会阅读组织的发展。

（二）我国社会阅读组织的地区分布

通过对上述 662 家社会阅读组织登记地进行统计发现，我国社会阅读组织以华东地区最多，其中江苏省 208 家，约占全国社会阅读组织数量的三分之一，华东其他省区的社会阅读组织数量也比较多（见图 6–3）。华南地区的广东省社会阅读组织数量较多，华中地区的湖南省发展较好，华北地区河北

---

① 根据中国社会组织公共服务平台中的数据统计而成。

省发展较好、东北地区吉林省数量较多，西南地区四川省数量较多，西北地区内蒙古数量较多。

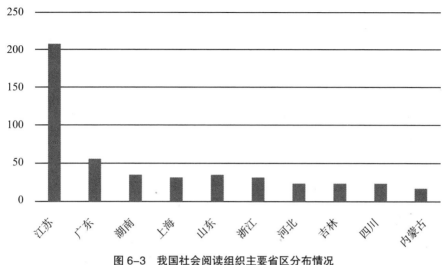

图 6-3　我国社会阅读组织主要省区分布情况

这类组织发挥自己的组织优势和在资源、专业和宣传上的优势，积极介入市民生活，凝聚效应和示范效应越来越明显，在公益阅读活动和阅读推广上逐步形成了自己的特色。经过近十年的准备和摸索，我国民间阅读组织取得了长足进步，首先是民间阅读组织的数量有了可观的增长，仅坚持从事儿童阅读推广的公益机构就有 200 多家，比较活跃的大约有 60~80 家。其次是民间阅读组织通过自己坚持不懈的努力树立了良好的社会形象，不仅出现了一批知名度高的阅读促进组织，如新教育基金会、亲近母语研究院、陈一心家族基金会、天图教育基金会、后院读书会、三叶草阅读文化发展中心等，还出现了"伯鸿书香组织奖"这类专门针对民间阅读组织而设的奖项。再次是民间阅读组织的专业化水平不断提高，尤其在亲子阅读、母语教育、国学推广、阅读推广人制度建设上取得了不俗的成绩。

相对于民间读书会，正式的社会阅读组织通常具有明确的理念和目标，其核心成员具备一定的专业水准与实践推广经验，他们通过制定阅读推广计划，加强志愿者的招募与培训，寻求相关机构支持与合作的方式推动阅读及促进自身发展。对于这类民间阅读力量，图书馆更多是需要加强合作，促进交流为主。

二、社会阅读组织案例

（一）三叶草阅读文化发展中心

三叶草阅读文化发展中心（以下简称"三叶草"），是一家致力于推进亲子阅读进入家庭的阅读类社会组织。2011 年正式注册成立，荣获深圳市首次颁发的"全民阅读示范单位"荣誉称号，通过线上网站和线下举办的活动积极推进亲子阅读。

三叶草在线上通过组建故事家族群和论坛（即"草群"和"草坛"），进行培训和探讨。在线下通过故事妈妈培训、专家阅读讲座、社区故事会、主题文化沙龙、新书试读会、年度讲述大赛、故事剧团等不同方式组织各类阅读活动，谋求更多的关注与支持。2016 年创建了故事妈妈成长学院，在四个梯次的培育机制下，共培育学员 1149 人，线上大咖举办讲座、品读会、故事会等阅读活动 1311 次，参与人次 67240 人，输出论文及心得 7710 篇，影响近十万家庭，成为中国唯一一个提供了分梯次长效学习机制的阅读人才培育平台。

三叶草的迅速发展离不开三位优秀的创始人，出于对孩子教育和家庭阅读的重视和投入，他们自发形成了一个围绕孩子成长和家庭亲子关系营造的读书网络，从推荐分享童书开始，形成自己的榜单，到组织绘本剧表演，举办论坛和研修班，发展到接受深圳机关事业单位的委托，提供阅读文化服务。三叶草的迅速发展与深圳这座城市的精神气质息息相关。深圳是一座年轻的城市，使得妈妈们很快就接受了绘本这种新鲜事物，为亲子阅读的推广找到了一种重要的载体。在全民阅读的氛围下，深圳也大力推广各种民间的社会组织，妈妈们也在这种氛围下，意识到了儿童阅读的重要性，成为活动中的主力。

作为一个阅读类社会组织，三叶草除了面临场地和资金的问题，同时随着越来越多的人的加入，相对松散的组织已经无法承担。在不断发展的过程中，三叶草也逐步意识到了自己存在的问题，重新定位自己，由过去的优质儿童阅读的推动者转变为优质家庭阅读的引领者，致力于让阅读成为家庭成长的第一推动力。在保持公益性和独立性不变的原则上，进行了一系列机构改革：第一，由推广型组织向研究型组织转变。设立三叶草阅读研究院，下设故事妈妈成长学院、义工成长学院、儿童成长学院与教师成长学院四个分院，使三叶草从一个儿童阅读推广组织转型成为家庭阅读的研发与践行机构。第二，由松散型管理向规范化管理转型。制度清单、财务规范、行为准则和核验标准使三叶草走向更广阔的领域。第三，从平行式结构转向互联式结构。组织结构由传统的金字塔式改为互联式，围绕三叶草的核心体系，将行政、财务、法务、人力、市场、公关、传播等职能部门打造成一个极具辐射力的资源支持系统，彼此连接，共生共荣，三叶草逐步探索出一条适合自己、更加科学的运作模式。

（二）泉蒙阅读文化交流中心

上海浦东泉蒙阅读文化交流中心（以下简称"泉蒙"）是一家针对儿童阅读推广的公益机构。组织的愿景是"帮助每一个孩子寻找无限可能的未来"，泉蒙以构建城乡结合的阅读和教育生态为使命，优化和改善城乡阅读环境，通过优质的图书和文化交流活动，丰富孩子们的成长经历，使之走向无限可能的未来。

泉蒙的创新之处在于培育县域的阅读教育文化生态，探索出一条城市对接县城，县城辐射农村的公益新路。主要公益项目有班级图书角、公益讲师团、社区阅读馆和城乡融合营。班级图书角项目从 2011 年开始，是泉蒙做公益阅读的基础项目，尝试提高阅读质量，让留守儿童赢在起点，实现教育公平。现在，泉蒙班级图书角已经涵盖 208 所学校的 2268 个班级，惠及超过 11 万山区学童。

公益讲师团是泉蒙培育在地公益阅读推广的团队。公益要想持续有效地进行，就必须要实现公益项目运营的本土化。泉蒙通过公益讲师读书会，对老师进行阅读专业知识的培训，打造老师学习共同体，逐渐形成了一种"公益机构—县城—农村"和"公益机构—老师—学生"的间接公益链条，用县城老师辐射农村老师，农村老师带动农村孩子，这种间接公益链条更加符合实际情况，帮助老师成长，从而带动学生进步。

社区阅读馆致力改善县域贫瘠的阅读教育文化土壤。2017 年 7 月 4 日，泉蒙首家社区阅读馆在湖南省新化县唐家岭社区正式开馆。截至 2018 年 7 月 31 日，阅读馆总借阅量达到 49934 册，月度最高借阅量突破 7000 册。此外，阅读馆开设并完善了人文素养、创意活动、泉观影、泉阅读等栏目，服务时长 1586.5 小时，参与服务的志愿者人次为 333 人，4042 人受益。

城乡融合营是通过各种营地活动促进城乡交流，给城乡儿童提供更富有意义的成长机会。2018 年 7 月至 8 月，泉蒙先后在湖北麻城院子小学举办了主题为"乡村图书馆建设、给弟弟妹妹讲故事和给弟弟妹妹办科技展"的文化活动，在湖南新化顶溪小学举办了乡村夏令营和在桑梓中学举办了"泉力"游戏艺术营，至此泉蒙的公益项目基本成型。

泉蒙的经费管理十分明确，在其微信公众号平台上公布了自己 2017 年的财务报表，可以看到其主要的收入来自捐赠，有月捐计划和专项计划。月捐计划针对母语温润留守儿童项目，每筹满 1 万元为一个执行周期，在筹款提取后 30 天内完成图书的采购、发放和协议签署。专项计划包含母语温润留守儿童项目（360元 / 班 / 年）、泉蒙班级图书角项目（1800 元 / 班）和乡村学校图书室完善（30000元 / 校），泉蒙会根据募款金额及捐赠单位的意向，统筹各类图书阅读项目上的善款分配。

公益机构运营经费普遍存在筹款困难的问题，泉蒙将部分捐赠用于支付员工工资，满足员工的基础生活需求，保障机构独立、安全和稳健地运营。每个月会公开财务报表，每年会聘请第三方独立审计报告，公开善款的使用情况，接受公众监督和批评。

三、图书馆和社会阅读组织的合作模式

（一）合作开展阅读推广活动

目前图书馆在充分发挥社会阅读组织作用方面，一是采用购买的方式（相关内容请见第八讲），一是采用合作方式。图书馆和阅读组织的合作目前主要集中在儿童阅读推广方面，开展讲故事、读书会等阅读活动。一方面图书馆可以充分依托自身优势，为社会阅读组织提供支持与帮助，另一方面，图书馆也可以借助民间阅读力量的优势提高亲子阅读活动的参与度和社会影响力。

1. 台北市立图书馆与台湾阅读协会的合作——举办阅读嘉年华会

合作内容包括如下几个方面

（1）作者的书桌邀请不同的童书作者或是译者来到现场向小朋友介绍他创作一本书的流程（或是怎么决定翻译一本书）。

（2）绘者的画布：邀请不同的绘本画者谈他的创作流程。

（3）一本书的诞生：由不同出版社、书店陈列他们最喜欢的出版品。

（4）书的家：由图书馆工作人员介绍图书馆的专业工作及图书馆所扮演的角色及发挥的功能。

（5）书的嘉年华：邀请图书馆林老师和民间读书会老师，为小读者设计各种读书的活动，包括戏剧、过五关斩六将、童书人物装扮等与书有关的活动，让小朋友发挥创意，深入体会书中宝藏无穷。

表6-2　台北市图书馆阅读嘉年合作单位分工情况表

合作性质	参与单位	负责项目
主办单位	阅读协会	活动规划、执行、经费负责
	图书馆	提供场地、文宣制作、会场布置及安排志工说故事
协办单位	报社	宣传、专栏报道、出版品展示
	出版社	出版品展示及安排讲座作家、插画家
	出版公司	出版品展示及安排讲座作家、插画家
	文化公司	出版品展示及安排讲座作家、插画家

来源：曾淑娴《儿童图书馆经营管理与读者服务》。

2. 当前合作中需要注意的问题

图书馆必须注重自身专业性的成长。当前有些公共图书馆认为自身的专业能力不足以支撑阅读活动的开展，因此，和绘本馆或者公益阅读组织进行合作，将阅读活动交给上述组织，这无可厚非，但是图书馆不能放弃自身专业性的成长，图书馆应该成为阅读推广的专业领导者，应该因阅读推广的专业性获得认可和尊重，不能只是成为一个搭台者，只是活动空间的提供者。图书馆阅读推广馆员必须加快自身专业性的成长，在此基础上，科学合理的和各类阅读机构进行合作。

（二）搭建阅读组织之间的交流平台

阅读组织之间需要进行交流，那么图书馆需要为他们之间的交流提供机会，从而使各个阅读组织之间相互学习，取长补短，形成合力。图书馆可以采用座谈会、小型研讨会的形式将公益阅读组织主要负责人召集到一起，共同协商。这方面深圳图书馆已经开始尝试，2010年，深圳图书馆举办了以"阅读在民间"为主题的

"深圳民间阅读文化沙龙及深圳民间阅读文化展"活动。依托民间阅读文化沙龙的推广展示平台，深圳图书馆实现了对首批十余家深圳民间阅读读书会及公益阅读推广组织的集中推介。促进读书会之间的交流需要图书馆在服务读书会上有所作为，这样才有能力召集各读书会相聚在一起。目前，已经有部分图书馆在搭建阅读组织交流平台的基础上，以阅读联盟的形式将社会阅读组织凝聚在一起，可参阅本书第七讲的相关内容。

第三节　阅读推广志愿者

志愿者是指"不为物质报酬，基于良知、信念和责任，自愿无偿地为社会和他人提供服务和帮助的人"。图书馆志愿者（Library Volunteer）就是在不为物质报酬的情况下，志愿为图书馆提供服务，贡献个人的时间、精力及技术的人或者人群。招募志愿者参与图书馆阅读推广活动，不仅可以有效缓解公共图书馆人手不足问题，还可以提高图书馆阅读推广活动的创新性，增强图书馆阅读推广活动的亲和力和吸引力，进而加深社会公众对图书馆的了解，提高图书馆的社会影响力。

一、阅读推广志愿者的招募和选择

人员招募与甄选是志愿者管理中的一个重要环节，具有针对性的志愿者招募与甄选工作的最终目标是实现志愿者与组织的互需平衡。图书馆在此过程中寻找到满足组织需求的志愿者，志愿者也能了解图书馆从而自愿地参与到图书馆的志愿者工作中来。

对阅读推广服务活动而言，需要志愿者具有特定技能、素质和特长，尤其是面向儿童的阅读推广服务，因此，在甄选环节更加严格。对志愿者进行针对性面试和考察，可以详细掌握志愿者的基本信息，也让志愿者更好地了解工作要求、发挥自身的优势。

图6-4　深圳市宝安区图书馆的志愿者在给儿童讲故事（赵艺超供图）

台北市某图书馆说故事志工招募

（1）服务内容：为小朋友说故事、图书馆利用方法之教导、团康活动。

（2）招募对象：高中毕业以上，口齿清晰，富爱心者。

（3）招募方式

A. 招募：由总馆推广课及各分馆、民众阅览室受理报名，再由推广课统筹调整报名表，依填写志愿服务馆别，分区进行面谈甄选。

B. 甄选方式：由推广课邀请每区分馆主任（一位）及资深林老师（二位）担任甄审委员会工作。并分别进行评分，将平均分记录于"台北市图书馆义务林老师甄选评分表"。

C. 甄选项目：观察并询问应试者态度（20%）、亲和力（20%）、耐心（20%）、谈吐（20%）、健康（10%）、体态（10%），由甄审委员会评分后，填写计算总分、名次，判断是否胜任岗位。

二、阅读推广志愿者的培训

对于志愿者来说，他们非常在意能不能从志愿服务工作中获得学习的机会，能不能自我成长，这也是他们参与志愿服务的主要动机之一，因此对于志愿者的培训非常重要。

（一）培训内容

培训内容因阅读推广具体工作内容而异，比如讲故事的志愿者培训，培训内容应该包括儿童心理学、绘本欣赏、讲故事的技巧、团体游戏带领等相关内容。相关案例见表 6-2。

表 6-2　2017 年苏州图书馆悦读妈妈培训内容

日期	培训内容
3 月 5 日（周日）	图画书的语言及应用
	图画书的叙事
	画故事，做绘本
	做手偶，讲绘本
3 月 12 日（周日）	图画书的解读方式
	绘本阅读启示：做专业父母
	绘本阅读启示：做专业绘本指导教师
	婴幼儿童食物大揭秘：食品标签解读
3 月 19 日（周日）	如何给孩子选择合适的绘本
	怎样讲故事孩子更乐意听
	做道具，演绘本
	绘本阅读启示：走进孩子的童心世界
3 月 26 日（周日）	婴幼儿童营养和食物搭配制作
	婴幼儿童春夏季日常健康保健
	如何为低龄儿童开展故事会
	汇报演出、结业

来源：许晓霞，等.公共图书馆低幼儿儿童服务［M］.北京：国家图书馆出版社，2019：161–162。

（二）培训方式

针对不同的阅读推广活动中的志愿者，培训方式会有所不同，大体包括以下几种。

1. 专题讲座：讲座是一种广泛使用的教学方法，是集中培训的主要方式之一，也是较为经济的培训方法，适合于阐述理念或传达信息时使用。为了提高培训效率，图书馆可聘请资深馆员或志愿者担任讲师。图书馆应该提前编印培训手册，或事先将相关资料分发给接受培训的志愿者预习。

2. 分组座谈：由教师引导志愿者对于教学主题进行讨论的一种教学方法，也是激发学生思考和历练表达的一种策略，旨在让参与志愿者能有更多的机会陈述己见及互动。

3. 提供学习资料：除了集中培训之外，图书馆可以考虑提供相关的书刊、资料，鼓励志愿者自我学习。另外，如果志愿者有机会接受职外培训，可将其所带回的讲义或者培训手册，轮流传阅，以发挥这些资料的附加价值。

4. 参观观摩：参观志愿活动或者阅读推广活动的实际操作过程。除了学习功能，参观观摩还能起到交流作用。上海图书馆曾组织优秀志愿者代表赴宁波学习考察。

5. 经验分享：邀请资深志愿者分享经验，从而让志愿者体会到志愿服务中的酸甜苦辣，做好心理准备。

台北市图书馆讲故事志愿者培训安排

1. 基础训练——为期两天

（1）志愿服务的内涵

（2）志愿服务发展趋势

（3）志愿服务法规之认识

（4）自我了解及自我肯定

（5）志愿服务伦理

（6）志愿服务经验分享

2. 特殊训练——为期两天

（1）如何吸引儿童走入图书馆

（2）说故事的技巧

（3）善用教具带领活动实务制作与操作

（4）绘本赏析

（5）林老师说故事活动介绍

（6）经验传承展身手

（7）团体游戏、律动带领

3. 观摩实习时间

三、阅读推广志愿者的评估与激励

对于志愿者的表现，图书馆应定期进行评估，并依其服务业务，给予不同程度的鼓励或奖惩。

（一）评估方式

一般来说，志愿者评估有以下几种方式

1. 志愿者管理者的评估：由志愿者直接管理人员担任评估者，管理者可以凭借志愿者的工作状况来判断他们的工作表现。

2. 志愿者的自我评估：由志愿者个人对自己的工作表现做出评价，可以用向志愿者发放问卷的形式完成。这样可以了解志愿者对自己志愿任务执行状况与预期目标的出，并了解工作过程中应该注意的问题。

3. 志愿者相互评估：由志愿者工作伙伴之间互评。如果志愿者在日常工作中关系较为了解，可以采取这种方式，不过需要注意的是，志愿者由于彼此关系的亲疏，而做出过于主观性的判断。

4. 读者评估：由志愿者的服务对象对志愿者进行评估，图书馆可以通过向读者发放问卷的方式来判断志愿者的服务状况。

（二）评估内容

志愿者评估主要是为了更好地激励志愿者，因此，对志愿者的评估内容不应侧重志愿工作中的缺点和不足，而应放在志愿者的工作表现、完成情况、提高方面等。主要可从以下几个方面入手。

1. 时间评估：图书馆根据志愿者的志愿服务时数或学习时数进行评估。目前,时间评估是志愿服务评估的主要内容。广东省立中山图书馆和广州图书馆"优秀志愿者"的评选的主要依据是志愿服务时间。

2. 服务质量评估：对志愿服务态度、出勤率、出席例会情况、参与活动情况等进行评估。

3.岗位评估：依照志愿者所在岗位要求对志愿者进行评估，可以参考图书馆馆员的岗位评估，但是志愿者的标准应适当低于馆员的评估标准。

（三）志愿者的激励

1.了解志愿服务动机

志愿者参与志愿服务的动机直接影响着志愿激励的效果和程度，因此，图书馆应该先了解和重视志愿者参与图书馆活动的动机，针对他们参与志愿活动的动机采取不同的激励方法。

关于图书馆志愿者的参与动机，曾经有学者进行研究，研究发现志愿者参与图书馆服务的动机主要是为了满足个人价值或其他无形的资产，并非以金钱方面的利益驱动来参与志愿服务活动，具体来说，志愿动机可能是爱书人想与他人分享阅读乐趣。整体而言，奉献动机、自我实现动机、社交动机、求知动机等是志愿工作者的主要动机。

2.激励方式

在了解了志愿者参与图书馆活动的动机之后，图书馆方面应积极重视志愿者的想法，针对他们的参与动机进行激励，主要以精神层面为主，物质激励和特权激励为辅。

（1）精神激励：对志愿者实施人本管理，借助于信任、激情、文化引导、关心、奖励等措施为志愿者注入活动，满足他们爱的需要、尊重的需要和自我实现的需要。具体措施包括：颁发图书馆优秀志愿者荣誉证书或证明；通过优秀志愿者表彰大会、网站、学校或单位公开表彰；单位领导的支持与肯定、举行志愿者联谊活动等。

（2）特权激励：比如借阅书籍优待，优秀志愿者可优先借阅图书，增加借阅量等；相关部门对高校大学生志愿者增加学分或评奖；推荐送馆外相关机构参加研习活动。

图 6-5　广州大学附属中学图书馆举行的学生义工联欢会场景（广州大学附属中学图书馆供图）

（3）物质激励：物质激励不一定采用劳务费的方式，可以使用交通补助等方面给予支持，包括图书馆提供交通、午餐费，图书馆提供适量的奖金或奖品，比如书籍或文创产品。

四、厦门图书馆阅读推广志愿者 [①]

（一）厦门市图书馆志愿者队伍构成

厦门市图书馆自 20 世纪 90 年代即引入社会志愿者参与图书馆书架管理等服务工作，2007 年迁入文化艺术中心新馆后，为缓解人员编制不足问题，逐步加大志愿者招募力度，吸纳更多志愿者参与图书馆各项服务工作，形成了一支具有一定专业性和影响力的志愿者队伍。这些志愿者主要由大中学生和一些具有一定学科背景与专业素养的各领域专家学者组成，其中阅读推广公益星、图书馆荣誉馆员、业务顾问以及大中学生志愿者最具代表性。

---

① 唐雨桐 . 招募志愿者参与图书馆阅读推广活动的实践与思考——以厦门市图书馆为例［J］. 福建
图书馆学刊，2019（3）：24-25，8.

1. 阅读推广公益星

自 2014 年以来，厦门市图书馆陆续向社会招募阅读推广公益星，吸纳涉及漫画、儿童绘本教育、音乐鉴赏、剪纸、书评等多个领域具有一定影响力和专业水准的社会热心人士加入志愿者队伍。这些阅读推广公益星结合自身专长，先后主导并参与了儿童绘本秀、音乐鉴赏、演讲与英语沙龙、漫画展览、寒暑假兴趣课堂、剪纸秀等公益活动。

2. 图书馆荣誉馆员和业务顾问

图书馆荣誉馆员和业务顾问由长期支持厦门市图书馆地方文献藏书建设和图书馆事业发展、在各领域具有影响力的社会热心人士组成。其主要职责是为厦门市图书馆事业发展以及图书馆文献资源建设与研究、借阅流通服务、参考咨询、读者活动等方面工作建言献策，并带头捐赠文献，为图书馆募集地方文献，主持策划或指导展览、举办专题讲座，主持文史沙龙等阅读推广活动。

3. 大中学生志愿者

主要是厦门本地的大中专院校学生和重点高中毕业班的高校保送生，2016年还吸纳来自香港浸会大学、中文大学、公开大学的 5 名大学生来馆进行为期一个月的志愿服务。本地学生一般利用周末、寒暑假到图书馆参加志愿服务，一些高校保送生则利用其保送学校确定后至大学入学前的空档时间，到图书馆参加志愿服务。这些学生志愿者多才多艺，富有活力和创新力，厦门市图书馆近年组织进学校、进商圈的话剧、音乐剧、诗歌朗诵以及厦门市高中生英语演讲赛等多种特色推广活动，大多由馆员和学生志愿者共同完成，有些活动甚至完全由读者和学生志愿者自编、自导、自演，活动效果良好。

（二）志愿者参与阅读推广活动品牌项目

厦门市图书馆每年组织开展的 1000 多场阅读推广活动中，有不少活动是由志愿者参与完成的，其中一些已成为厦门市图书馆的品牌活动。由志愿者自主策划组织或参与并形成特色品牌的阅读推广活动项目主要有以下几个。

1. 阵地读者活动

近年来，厦门市图书馆由志愿者主导开展周末少儿活动、读书沙龙、展览等阵地读者活动，丰富了图书馆阵地活动的形式和内容。其中最具代表性的活动有少儿主题系列活动——"英文故事屋""绘本玩意堂""阅读推广进校园"等。该活动由厦门城市职业技术学院副教授朱湘云等5位老师担任主讲，自2007年开始举办，每周一次，平均每年举办阅读推广活动92场次。2014年以来还延伸举办了以下活动：

（1）庆"六一"少儿"快乐绘本秀"比赛活动。该活动初赛、半决赛、决赛均由朱湘云等专家志愿者担任评委和指导老师，影响深远。

（2）"阅享者"系列沙龙活动。2014年10月起与国际知名演讲品牌"Toast-master俱乐部"联手，每月举办一场，由热爱阅读的读者自主策划组织，以"阅读好书，精彩分享"为切入点，将"阅读助力生活"的真实经验传递给更多的读者分享。

2. 阅读营销活动

除阵地活动外，志愿者还以话剧、音乐剧、诗歌朗诵等文艺表现形式开展阅读营销活动。其中最具代表性的是由馆员与志愿者联合开展的"阅读·仲夏梦——厦门市图书馆阅读营销"活动，走进厦门SM城市广场开展阅读推广，受到业界及媒体的广泛关注；而由16位志愿者自编自导自演的"文明剧场——文明，让阅读更舒心"活动，则通过舞台剧的形式劝导读者文明阅读，是图书馆阅读推广活动形式的全新突破。

3. 助盲讲电影活动

由助盲志愿者为主开展的"请你，做我的眼睛——助盲讲电影"活动，是厦门市图书馆坚持多年的特色活动。活动中志愿者们用生动的语言将电影中的情节画面传递给视障读者，引导帮助视障读者"观看"最新上映的电影，让他们有机会像常人一样体验电影的画面感。

（三）厦门市图书馆招募志愿者参与阅读推广活动的经验

1. 高层次的志愿者队伍建设

与一些图书馆大量招募中小学生志愿者不同，厦门市图书馆在招募中小学生志愿者的同时，有意识地招募高素质的专业人才，以提高志愿者队伍的整体素质。无论是阅读公益星还是厦门市图书馆荣誉馆员，都是厦门市各个领域的专家学者，即便是大、中学生志愿者，也都有一技之长。这些高素质的专业人才提高了志愿者服务的层次和水平，使图书馆的阅读推广活动更具专业性、艺术性和创新性。

2. 有特色的志愿者服务品牌

高素质的志愿者队伍有利于打造品牌活动和精品活动。例如由"英文故事屋""绘本玩意堂""阅读推广进校园"等活动组成的厦门市图书馆少儿主题系列活动已连续举办 12 年，已成为该馆少儿活动的主打项目；由"绘本玩意堂"衍生出来的庆"六一"少儿"快乐绘本秀"比赛活动也连续举办 4 届，吸引了全市各级公共图书馆参加，参赛队伍逐年增加，至 2018 年已达 95 个，成为厦门市图书馆的又一品牌活动。

3. 针对性的志愿者培训

除了专家型志愿者和具有一技之长的志愿者外，对其他志愿者，厦门市图书馆都对其组织开展培训，尤其是参与阅读推广活动的志愿者。例如参加"文明剧场——文明，让阅读更舒心"阅读推广活动的 16 位志愿者，几乎没有舞台剧表演经验，报名参加演出纯粹是出于个人爱好。为了提高其表演技能，厦门市图书馆专门从厦门市文化馆邀请具有丰富导演和舞台表演经验的专业人士，对报名参加演出的志愿者进行全方位的表演技能培训；而参加助盲讲电影活动的志愿者更是全部经过发声效果、演讲技巧、讲解词写作、电影人物神态及场面描写、导盲心理等系列技能训练。

五、上海闵行区图书馆阅读推广中志愿资源的开发 [①]

闵行区图书馆 2004 年首次将志愿服务引入图书馆常规业务，并形成读者监督员、小小图书管理员、绿叶助学志愿队等三支各有特色的队伍。从 2010 年搬进新馆至 2017 年底数据显示，共有 14435 人次参与志愿者活动，服务时间达58009 小时。目前，志愿者队伍主要活跃在以下阅读推广项目中。

---

① 胡莹.阅读推广活动中志愿者资源的开发研究 ——以上海市闵行区图书馆为例［J］.图书馆研
　　究与工作，2019（1）：67–71.

表6-3 志愿者队伍在阅读推广中的角色

队伍序号	志愿类型	活动项目	承担角色	服务时间
1	公益团队	闵图妈妈小屋	主题设计、内容策划、嘉宾主持	双休日
2	全职妈妈			
3	外籍人士	闵图妈妈小屋	活动策划、嘉宾表演	双休日
	外企员工	英语角	开启话题、调动气氛、现场签到、维持秩序；每季度策划特别活动，每年圣诞策划英语派对	每周一次
4	大学生	公益文化讲座	现场签到、活动记录	每月1次
		敏读会		每月2~3次
		阅读马拉松、市民文化节大型赛事活动	现场签到、分发物资、维持秩序、催场计分等	每年一次

（一）全职妈妈参与的阅读推广活动

近年来，尤其是"全面二孩"政策实施以来，随着人们对育儿期待值增加和社会托幼等公共资源的缺乏矛盾加剧，作为最理想的育儿人选，越来越多的职场女性加入到全职妈妈行列。作为一份机会成本巨大而短时间难以看到明显收益的"工作"，全职妈妈很难从中体会到成就感，而社会对全职妈妈也存在一定的偏见，片面地认为她们不创造社会价值、贪图安逸等。如何消除社会对全职妈妈的偏见以及现实生活带给她们的挫败感？图书馆充分利用妈妈们"热心公益、热爱孩子、热衷教育"的导读经验和实践特点，引进并组建"故事妈妈"志愿队伍，将她们的专长融入幼儿阅读活动中。其中，"蚂蚁故事会"就由以全职妈妈为主、擅长故事演讲、亲和力强的队伍主讲。故事会志愿者们自喻大蚂蚁，将小读者称为小蚂蚁，既亲切又富有童真，通过"大蚂蚁牵手小蚂蚁"活动理念，组织开展"经典绘本故事推介、创意手工制作、亲子阅读共享、纸戏剧"等，让孩子在活动中收获一段童年的美好回忆，让家长体会到家庭阅读和家庭教育行为的重要意义，更让"故事妈妈"展示自身价值，在图书馆体验"阅读推广人"的那份自豪感。

（二）"外籍人士、外企员工"参与的阅读推广活动

引进"外籍人士"志愿者参与到少儿活动是闵行区图书馆的一大特色。为培

养儿童英语阅读兴趣、满足家长重视孩子语言环境的需求，图书馆开设"英语游乐会"，向社会招募外籍家庭志愿者，积极与"和普公益"故事会合作，引进专业性强的外籍老师，为"英语游乐会"锦上添花。活动主要以原版绘本故事加上英语游戏儿歌展开，让孩子在"零汉语"语言环境中接触有趣的英语绘本故事，爱上课外阅读，锻炼孩子口语表达。

"外企员工"也是阅读推广志愿者中不可小觑的一支生力军，他们外语基础好，人际交往能力强。每周一次的成人"英语角"，采用专题讨论、阅读分享、情景表演等方式，让兴趣爱好相近者聚集在一起。他们每季还策划一期特别活动，每年开展一次英语派对。该类阅读推广活动长达10余年延续不断。

（三）"大学生"参与的阅读推广活动

大学生志愿者是本馆志愿者中最大的群体，以往岗位安排主要是自助借还辅导、服务阵地巡视、门禁插卡管理等，随着图书馆编目、排架项目外包，阅读推广工作成为图书馆的主体业务。大学生最大的特点是青春有活力、做事热情高、思维敏捷、专业学科多样。局限性是接触社会少，年纪轻、资历阅历浅、流动性大。最有效的办法是让大学生承担阅读推广的活动助理，配合馆员推进各项工作。如敏读会、公益性文化讲座、阅读马拉松、上海市民文化节的赛事活动等的现场签到、活动记录、维持秩序。

参考文献

［1］邱天助.读书会专业手册［M］.台北：张老师文化事业公司，1997.

［2］赵俊玲，白仁杰，葛文娴，等.我国民间读书会研究［M］.北京：国家图书馆出版社，2020.

［3］宋家梅.图书馆志愿者管理研究［D］.保定：河北大学，2013.

第七讲

阅读推广联盟的建设

阅读推广活动由以图书馆为主体逐步变为社会力量参与的多方共同参与合作的模式，参与对象不乏事业单位、企业、社会团体等组织机构。参与阅读推广的各方力量开始形成联盟，以行业合作的方式推动阅读推广的整体纵深发展。本讲主要介绍我国阅读推广联盟发展的情况。

第一节　认识阅读推广联盟

一、阅读推广联盟的概念

在明确阅读推广联盟概念之前，先来看一下图书馆联盟的概念。图书馆之间的合作由来已久，从馆际互借到合作编目到合作参考咨询，随着合作的深入，图书馆深感合作协议的重要性，图书馆联盟随之产生。按照吴慰慈先生的定义，图书馆联盟（Library Consortia）是为了实现资源共享、利益互惠的目的而组织起来的、受共同认可的协议和合同制约的图书馆联合体①。图书馆联盟既包括综合性的联盟，比如我国的高等教育文献保障体系（CALIS）、美国的OCLC；也有专门涉及某一项工作内容的联盟，比如全国参考咨询联盟、中国高校数字资源采购联盟等。

---

① 吴慰慈，董炎.图书馆学概论［M］.北京：国家图书馆出版社，2018：147.

阅读推广联盟尽管涉及图书馆阅读推广这一工作内容，但和其他图书馆业务工作不同，其进行阅读推广的主体多元，并不限于图书馆，因此阅读推广联盟从严格意义上讲不是图书馆联盟的下位概念。图书馆联盟强调图书馆之间的合作，阅读推广联盟强调阅读推广主体之间的合作，合作主体超出了图书馆领域的范围。从这个角度出发，结合图书馆联盟这一概念，对阅读推广联盟可以做如下界定：为了整合全民阅读的社会力量而组织起来的，受共同认可的协议和合同制约的阅读推广机构的联合体。

随着全民阅读的深入开展，我国开始出现正式的阅读推广联盟。据查，我国目前有49个阅读推广联盟，分布在江苏、北京、湖北、广东等地。成立最早的是2011年成立的静安父子联盟，2016年是联盟成立数量最多的一年，有14家联盟成立。

表7-1 我国阅读推广联盟基本情况表（部分）

联盟名称	成立时间	覆盖地区	成员构成
安徽省公共图书馆阅读推广联盟	2014年	安徽省	安徽省107家公共图书馆加盟
湖北省全民阅读联盟	2015年	湖北省	湖北日报、湖北广播电视台等单位
北京大学生阅读联盟	2015年	北京市	首都高校各阅读类社团、阅读爱好者
南京领读者联盟	2015年	江苏南京	南京政府主导；读书会、阅读空间等
太原市全民阅读推广联盟	2016年	山西太原	太原市图书馆、国企书店、私人书吧、民间读书组织等24家单位
亲子阅读推广联盟	2016年	安徽省	安徽省省新闻出版广电局、省教育厅，共青团安徽省委、安徽少年博览杂志社等
佛山阅读联盟	2016年	广东佛山	佛山市图书馆以及致力于阅读的组织
西城区"阅读推广+"联盟	2016年	北京市	北京市各级各类图书馆；联合区域内出版社、书店、媒体、各类阅读空间等
重庆读书会联盟	2016年	重庆市	厚茶读书会、瓦尔登湖读书会、薇薇心动读书会等十余家民间读书团体
宁波阅读联盟	2016年	浙江宁波	宁波图书馆、19家社会阅读团体、12家亲子绘本馆、19家实体书店和11家公共图书馆

续表

联盟名称	成立时间	覆盖地区	成员构成
杭州民间阅读组织联盟	2016 年	浙江杭州	民间组织
全国领读者联盟	2016 年	全国	由新阅读研究所发起；二十一世纪出版社、上海信谊、三叶草、山东阅读联盟等 20 家阅读推广机构
山东省青少年阅读联盟	2017 年	山东省	山东广播电视台、山东省图书馆、山东省青少年宫（筹）、济南市图书馆、山东省通俗文艺研究会等
温州读书会联盟	2017 年	浙江温州	温州市文广新局、温州市图书馆
广州阅读联盟	2017 年	广州省	广州图书馆、市内各种类型阅读组织
阳泉市全民阅读推广联盟	2017 年	山西阳泉	阳泉市图书馆；各类阅读组织
东莞阅读联盟	2018 年	广东东莞	东莞市各机关企事业单位、社会团体、公益组织以及个人
东城区阅读推广联盟	2018 年	北京市	北京市东城区区委宣传部，区内教育、文化、出版行业的知名单位、企业，全区各级各类图书馆、文化园区、文化空间，各企事业单位读书会，民间读书会等 40 余家机构

通过上表可以看出，我国阅读推广联盟涉及范围非常广泛，包括政府部门、图书馆、教育机构、媒体、民间机构等多类主体，下面结合我国阅读推广联盟的基本情况进行分类介绍。

二、阅读推广联盟的类型

（一）按地域范围划分

阅读推广联盟进行阅读推广所覆盖的地区范围有所不同，本书根据各联盟覆盖范围将 49 家联盟划分为全国性阅读推广联盟、地区性阅读推广联盟和地方性阅读推广联盟。

1. 全国性阅读推广联盟

全国性阅读推广联盟主要指联盟进行阅读推广覆盖全国，比较有代表性的联盟包括中国全民阅读媒体联盟、科学早教阅读推广联盟、全国领读者联盟。中国全民阅读媒体联盟致力于向全国推介优质阅读内容，引领阅读风尚；促进全民阅读状况的课题调研和研讨交流；共同致力于建立联盟成员之间的资源共享与协同发展机制，配合全国联盟工作开展。科学早教阅读推广联盟由中国关心下一代工作委员会儿童发展研究中心科学早教专业委员会主办，致力于革新绘本领域中"如何选好绘本、如何推广好绘本、如何卖好绘本及如何讲好绘本"这四个问题，向全国的亲子家庭宣传科学早教和亲子阅读。全国领读者联盟致力于充分交流全国民间阅读机构在推广阅读方面的经验。

2. 地区性阅读推广联盟

地区性阅读推广联盟主要指省级类或者跨地区类覆盖范围较大的阅读推广联盟。比较有代表性的包括湖北省全民阅读联盟、山东省青少年阅读联盟等。湖北省全民阅读联盟致力于推荐优质阅读内容，引领阅读风尚；发掘阅读先进典型，传递阅读经验；促进阅读健康发展，加强舆论监督；营造浓厚阅读氛围，开展阅读活动；配合全国联盟工作，发扬湖北特色[①]。

3. 地方性阅读推广联盟

地方性阅读推广联盟较地区性阅读推广联盟辐射范围较小，是针对地级市、区（县）级进行阅读推广的联盟组织机构。代表性联盟有烟台的全民阅读联盟、武汉的"公共图书馆＋书店"阅读推广联盟、威海的"书香威海 全民阅读推广联盟"、北京中小学阅读联盟等。"书香威海 全民阅读推广联盟"，制定了威海市全民阅读推广人培训计划，以及建设推广角示范点和阅读推广课进基层计划；在山东省首建城市书房；在市区范围建设24小时开放的共享书柜；等等。此类阅读推广联盟较以上两种类型联盟涉及范围较小，但可以根据当地情况，开展有当地特色的阅读推广活动。

---

① 湖北省成立全民阅读媒体联盟［J］.国家图书馆学刊，2015，（2）：103.

（二）按照联盟成员属性划分

借鉴王永芳对阅读推广联盟的分类[①]，本书将我国的阅读推广联盟分为同质性阅读推广联盟和异质性阅读推广联盟。

1. 同质性阅读推广联盟

同质性阅读推广联盟指的是成员构成属性一致，在同性质的机构和组织之间开展的阅读推广活动。其中，代表性的联盟有：安徽省公共图书馆阅读推广联盟、湖北少儿报刊阅读联盟、江苏少儿报刊阅读推广联盟、北京大学生阅读联盟、恩施州公共图书馆阅读推广联盟等。例如安徽省公共图书馆阅读推广联盟是由安徽省成员属性相同的 107 家公共图书馆加盟构成，江苏少儿报刊阅读推广联盟由成员属性相同的 22 个江苏少儿报刊成立的联盟，恩施州公共图书馆阅读推广联盟由恩施州图书馆、恩施州公共图书馆等构成。此类阅读推广联盟因成员构成属性类似，所以合作开展活动的思路及行为方式相近，有利于高效制定合作方案。

2. 异质性阅读推广联盟

异质性阅读推广联盟指的是成员单位属性不一致，在不同性质的机构和组织之间开展的阅读推广活动。代表性的联盟有武汉市"公共图书馆＋书店"阅读推广联盟、太原市全民阅读推广联盟、温州读书会联盟、东莞阅读联盟等。异质性阅读推广联盟，一般包括了不同属性的机构和组织之间开展的或者是两种以上属性的成员单位构成的阅读推广活动。例如"公共图书馆＋书店"阅读推广联盟由属性不同的武汉市、区 15 个公共图书馆与在武汉市注册的实体零售书店构成。太原市全民阅读推广联盟由属性不同的太原市图书馆、国企书店、私人书吧、民间读书组织等 24 家单位构成。宝安区未成年人阅读推广联盟宝安图书馆、宝安中英中学、滨海小学、宝安机关幼儿园深圳琦玮教育科技有限公司等 16 家联盟单位构成。异质性阅读推广联盟活动开展就可涉及多方面内容，因成员构成多样，涉及范围也从单一的图书馆扩展到更多元的组织机构，同时最大程度上实现了资源的协同共享。

---

① 王永芳.权变视角下异质性图书馆阅读推广联盟的组织变革及实践研究［J］.图书馆，2016（2）：48–52.

（三）按照读者对象划分

1.亲子阅读推广联盟

此类阅读推广联盟主要面向家庭推广亲子阅读。例如静安父子阅读联盟依托优质出版资源在校园阅读、书单导读、亲子阅读、教师精读等方面进行实践，逐渐形成"大作家进校园""亲子阅读体验坊""教师精读会""家长慕课"等四大品牌活动。安徽省亲子阅读推广联盟汇集社会各界力量，发挥省内专家学者和专业团队智囊作用，利用传统媒体和新媒体等多种平台，促进全省亲子阅读推广工作的健康发展，线上开展"一刻钟亲子阅读""家有书香"情景剧展播评选、"领读经典"音频展播评选、"悦读分享"微课展播评选等活动,线下组织"阅享时光"主题实践活动，组建"为家"亲子阅读课堂，举办"亲子悦读 书香之家"评比表彰等系列活动[①]，引导和推荐孩子们阅读精品,提升自我修养。科学早教阅读推广联盟旨在依托媒体传递发展"科学早教亲子共读事业"。合肥亲子阅读公益推广联盟建设公益亲子阅读角和 500 个公益故事岛，旨在聚合社会力量，推广亲子阅读，打造书香合肥。少儿经典阅读推广联盟推出的在线亲子课堂和阅读之星的项目，主要是为了让家长跟上孩子的步伐，让孩子爱上经典阅读。此类联盟主要针对亲子阅读，促进亲子关系融洽，同时培养提升亲子阅读能力。

2. 中小学生阅读推广联盟

北京中小学阅读联盟是主要针对北京中小学在校学生进行阅读推广行为的组织机构，旨在为北京市青少年提供一个平台，进一步促进青少年的学习与发展。联盟成立了青少年阅读研究中心，对青少年阅读力进行测评研究，设计符合青少年发展的阅读活动课程，继而推动书香校园建设，同时设置了针对不同年龄段的分类书单，一体化地促进青少年阅读方面的发展，培养其良好的阅读行为习惯。新兴县儿童阅读推广联盟主要目标是提高中小学生的阅读兴趣及能力。此类联盟对中小学学生培养阅读兴趣和行为习惯起到了促进作用。

3. 大学生阅读推广联盟

面向大学生阅读推广联盟有 2 家，分别是有南京市大学生阅读社团联盟和北

---

① 书香伴成长，合力掀起亲子阅读热潮［EB/OL］.［2016–04–14］. http://blog.sina.com.cn/s/blog_
　b34cd0870102w6du.html.

京大学生阅读联盟。其中，南京市大学生阅读社团联盟以"阅读经典名著、倡导南京人文精神"为宗旨，开展了一系列使大学生充分认识并了解南京的文化传统的活动，以求吸引优秀大学生留宁，以推动人才引进战略的实施；北京大学生阅读联盟从阅读氛围和阅读活动两方面入手，在首都大学校园展开充分且深入的阅读活动，同时促进大学生个人阅读综合能力的发展。

4. 女性类阅读推广联盟

女性类阅读推广联盟是专门针对女性开展阅读活动的阅读组织。如 2018 年 3 月成立的南京女性阅读联盟，主要针对致力于追求自身素养与优质生活的新时代独立女性进行阅读推广，倡导"宁静、丰富、独立"的价值观。其举办"女性阅读"的座谈会、分享经典名著阅读中的女性精神等活动，使女性阅读更加深入。

（四）按照主导机构性质划分

阅读推广联盟主导机构各不相同，其主导机构性质也有所不同，本书根据各联盟主导机构性质将联盟进行划分。经查询相关资料得知，49 家联盟中的 13 家没有办法确认其主导机构，所以对剩余的 36 家进行分析。通过分析发现，图书馆主导的有 14 家，政府主导的有 15 家，阅读团体主导的有 7 家。

1. 图书馆主导模式

图书馆主导的阅读推广联盟是以图书馆为主导，多方协同合作展开阅读推广活动，促进其发展形成的联盟。具有代表性的有温州读书会联盟、东莞阅读联盟、青浦阅读推广联盟、佛山阅读联盟、西城区"阅读推广＋"联盟。青浦阅读推广联盟是以青浦区图书馆为主导，联合青浦地区致力于发展阅读、进行阅读推广活动的组织机构共同成立，例如其与成员单位巴士公司举办的"种子进巴士活动"，将导读宣传册投放巴士宣传袋中。书香威海 全民阅读推广联盟实行多种方案来支持阅读推广的实施，例如建造城市书房、调研实行的"一社区一书店"建设，还有制定全民阅读推广计划、"阅宝起航"计划和推广各类主题阅读活动。负责活动的人员专业度较高，策划的活动专业主题性较强，能够很好地组织阅读活动的开展。

2.政府主导模式

政府为主导的阅读推广联盟是以政府为主导，多方协同为辅合作开展阅读推广的联盟。49家联盟中有15家联盟属于政府为主导的模式。其中具有代表性的有南京领读者联盟和东城区阅读推广联盟，南京领读者联盟以政府为主导，社会力量为辅来发挥"1+1>2"的效能，采用六位一体的模式进行推广，六位分别是多个阅读单位或组织进行领读、自己购书进行阅读、微信群线上专家进行导读、线下实地寻访、线下专家讲座、全媒体宣传，其中领读活动每周由不同组织机构进行领读。东城区阅读推广联盟联合区内40余家机构共同构成，也属于以政府主导的运作模式，其中包括单位、企业、图书馆、读书会等。

3.阅读团体主导模式

阅读团体主导的阅读推广联盟是由各阅读团体自发组织起来的联盟。具有代表性的有重庆读书会联盟、广州阅读联盟、中华阅读联盟会等。其中重庆读书会联盟集结重庆市瓦尔登湖读书会等10多家读书会，自发组织起来定期举办一系列阅读推广活动，并促进实现资源共享。中华阅读联盟会是由喜欢阅读并热衷推广阅读的个人和单位自愿组成的社会民间阅读团体组织，隶属柳州市中华文化促进会，旨在弘扬中华文化，促进全民阅读的推广。

第二节　阅读推广联盟的主要活动

通过对我国49个阅读推广相关活动的收集，发现主要活动包括联合宣传阅读活动、联合荐书、联合组织阅读活动等。

一、联合宣传阅读

湖北省全民阅读联盟、恩施州公共图书馆阅读推广联盟、青浦阅读推广联盟等12家联盟举办联合宣传阅读方面的活动，例如湖北省全民阅读联盟定期组织成员单位对著名作家、知名学者、普通市民等进行联合采访、联合宣传等活动，通过多种媒体报道宣传优秀图书、阅读家庭、阅读城市。安徽省公共图书馆阅读推广联盟举办阅读讲座以及残障读者阅读宣传活动来宣传推广阅读的重要性。恩施州公共图书馆发布阅读主题宣传片并设计展牌，还利用汽车开展"汽车图书馆"宣传活动[①]。长三角地区有声阅读联盟建立"阅读的声音"有声阅读栏目。12 家联盟占总数 49 家的比重较小，说明我国阅读推广联盟进行联合宣传阅读的组织行为较少，还没有形成普遍的体系。

二、联合荐书

49 家阅读推广联盟中有 12 家提到了阅读推荐活动、联合推荐阅读书目等活动。例如湖北省全民阅读联盟定期组织成员单位对作家、学者、市民等进行联合推荐。安徽省公共图书馆阅读推广联盟举办"我推荐的一本书——全省公共图书馆馆员书评"征集的活动和"安徽人读安徽人的书"的阅读活动。北京中小学阅读联盟举办的青少年评书荐书活动。亲子阅读推广联盟 2017 年名家推荐经典绘本、著名亲子阅读推广人现场分享亲子阅读方法和理念。山东省青少年阅读联盟开展国学经典书目推介会。山东阅读联盟邀请出版机构举办童书联展、绘本推荐等活动。北京中小学阅读联盟、山东阅读联盟以及温州读书会联盟都在微信公众号上有阅读推荐活动，北京中小学阅读联盟每个工作日都会发布一篇阅读分享、通知和活动申报；山东阅读联盟在公众号每周发布一篇原创文章，推荐读者进行阅读；温州读书会联盟的书吧中有"阅·剪影"和"她·阅读"，虽然不定期举办活动，但其中特有栏目中会有推荐书目，方便读者阅读。

三、联合组织阅读活动

（一）阅读交流会

江苏少儿报刊阅读推广联盟的亲子阅读交流活动；北京中小学阅读联盟有童书博览交流会；南京女性阅读联盟有"女性阅读"的座谈会；温州读书会联盟规划了相关的运作章程，主要运作方向是促进文化交流和服务指导，其中的蒲小亲子悦读会推出了古诗共读活动、诗词争霸活动、研学和演读交流活动、系列互动

---

① 恩施州公共图书馆阅读推广联盟成立并开展成果巡展［EB/OL］.［2017–04–27］. http：//www.enshi.cn/2017/0427/552966.shtml.

学习模块等活动形式和内容；西城区"阅读推广+"联盟开展读书交流会；书香威海 全民阅读推广联盟在倡导领导干部阅读活动中，威海市直机关工委先组织开展了主题为"墨润人生书香机关"的读书会活动，引导人员读书交流，后又开办了"党员讲堂"并新建起各类党员书屋和"读书角"来促进阅读发展；"文化鹤岗"阅读推广联盟有联合社会各界读书会建设知识共享的平台促进交流与合作协同发展；2018年山东阅读联盟开展绘本阅读交流年会和阅读高峰论坛；济南市图书馆发起的"泉书坊"阅读联盟读书会活动是以"唱经典诗歌，做诗意少年——原创音乐古诗分享交流活动"为主题，市图书馆公益讲师孙名蕾主讲的活动；还有2018年山东阅读联盟绘本阅读交流年会也属此类阅读活动。

（二）诵读活动

联合举办诵读活动是阅读推广联盟中的经常性活动。例如温州读书会举办温州山水诗歌品读朗诵，弘扬和传承本土文化；安徽省公共图书馆阅读推广联盟先后举办了"全省公共图书馆经典诵读比赛""全省公共图书馆助困爱屯、读书夏令营"等系列阅读推广活动。

（三）讲座

北京中小学阅读联盟举办了阅读指导活动和名家讲座进行推广阅读；南京领读者联盟通过定期举办讲座、沙龙、作家见面会、线下专家讲座、媒体参与活动、报刊专题刊登来促进阅读；山东阅读联盟推出阅读专家进行主题讲座来推动阅读。

（四）读书竞赛活动

安徽省公共图书馆阅读推广联盟举办了"迎新春·猜灯谜""全省公共图书馆经典诵读比赛""全省公共图书馆纪念抗战胜利70周年演讲比赛"等活动内容；东城区阅读推广联盟进行网上知识竞赛用以宣传和推广故宫文化；山东省青少年阅读联盟开展阅读校园国学经典演讲比赛；北京大学生阅读联盟举办大学生阅读演讲比赛；北京中小学阅读联盟定期举办征文大赛；湖北少儿报刊阅读联盟举办作文大赛及分享阅读心得；太原市全民阅读推广联盟组织了"古籍文化魅力"知识有奖问答；长三角地区有声阅读联盟征集有声相关的阅读作品，面向社会进行征集甄并选出的优质稿件发布到各大公共图书馆网络平台。

四、其他活动

（一）发行图书 / 邮票 / 地图 / 绘本

"公共图书馆＋书店"阅读推广联盟的启动活动上《长征的故事》图书首发和《全民阅读》特种邮票首发，其中邮票画面中印有"全民阅读"四字盲文，体现了我国阅读无障碍的这一理念。 太原市全民阅读推广联盟推出的全民悦读太原阅读会、书香太原 logo、市民阅读书目、书香太原手绘地图等活动体现了活动形式的多样性及内容的丰富性。

（二）读者体验活动

书香威海全民阅读推广联盟在市图书馆尼山书院全年开设的书法、剪纸、古琴等多种传统文化公益体验课，丰富了图书馆培训学员的精神文化生活；静安父子阅读联盟有"亲子阅读体验坊"活动；西城区"阅读推广＋"提供的阅读空间，其中甲骨文·悦读打出"有声书店"概念来提升读者阅读习惯，致力推广"看、读、说"三种与书的交流阅读方式；宝安区未成年人阅读推广联盟安排学生进行小图书馆员职业体验活动，并办理免费图书馆励读证鼓励未成年阅读。

第三节　阅读推广联盟案例

一、温州读书会联盟

（一）温州读书会联盟简介

温州读书会联盟成立于 2017 年，由温州市文广新局发起、温州市图书馆牵头组建，是各单位读书会、民间读书会自愿参与的阅读组织联合体系，它以温州市图书馆为主要阵地，融合各方力量，旨在共同合作开展阅读推广活动和多元文化交流，不断提升城市文化品位和市民人文素养。温州读书会联盟的主任由温籍学者、复旦大学教授吴松弟担任，温籍学者、清华大学文科工作委员会副主任胡显章为总顾问。目前，联盟共有成员读书会100家，联盟成员以温州市图书馆、城市书房、文化驿站等为阵地，开展主题读书会、电影沙龙、朗读分享等阅读活动。

（二）联盟章程

温州读书会联盟的章程包括联盟的宗旨、住所、业务范围、会员入会条件、入会程序、会员权利与会员义务七个方面的内容。

温州读书会联盟章程 ①

1.宗旨：遵守宪法、法律、法规和国家政策，遵守社会道德风尚。让读者选择适合的读书会，让读书会在联盟的带领下，发挥最大的效能，从而推进全民阅读与学习型社会的有效建立。

2.住所：浙江省温州市鹿城区市府路506号温州市图书馆。

3.业务范围

（1）每年举办两次大型活动，开展多元阅读。

（2）每年推出一次阅读论坛，提升阅读品质。

（3）每年举办一次年会，各联盟成员相互交流经验，表彰本年度优秀联盟单位，授牌新入联盟单位。

（4）每年整理、编辑年度阅读书单。

（5）每年修订读书会联盟指南。

（6）建立网站和微信，搭建线上平台。

（7）承接政府、社会的各类阅读推广活动。

4.会员入会条件

（1）拥护本团体的章程，支持本团体的工作。

（2）读书会人数达到30人以上，有加入本团体的意愿。

（3）定期开展读书会，有一定影响力。

（4）热爱公益事业，有一定奉献精神，有健康的心态，思想积极向上。

5.会员入会程序

（1）提交入会申请书。

---

① 来源于温州读书会微信公众号，1、2等序号为笔者所加。

（2）经联盟主席团办公会议审核。

（3）报温州市文化广电新闻出版局备案。

（4）授予联盟单位会员证书。

6. 会员权利

（1）本团体的选举权、被选举权和表决权。

（2）参加本团体的活动。

（3）获得本团体服务的优惠政策。

（4）对本团体工作的批评建议权和监督权。

（5）入会自愿（一年内未参加 2 次以上活动的会员按自动退会处理）。退会自由（提出书面申请，联盟主席团将予以审阅）。

7. 会员义务

（1）执行本团体的决议。

（2）维护本团体合法权益。

（3）完成本团体交办的工作。

（4）接受本团体一年一度的考核。

（5）向本团体反映情况，提供有关资料。

（三）联盟主要活动

联盟每年整理、编辑年度阅读书单，推出一次阅读论坛，举办两次大型活动、一次年会，各联盟成员相互交流经验，年会上将表彰本年度优秀联盟单位、授牌新入联盟单位。此外，联盟还承接政府、社会的各类阅读推广活动。

温州读书会联盟的公众号不定期发布活动信息，活动形式有线上线下阅读交流、专家讲座、义诊服务、游戏体验、经典吟诵等，可通过相关推文获取活动时间、地点、主题、报名方式等内容。

温州读书会联盟逐渐形成特有的运行模式："5+5"模式。这里的"5+5"有着多层的含义，首先，"5+5"的谐音为"吾＋吾"，吾＋吾＝我们，其寓意为"温州读书会联盟大家庭"，并且呼应联盟提出的口号——我们在一起，阅读 family，由此可解读出温州读书会联盟的"联合性"的宗旨；"5+5"也代表"小 5＋ 大 5"，也就是指各类阅读活动项目；5+5=10，也代表着该联盟的 10 种特色阅读模式。

温州读书会联盟的"小5"项目具体指读书会日常开展的常规活动、邀请活动、联合互动、领读人学习会和读书会走进公共阅读场所5个项目活动（见表7-2）。

表7-2　温州读书会联盟项目解析

项目	活动阐释
读书会常规活动	联盟明确提出读书会的常规活动是基础，即百家读书会每周、每半个月、每一个月针对内部会员开展线上或者线下读书活动。温州市图书馆起着总领和总管的职能作用，不介入读书会常规活动，而是不定期地参与到读书会中，深入了解读书会阅读内容、活动流程、会友交流等情况，起到参与、督导的作用，并且鼓励百家读书会自主发展，形成各自的阅读风格
读书会邀请活动	邀请活动主要目的是吸引广大市民参与到各个读书会，除了部分单位读书会有固定的阅读书房，大部分读书会还不具备固定场所。在开展常规活动的基础上，读书会可以申请温州市图书馆场地资源，面向市民开放"读书会客厅"，邀请非会员的市民也参与读书会活动。如此既解决了多家读书会缺乏场地的困难，也让温州市图书馆公共阅读空间得以充分利用，吸纳爱阅读人群交流、分享，提高了公共阅读的社会化价值
读书会联合互动	联合互动的目标为融汇共享阅读资源。百家读书会虽然各自独立，阅读风格迥异，但是更多时候也采取联合互动，融汇共享，突出"主题读书会"，充分整合资源，让读书会效益最大化。"联结、共融"是读书会联盟初始创建的主要目的之一
领读人学习会	该学习会旨在树立阅读核心人物，即"领读人"。温州读书会联盟以"联结阅读力量，提升阅读品位"为主题，开展"领读人学习会"。各家读书会的会长不仅要承担各自读书会的管理任务，还要具备领读人的素养，需要具备扎实的文学功底，良好的阅读习惯，敏锐的思辨能力，需要以自己的实际行动影响更多的人拿起书本
读书会走进公共阅读场所	目的为盘活资源，激发阅读。众多的城市书房、文化驿站、文化礼堂都是市民的精神家园，也是公共阅读的优质场所。读书会走入公共阅读场所，可以赋予公共阅读场所更多的内涵。百家读书会每个月可以申请温州市图书馆活动场地、城市书房、文化驿站等，利用图书馆现有公共空间资源，以读书会进驻的方式吸引更多读者驻足，服务好公共阅读

除上述5项日常活动之外，温州读书会联盟还开设了专门的特色专栏，即"5+5"中的"大5"，其同样包含着特有的含义，即指5个主题的阅读活动，具体为"正""众""她""精""创"5个专栏（见表7-3）。

表 7-3　温州读书会联盟特色专栏解析

主题专栏	内容阐释
正	"红色"阅读。讲政治、讲正气，弘扬社会主义核心价值观，学习十八大精神，让政治学习面向百姓，为公共阅读树起正能量的旗帜
众	大众阅读。该主题推崇快乐阅读、有声阅读、幸福分享。携手城市书房，每月举办"把书读出来"公共阅读活动，用声音传播思想和文化，结合讲师指导、作品分析、角色分配等形式，以声传递，让大众享受阅读
她	女性阅读。该主题的宗旨为发现女性"阅"力，展现女性魅力，采用线上的方式，邀请身边爱阅读的女性为广大读者推荐图书。这些女性具有一定的阅历，博览群书又热心推广，由她们推荐图书，是助力全民阅读的一种有效举措
精	深度阅读。该主题结合本土先贤的佳作，深耕本土文化，细作读书会文章。全年开展4场活动，以四季为题，即"春耕、夏长、秋收、冬藏"，重点突出"品"和"精"
创	创作阅读。该主题集结本土知名作家，搭建作者与读者之间的桥梁，用名家、名作效应带动读书会，推动阅读的本土化，以期激励更多的读者不仅愿意读书，而且愿意创作，达到有读有作、从读到作的目的

二、佛山阅读联盟 [①]

（一）概述

佛山阅读联盟于 2016 年 4 月 23 日正式组建，以阅读推广为宗旨，以兴趣爱好为纽带，以自愿参与、自我管理、自主活动为方式，通过帮扶、吸纳、孵化等形式持续拓展联盟成员、扩大联盟阵营，不断引导社会力量加入公共文化服务建设。目前，联盟成员共 50 家，其中帮扶公益团体、个人组织等组建的主题读书会 38 家，吸纳具有相同阅读推广属性的企事业单位、阅读推广机构等成员 12 家。联盟各成员独立运营，成员之间实现了资源共建、共享，以达到共同发展和成长的目的。

自 2016 年 4 月 23 日至 2016 年 12 月 31 日，各主题读书会共开展活动 192 场，吸引读者达 10970 人次。基于主题读书会的加入，2016 年佛图共举办活动 1361 场，同比增长 36.65%。从举办场次来看，各类型读书会活动场次较为平均。其中，传统文化类及文化艺术类主题读书会的活动场次最高，分别达到 65 场和 45 场，占活动总场次的 33.9% 和 23.4%，其活动参与人数分别为 3846 人和 2577 人，占阅读联盟

---

① 本部分内容主要取自：汤佳薇.社会力量参与公共图书馆枢纽型文化组织建设探析——以佛山市图书馆为例［J］.图书馆研究与工作，2018（4）：38-43.略有删减。

活动总参与人数的 58.6%；全民阅读类主题读书会的活动场次占 15.6%；社会教育类主题读书会的活动场次占 14.1%；亲子阅读类主题读书会的活动场次占 13.0%。

（二）联盟管理

随着佛山阅读联盟的不断发展壮大，为加强联盟组织管理，规范联盟成员运营流程，深化联盟运营成果，联盟先后制定、出台了一系列的准入与服务管理规范，制定了《佛山阅读联盟读者指南》和《佛山阅读联盟社会组织招募方案》，全面介绍了阅读联盟的概况。制定并签署《佛山阅读联盟成员合作协议》，明确双方的权责，即图书馆为联盟成员提供各类优质资源支持，包括阅读指导与咨询服务，馆藏资源的优先借阅，全市 215 家联合图书馆公共设施的免费预约使用以及活动资金扶持，甚至包括移动智能图书馆等的上门服务；联盟成员则需承担推广阅读的责任，独立策划完成一定数量的阅读推广活动。制定《佛山阅读联盟主题读书会图书资源保障方案》《佛山市图书馆关于"阅读联盟主题读书会"项目经费使用相关财务规定》《佛山阅读联盟发展与管理运营方案》等系列规范和方案，对资源保障、资金保障、管理运营模式等进行规定。依照相关规定，2016年每个读书会在签订协议后获得年度基础活动经费，另外在"佛山阅读联盟优秀阅读推广项目评选活动"中获得优胜奖的读书会（包括"好友营支教小狮子成长主题读书会""语言之家读书会""佛山趁早读书会"），可在原有活动经费的基础上额外获得相关经费支持。

阅读伙伴招募令　佛山阅读联盟欢迎您的加入！

自 2016 年佛山阅读联盟正式成立一年来，共吸引 30 个主题读书会加盟，举办各类阅读推广活动超过 200 场，参与读者超过 1 万人次。

招募时间：即日起至 5 月 31 日

招募范围：2017 年佛山阅读联盟将通过帮扶、吸纳等方式继续拓展联盟成员，扩大联盟阵营，联合社会力量，共同开展公共文化服务建设。诚邀以下单位或机构加盟。

1. 崇尚阅读企事业单位

佛山阅读联盟重点引导诸如教育、科研等企事业单位，帮扶其组建内部主题读书会，提供相关阅读服务和优质活动资源，协助其开展阅读推广活动。待条件成熟后，还可协助其筹建自助图书馆。

2. 各类开展阅读推广社会组织

为加强社会阅读组织的联动，丰富全民阅读推广的模式，2017 年阅读联盟将继续吸纳社会现有阅读组织，组建联盟主题读书会，形成合力，更好地为市民提供阅读推广服务。

3. 具有阅读推广属性机构

除常规社会阅读推广组织阵营，联盟还将联合书店、书商、出版商或其它以文化教育业务为主要运营内容的组织（企业）等同质机构加入联盟阵营。合作成员之间通过资源共享、整合优化等方式，以推广全民阅读为目标，共同开展、落地各类阅读推广活动。

4. 联盟合作成员的权益与义务

（1）佛山阅读联盟合作成员权益

① 获得图书馆提供的相关资源与服务，包括专业阅读指导咨询服务，相关书籍、文献的优先借阅，移动智能图书馆上门服务等。

② 可优先使用佛山市联合图书馆各场地举办相关文化活动。优秀活动项目，在方案通过审核后，可获得图书馆提供的专业指导、活动经费、场地、设备等资源的支持。

③ 可获得图书馆平台开展公益文化活动宣传。线下渠道包括馆内电视屏、数字宣传屏、海报等，线上渠道包括佛图官网、佛图官微、佛山文化 e 网通等。

④ 可获得图书馆优秀文化活动资源共享、输送等服务。

⑤ 可得到图书馆帮扶组建相关阅读组织，开展阅读推广活动。

（2）佛山阅读联盟合作成员义务

① 以倡导阅读为宗旨组织文化活动，遵守佛山市图书馆的相关规定。

② 以书面的形式向图书馆提交阅读推广项目策划书及年度活动计划。

③ 合作成员需遵循佛山阅读联盟的总体规划及相关制度，并积极配合佛山阅读联盟的相关工作。

④ 合作成员须指定一名负责人，负责人的要求及职责如下。

a. 年满 18 周岁，具备完全民事行为能力的中国居民。

b.具备良好的沟通、组织、协调能力。

c.如为常规主题读书会负责人，则需对所负责的主题有一定的了解和建树，如具备该主题的相关专业知识，或曾组织参与过相关的团体或活动等。

d.负责人应承担阅读推广活动的策划、组织与实施。

e.负责所在佛山阅读联盟合作成员的组建、日常管理及运营。

f.负责与佛山市图书馆的对接与沟通。

5.加入方式及流程

填写《佛山阅读联盟合作成员申请表》，并发送至佛山市图书馆公共活动部邮箱（邮箱地址：fslibhd@126.com），图书馆将根据申请表中所填报的资料进行审核、筛选，并将结果反馈至申请方。

（三）阅读联盟建设中存在的问题

作为佛山阅读联盟的组成部分和活动载体，主题读书会各自独立运营，所组织的活动也以自愿参与、自主策划、自我管理为原则。为了规范社会力量参与的文化服务，在各主题读书会签约加盟之时即为其配备了专人提供跟进服务，通过政策驱动、示范带动、服务促动等方式，促进各主题读书会的发展。但由于管控缺失以及个体差异较大，主题读书会在发展过程中出现了以下问题。

1.部分主题读书会活动完成进度较慢

活动场次完成度在80%以上（含80%）的读书会共9个，占总数的30%。其中，"禅城区人民法院读书协会主题读书会"属于单位内部专业读书会，不接受阅读联盟的资源支持，不必履行义务；"悦读健康读书会""学思口述历史主题读书会""万科金域蓝湾读书会"等6个读书会于2016年6月30日之后签约。

2.活动效果参差不齐

部分活动参与人数及影响力不足。各读书会的单场活动参与人次差距较大，平均参与最高人次达300人，而最低仅12人。这主要与以下3个因素有关：① 读书会的成熟度。成熟度相对较高的读书会，活动举办频率及单场活动参与人数均较高，如"佛山趁早读书会"等。② 活动专业度与形式。活动内容相对专业、形式互动体验性强的活动单场参与人数较低，如"茶缘读书会""文史摄影之友读书会"等。③主题读书会的阵地性。大部分读书会的馆内外活动参与人次无明显差别，但部分阵地性较强的读书会，在其自身阵地所举办的活动单场参与人数要高于在馆内场地所举办的活动，如以大学生动漫社团为基础成立的"粤漫联萌读书会"，以老年大学为基础成立的"黎时煖松柏大学读书会"，以社区为基础成立的"万科金域蓝湾读书会"等。

3. 部分活动对阅读推广的作用有限

各主题读书会的社会背景不同，所专注的主题也较多元化，其组织的活动也多围绕自身主题进行，但部分活动的主题内容与阅读推广结合不多，如"'阅读·瑜伽·茶'主题读书会"多专注于瑜伽和茶艺，"粤漫联萌读书会"多专注于 Cosplay 表演，"文史摄影之友读书会"多专注于摄影采风等。

4. 部分活动形式过于单一，缺乏创新

由于各主题读书会成熟度相差较大，所依托的资源也各不相同，因此，所举办的活动规模、形式、内容都相差较大。如"万科金域蓝湾读书会""'光影书香'读书会"目前仅停留在浅显的读书心得讨论交流层面。另外部分活动的主题过于局限，如"茶缘读书会"仅局限于研读各种茶经，"英语主题读书会"仅局限于英语学习技巧等。

5. 经费管理流程较冗杂，管理成本较高

关于主题读书会的经费使用及管理，佛山图书馆根据实际情况于 2016 年 10 月重新梳理流程并修订过一次。各读书会需要使用经费时，需提前 1 个月以项目经费的形式进行逐层审批，且聘请嘉宾的劳务费不可超过全年经费的 30%。各主题读书会的经费使用情况由专人负责统计和记录，并于每月月末统一汇报至财务处。在运营管理过程中发现，主题读书会的经费管理情况有单笔金额小、审批报销时间长、报税手续复杂等特点。随着主题读书会数量的增加，管理成本将持续增高，且存在"公共财产私有化"的风险。

（四）应对举措

针对以上问题，阅读联盟项目组提出了相应的解决方案，并对联盟下一年的发展目标作了计划，主要体现在以下方面：（1）改善对联盟的管理办法及运作方式，打造体系内（阅读联盟运营管理项目团队）、体系外（佛山阅读推广促进会）两大运

营管理团队，逐步化解阅读联盟发展过程中所遇矛盾。（2）制定《佛山阅读联盟主题读书会评估机制》。该机制将根据联盟成员的运作成果（活动开展质量、投入产出比、合作默契程度、阅读推广价值等因素）对其效果进行评估，并根据评估结果进行奖惩，被评估为优秀的追加扶持力度，评估不达标的则作除名处理。（3）优化现存的制度及规则。通过对联盟准入规则、管理办法、经费使用等相关制度的不断优化，理顺联盟运营团队与社会力量之间的合作关系，追求双方共赢局面，促使阅读联盟机制常态化发展。（4）制定佛山阅读联盟专业化扶持计划。除现有的经费、场地、图书资源等基础扶持外，结合文化需求调研反馈结果，深化对成员专业化需求的支持，增强阅读联盟成员的价值，如为联盟成员打造主题自助馆，通过引导开展具有号召力的特色活动帮助其成长等。（5）制定佛山阅读联盟拓展计划。联盟将进一步面向全社会招募主题读书会，并通过联合出版、教育、科研等同质阵营，兼容商业、居住、旅游、餐饮等异质网络，全面打开社会力量参与公共文化服务建设的局面，不断提高公共文化服务质量，使公众真正成为最终的受益者。

延伸阅读

王丽华.图书馆联盟运行机制研究［M］.北京：世界图书出版公司，2012.

第八讲

阅读服务的购买

图书馆购买阅读服务，目前主要包括两种情况，一种是驻馆阅读推广活动外包，一种是馆外阅读空间与服务的购买，下面分别进行介绍。

第一节　阅读推广活动外包

《政府向社会力量购买公共文化服务指导性目录》将"全民阅读活动的组织与承办"明确列入其中。因此阅读推广活动外包符合我国现行政策，但是外包并不是一件轻松的事情，需要图书馆从业者深入了解外包的基本知识。

一、认识图书馆业务外包 [①]

（一）图书馆业务外包的概念

图书馆业务外包是将企业管理思想移植到图书馆管理实践中的结果。1990 年，著名的管理学家加里·哈默尔（Gary Hamel）和 C. K. 普拉拉德（C. K. Prahalad）在《哈佛商业评论》上发表了《企业的核心竞争力》一文，文中首次提到了"外包"的概念，即英文"Outside Source Using"的缩写"Outsourcing"，指企业将其非核心业务通过合同方式分包给其他企业承担，而自己则专注于核心业务的发展，

[①] 本部分内容主要借鉴：刘淑华. 图书馆业务外包及其发展趋势［M］. 北京：国家图书馆出版社，2015.

从而降低成本，提高效率，充分发挥自身核心竞争力。

业务外包管理模式引入图书馆后，学者们对图书馆业务外包的定义基本上有两种类型，一种是认为外包是图书馆将其非核心业务承包给馆外的社会机构，强调核心业务与非核心业务的区分，认为可以把一些事务性的工作外包，比如上架、物业等。另一种观点则认为可以把图书馆的全部或部分业务委托给馆外的企业或组织承包管理。由于担心图书馆公益性的丧失及大幅裁减图书馆员，整体外包从其诞生以来就受到图书馆界的强烈反对，因此整体外包更多地被称为"私有化"。美国图书馆协会（ALA）曾经专门就整体外包发表声明，指出：美国图书馆协会认为政府资助的图书馆应该直接为图书馆的读者服务负责。因此美国图书馆协会反对将关于图书馆服务的政策制定和管理从公共部门转移到营利机构[①]。我国和美国情况不同，美国反对整体外包并不意味着我国不可以进行整体外包，但是业内需要对整体外包进行审慎思考。整体外包存在争议，在国内践行整体外包的图书馆数量也比较少，但是局部外包或部分业务外包在图书馆界广泛应用，主要涉及采访业务外包、编目业务外包、流通业务外包、自动化业务外包、数字资源建设外包、物业管理外包、古籍修复业务外包、文献物流业务外包、馆内休闲场所经营外包等。

（二）为什么要进行业务外包

1.降低业务成本，提高图书馆效益

实施业务外包，可获得通过比较优势效应和规模经济效应带来的成本降低利益。外包服务商相较图书馆来说，某些业务活动所需要的人力资源相对价格较低。图书馆把这些业务拆分给外包服务商进行，能够通过节省成本获得比较优势利益。规模经济效应指企业单位时期内产出数量与平均成本的反向关系，即产出数量越大平均成本越低。通过外包把图书馆业务中的某个流程或某项业务拆分为特定工序和流程，由专业的外包商来做，由于规模较大的外包商拥有种类齐全的设备、专业的技术团队，可以用他们的知识技能和设备优势等为众多的图书馆提供服务，从而产生规模经济效益。这比起单个图书馆内部购买设备，培养专业人才，组建

---

① America Library Association.ALA Policy on Outsourcing and Privatization［EB/OL］.［2020–05–20］. http：//www.ala.org/tools/outsourcing/background.

相应团队，效率更高，成本更低。

2. 获得更专业和高效的服务

外包服务商专业从事某项业务，具有丰富的实践经验以及专业的管理和技术人员，往往与其专业领域现有的和未来的技术能够保持同步。同时，外包服务商之间的竞争也促使其提供的产品和服务质量不断提高。对于图书馆来讲，非核心业务由于所受关注度较低，人员和经费投入较少，对于新技术的反映和接受能力有限，很难立即将新技术纳入实际应用，通过外包，图书馆在获得更专业服务的同时，亦可获得接触新技术的机会。

3. 更好地专注核心业务，提高核心竞争力

这里的核心业务，一是指在实施外包的业务中部分重要的工作环节，如质量监督、技术指导等，通过外包把大部分的工作内容给承包商来做，图书馆只需少量的工作人员进行质量监督、技术指导和流程管理，管理人员可以摆脱繁重的日常工作，开阔视野，集中精力把握该项业务的整体质量和发展方向；二是指图书馆整体意义上的核心业务，即那些对图书馆生存和发展起决定作用的、具有竞争优势的业务。将非核心业务外包，图书馆必然可以腾出更多的精力、人力、物力和财力来发展核心业务，提高图书馆自身优势乃至整个图书馆行业的优势。通过业务外包将自己不擅长的弱项外包出去，有助于组织"甩掉包袱"，轻装上阵，将内部资源应用于最具优势和发展前途的核心业务，精益求精，从而提升整体的核心竞争力。

4. 获得组织重构和资源重新分配的机会

组织重构是对组织运营体系的系统性整改，包括业务流程、部门设置、岗位设置、人员调整、管理制度（如绩效考核、财务制度、行政制度等），图书馆实行外包的目的不一定是为了业务重构和组织结构的调整，但至少外包为图书馆带来了这样的契机，一些业务的全部或部分外包，必然导致从事这些业务的原有人员的调整。外包给图书馆一成不变的管理体制和组织结构带来了"不得不变"的动力，打破了其长期性和稳定性的特点，如果图书馆能够充分地利用这个时机，对组织内部进行"破坏"和再造，可能会给图书馆的发展带来新的气象。

5. 可有效减少或转移风险

通过实施外包，一些业务的管理风险，质量风险、资金占用风险等可全部或部分转移给承包商。通过实行外包，可将这一部分业务的管理完全委托承包商来完成。如物业管理，整个业务流程由承包商负责，图书馆只负责质量监督，业务管理的风险由承包商承担。一项业务实施外包后，图书馆虽然也会参与质量问题的监督和管理，但实施期间的质量控制和质量问题则主要由承包商承担。另外，通过外包，在交货验收之前，合作的承包商将分担一部分资金的占用，从而降低了资金的占用风险。此外，一些外包商拥有专业的设备，不需图书馆投资购买，也降低了资金占用风险。

二、阅读推广活动外包的基本流程

（一）明确外包的目的

从前文关于图书馆业务外包的介绍中，我们可以知道，图书馆进行外包最根本的目的是希望图书馆员可以专注于核心业务。从这个角度来理解，核心业务不应该属于外包的范围，图书馆的阅读推广在大多数图书馆都属于核心业务，因此从严格意义的图书馆业务外包定义出发，阅读推广不应该进行外包。但是考虑到目前图书馆，特别是公共图书馆进行阅读推广的人力在数量和能力上都略显不足，仅依靠图书馆员不能很好地开展阅读活动，因此从现实情况出发，图书馆阅读推广活动可以采取外包的方式，主要是解决人力资源不足的问题。

（二）界定外包范围和外包策略

如果外包业务范围界定不准确，一旦实施外包，会给图书馆带来竞争力下降的风险，这不仅仅是单个图书馆的风险，而是涉及图书馆整个行业的风险。事实上，在图书馆外包业务范围的确定中，已经不可避免地出现了"趋同"现象，即"别人外包什么，我们就外包什么"，一些图书馆失去了自我判断的自信，脱离本馆实际，完全参照其他大多数图书馆实施外包的情况确定外包业务范围，久而久之，势必对整个图书馆行业的竞争力产生影响。依据本馆实际情况，详细评估，正确识别核心业务，才能较为准确地界定外包业务范围。

阅读推广活动整体对于图书馆来说都是核心业务，但是也可以按照外包的原则，解放图书馆员的低成本劳动，确定哪些活动属于外包的范畴。这里讲外包，不一定是整个活动外包，也可以是活动的一部分，比如讲座中的专家接待等，但是请哪些专家就需要图书馆自身做决定。

按照美国质量管理专家戴明的理论，任何业务都可以分为计划、执行、检查和改进四个方面。我国学者范体军根据这一理论，提出三种业务外包的策略，购进型外包、选择型外包和完全型外包。图书馆在进行阅读活动外包时，也可根据情况不同，选择适合的外包策略。

1. 购进型外包，指接包方只承担外包业务流程中的"执行"活动，其余活动自制。

2. 选择型外包，指将业务流程中的"计划"和"执行"外包，而保留"检查"和"改进"的活动。这种外包策略适合于需要长期进行外包的业务，有助于形成长期稳定的伙伴合作关系。

3. 完全型外包，指将业务的所有流程全部外包，只保留"检查"活动中对外包商服务水平的评价。

从阅读推广活动的特点而言，不适合采用完全型外包。图书馆进行阅读推广活动外包的一个最重要的考量是人力不足，专业性不足，如果采用完全型外包，图书馆员就失去了通过阅读推广活动提升专业能力（干中学）的机会，或者说如果长期不接触核心服务活动的设计和开展，图书馆员的能力得不到进一步的提升，图书馆阅读推广人员的专业性会深受影响，从而影响整个行业。

（三）选择外包商

1. 收集资料，确定可能的外包商。

2. 拟定初步的评价标准，在对外包商进行选择时，主要考虑资质、价格、产品质量、售后服务、外包商的管理能力等几个主要指标。

3. 撰写项目需求说明书，阐明拟外包的业务范围、特点、对人员、设备、场地等的要求，以及活动面向读者的基本特点等。

4. 初步甄选，进入采购流程。按照采购方式的不同，可以分为招标采购和定向采购两种。

（四）实施中的质量控制

实施中的质量控制指在业务进行的不同阶段对已实施业务部分进行质量监控，确保图书馆能够随时了解有关质量问题。

1. 应该由图书馆和外包商共同组成质量检查小组，这样双方都能从各自的角度提出解决问题的方法，兼顾双方利益，有助于后续外包的质量改善和顺利实施。

2. 建立质量报告制度。图书馆可以和外包商协商，规定要提交在外包业务实施中的某些关键节点的书面质量报告。

北京市海淀区在创建国家公共文化服务体系示范区的具体实践中，通过政府购买服务，积极引导和支持社会服务主体广泛参与公共文化服务资源供给，并逐步建立公共文化服务项目全流程监督管理机制，构建了事前"三预"、事中"三查"、事后"三评"的一体化、全流程工作体系。在项目执行前，对工作实施方案、预期指标等进行预查，对准备进度进行"预促"，对工作风险进行"预防"，确保前期筹备高效顺利；执行中，采用现场检查、民意调查、问题纠错三种方式，全面考核项目实施内容质量、群众参与度和满意度等，发现问题立行立改；项目完成后，通过项目评述挖掘项目特色亮点、查找工作不足，通过绩效评分从项目推进及落实、媒体宣传报道等六大维度全面评价项目执行综合情况[①]。

三、外包可能引发的问题

在实际操作中，限于管理者的经验和能力、前期的调查与评估的细致程度，以及图书馆整体战略规划、战略发展方向的确定等的影响，有可能会出现外包决策不当的情况，这些情况可能包括以下几点。

（一）在不需要外包的情况下，盲目跟风而实施外包。

（二）不考虑本单位实际情况，一味追求短期内业务成本的降低或服务质量的提高，局部采用战术性外包，结果往往适得其反。

（三）对图书馆的核心竞争力不明确导致外包范围不适当，致使图书馆核心能力降低甚至丧失。

（四）对图书馆内部环境评估不足、未进行可行性分析而导致外包后出现管

---

① 杨兆辉. 全流程监控：政府购买公共文化服务管理的海淀经验［N］. 中国文化报，2018-07-26（6）.

理失控、质量失控。

（五）没有统筹考虑图书馆战略规划和方向，实施外包后造成与总体战略方向冲突，影响整体的运作效率和既定的战略目标的实现，以及出于各种原因未进行细致的调查和评估而仓促决策带来的风险等。

四、阅读推广活动外包案例

（一）朝外社区购买悠贝亲子图书馆的服务

朝外文化服务中心、朝阳区图书馆、悠贝亲子图书馆三方 2014 年正式签署《社会力量参与朝外地区图书馆运营合作协议书》。在管理模式上，街道与区图书馆制定服务标准、考核办法，承担运维费用。民办图书馆负责日常管理以及活动的开展。在服务方式上，继续坚持北京市公共图书馆"一卡通"及通借通还服务，保证 365 天开馆，每周不低于 56 小时，在提供常规借阅服务的基础上，还将积极开展阅读指导、专家讲座、文化沙龙等阅读活动，服务对象从幼儿、儿童、中青年一直到老人。实现公共图书馆服务效能的最大化。

朝阳区文委在到馆人数、图书流动册数、活动场次等方面对悠贝都有严格的考核。仅以活动为例，悠贝一年中要实现开展 200 多次活动的目标，区图书馆每季度进行考核，只有完成目标，区图书馆和街道才会支付该季度的管理费。经过测算，此种合作模式的支出与原先支付给管理员的费用基本持平 [①]。由此可见，政府购买服务并不一定会带来成本减少，而最重要的考虑因素是政府购买服务是否会带来服务质量的提升。

（二）福田区图书馆购买三叶草故事家族的服务

三叶草故事家族是一个致力于推进亲子阅读进入家庭的民间公益组织。2011年 5 月 11 日，三叶草阅读文化发展中心正式获准注册成立（注册号：深民证字第 030041 号）。深圳市福田区图书馆实施"社区图书馆激活计划"，联合社区街道图书馆，从三叶草故事家族购买绘本故事、亲子互动阅读活动、"新书抢鲜读"等阅读推广活动。

---

① 北京朝阳尝试社会力量运营图书馆［EB\OL］.（2014—01—27）［2020—05—20］. http：//www.wenming.cn/whhm_pd/yw_whhm/201401/t20140127_1720165.shtml

第二节 公共阅读空间服务的购买

由于我国图书馆总分馆制尚不完备，导致公共图书馆数量不足以满足民众日益增长的文化需求，为了尽可能快速满足公共图书馆服务渗透到基层单元的需求，一些地方政府和图书馆开始探索将一些商业场所或其他公共场所购买为公共阅读空间，地方政府或图书馆提供图书资源、相关设备并提供一定补贴，该场所以图书馆分馆的形式提供服务，图书馆对其进行评估。

一、购买公共阅读空间服务的驱动因素

（一）节省财政对基础性建设的一次性投入

我国幅员辽阔，不同地区社会经济发展差异较大，对于公共阅读空间的投入状况也千差万别。公共阅读空间建设，需要解决融资、管理等多方面的问题，也需要切实保障服务的质量。但由于部分地区财政资金紧张，人力资源有限，使得公共阅读空间设施落后、管理混乱，难以发挥应有的效果。以政府购买公共服务的方式引入社会力量参与公共阅读空间建设，可以节省政府对基础性建设的投入。

（二）调动更多社会力量参与公共服务

长期以来我国阅读服务的提供者比较单一，通过政府购买的方式，可以调动更多的社会力量参与到公共阅读服务中来，扩大公共阅读服务供给主体的类型，增进供给主体多元化，促进公共阅读服务质量的提升。一方面可以促进社会组织拥有更丰富的服务资源，从而提供质量更优的服务，另一方面也可以激励原有的服务提供者对服务进行反思，提升服务质量。

二、图书馆购买公共阅读空间服务时应该注意的问题

（一）注意购买公共阅读空间和建设基层图书馆的均衡

如果在不断扩大政府购买服务规模的同时，政府不加大对公共图书馆的投入，尤其是对基层图书馆的投入，会使得基层图书馆的地位被削弱，会改变政府购买服务的初衷。所以，要在广泛开展政府购买服务的同时，加大对基层图书馆的支

持，同时，基层图书馆也要不断深化服务，这样才能够更好地满足社会公众对文化服务的需求。

（二）加强对承接主体的审核和监管

随着政府购买服务规模的扩大，需要更多的社会组织参与进来，可能会出现社会组织鱼龙混杂的现象。虽然社会力量参与公共阅读空间建设的意愿强烈，但参与目的各异。要想保障公共阅读空间的公益性、便民性，制约社会资本的逐利性，就需要建立适宜的监督管理机制，对接包方进行有效约束与监督。

在推广政府购买服务这种模式时，需要加强对接包方的审核，确保其具备承接服务的资质与能力。对愿意参与公共文化服务经营的社会力量要设立必要的准入条件和资质标准；对已经签署协议进入公共文化服务领域、担负阅读空间的管理运营方，要加强监管考核，彰显阅读空间的公益性、公众性和非营利性，约束经营者单方面的利益冲动和营利思想；对考核不合格的运营者要建立惩戒机制和退出机制。

（三）加强购买服务的规范性建设

目前社会力量参与的渠道、参与的方式方法等不够明确，参与随意性较大，稳定性较差，客观上也加大了谈判协商的工作量和工作难度。建议政府将购买阅读空间服务列入年度政府采购目录，每年年初将当年拟采购范围、项目类别、项目数量、资金总额等向社会公布，增强政府采购的透明度，明确项目采购的资质条件、招投标程序等，确保财政资金的使用效率，以增强社会力量参与阅读空间建设的积极性。

三、购买公共阅读空间服务的案例

（一）购买商业休闲场所的阅读空间服务——三味书咖 [①]

2014 年下半年以来，江阴市图书馆在全国首创"公共图书馆＋咖啡馆"的 PPP（Public–Private–Partnership）合作模式，推出"三味书咖"城市阅读联盟。图书馆提供图书等资源，定期流转，咖啡馆、茶楼等社会服务机构提供场地，投

---

① 此案例材料由江阴图书馆宫昌俊馆长提供。

入设备以及人员，合作双方资源产权不变。图书馆统一管理阅读联盟的阅读服务工作，委托第三方评估服务效益，市政府根据效益补助扶持社会力量。

城市阅读联盟的主要功能是：构建社会力量参与公共文化服务发展的平台，引入竞争机制；对全体市民实行免费开放，免费借阅；加密图书馆服务网点，缩短公共文化服务半径；宣传弘扬社会主流文化和社会主义核心价值观，引导良好社会风气。除了提供图书馆的各项服务之外，各网点还将延伸提供参与公益文化培训、群众文化活动，代购电影票和戏票等增值服务。

1. 实施过程

三味书咖城市阅读联盟建设，是从江阴实际情况出发的探索和尝试，主要针对的问题有以下两点：① 江阴市图书馆总分馆体制的局限。江阴市开始建设总分馆"一卡通"体系目前已经覆盖江阴城乡。然而江阴全市常住人口有 160 余万，目前共有 18 家图书馆，平均近 9 万人才拥有一家图书馆，远低于国际图联提出的每 5 万人应设置一家图书馆的标准。② 如何吸引更多资源共同推动全民阅读。总体上来看，目前江阴市图书馆主要从政府手中获取各种与全民阅读相关的资源。但是资源增长的速度远没有需求增长的速度快。在这样一种情况下，开拓资源渠道就成了图书馆需要解决的问题。

阅读联盟的建设分先行试点、示范建设和构建体系等三个阶段。建设过程中，图书馆特别重视标准建设，重点抓好以下五项标准的建设：①准入标准。申报参加三味书咖城市阅读联盟的社会组织或机构，其资质、业务范围等均需满足一定的标准，确保与公共文化服务有机融合。②建设标准。三味书咖城市阅读联盟成员要符合统一的建设标准，主要包括馆舍面积、功能布局、基础设备、人员配置、图书流转等方面。③服务标准。三味书咖城市阅读联盟执行统一的服务标准，各服务点设置统一标识，执行统一制度，实现一卡通借通还，共享数字图书馆资源，及时传递各类服务信息，推动优质资源和服务走进各服务点。④评估标准。评估标准主要分为业务建设、读者活动与延伸服务、宣传推广等方面，突出对服务和读者活动的考评。⑤工作协作标准。加强总馆与各服务点之间的沟通联系，建立日常交流机制，以及统一的工作流程与协作标准，以服务的标准化确保服务质量的稳定。

图 8-1　三味书咖丰硕茶楼分馆

2. 具体成效

三味书咖城市阅读联盟自推出以来，荣获多个奖项，包括第五届 2015 年中国图书馆学会"百县馆长论坛"案例一等奖、2015 年度江苏省全民阅读工作优秀项目、2016 年第七届江苏省公共图书馆优秀服务成果二等奖、2016 年第五届江苏省图书馆学情报学学术成果论文一等奖。到 2018 年 9 月底，三味书咖城市阅读联盟共建有 10 家分馆，其中两家因经营内容调整，已终止与其合作，目前正常运行的有 8 家。经过一段时间的运营，城市阅读联盟取得的初步成效主要体现在以下几个方面。

（1）网络体系初步形成。三味书咖在全市范围内的 8 家分馆（7 家市区分馆，1 家乡镇分馆）与现有总分馆体系、24 小时城市街区自助图书馆等设施形成了布局合理、层次分明、功能完善的网络体系结构。其中在周庄镇中心区域设置并开放浦发银行分馆，为三味书咖向乡镇发展做了试点。

（2）业态融合不断展开。三味书咖合作伙伴类型日益多元化，目前已有咖啡馆、茶楼、银行、花店和社区等与日常生活密切相关的行业和机构，使三味书咖能有效"嵌入"公众的日常工作和生活，也为下一步继续推动与其他业态的融合发展奠定了实践基础。

（3）规章制度全面覆盖。根据准入、建设、服务、评估、工作协作等 5 项标准，三味书咖形成了全面覆盖事前、事中和事后的管理运营，全过程执行统一、规范的业务规范体系，保障整个项目合理、稳定地发展，切实起到推动公共文化社会化发展、推动全民阅读的职能。市财政每年拿出一定的财政资金对相关网点进行奖补。

表8-1 三味书咖阅读联盟奖补资金汇总

年份	网点名称	奖补金额（单位：万）
2015	匆匆那年	0.5
	丰硕茶楼	2.0
2016	文定社区	1.5
	假如我有一个花店	2.5
	丰硕茶楼	4.0
	天鹤社区	5.0
2017	丰硕茶楼	1.5
	书香文定	1.5
	漫步咖啡	2.0
	天鹤社区	3.0
	假如我有一个花店	4.0

（4）运营效益稳步提升。各联盟点图书流通数据逐步攀升，讲座、沙龙、读者培训等众多活动也逐步延伸进各个分馆。各分馆结合各自的经营特长，推出出示图书借阅证可打折消费等一系列活动，在推动全民阅读的同时，推动了市民的文化消费理念和习惯的转变。

表8-2 三味书咖阅读联盟业务数据统计（开馆—2018年9月）

项目名称	借阅册次	还书册次	举办活动场次
天鹤社区（24小时自助）	34293	34065	47
丰硕茶楼	8659	9164	30
周庄浦发银行分馆	1958	2222	3
新华社区分馆（假如我有一个花店）	8346	8354	17
文定社区分馆	2591	2515	77
青年广场分馆（WoolShow）	550	578	7
漫步咖啡分馆	10566	10479	8
良晨广场分馆	68	18	2
小计	67031	67395	191

（二）北京市西城区购买特色阅读空间服务的探索 [①]

北京市西城区是首都核心功能区，建有 3 家区级图书馆，26 家街道图书馆，并实现了区级图书馆和街道图书馆的总分馆制，为了更好地满足人民群众的文化需求，西城区政府尝试通过政府购买的方式，构建阅读空间。

西城区文化委员会（以下简称"区文化委"）专门成立了"书香西城"项目工作小组，区文化委副主任担任组长，由市场科、西城区第一图书馆、西城区第二图书馆等多家单位人员组成，共同负责此项工作。具体实施方式是由区文化委负责社会组织的选择与委托，由图书馆负责具体工作的落实，即负责阅读空间从建设服务、评估考核、资金预算管理等内容。经费方面，西城区财政以"书香西城"专项经费予以拨付，政府购买服务的标准为筹建阅读空间的购书经费 10 万元，"云借阅"电子书刊借阅机购置费 4 万元，文献年度更新费 3 万元，其他费用视具体情况而定。政府购买服务的模式使图书馆的角色也发生了转变，从财政资金的直接使用者变成监管者，从图书馆服务的提供者转变为落实服务的监督者和评估者。

西城区政府购买服务，构建阅读空间，可以归纳为两种类型，一种是公办民助型，即政府提供空间，引入社会组织运营管理；另一种是民办公助型，即利用社会组织自身的空间开展阅读服务。

1. 砖读空间

在北京西四南大街 43 号的小院内，有一处著名的全国文保单位万松老人塔。作为北京城区现存唯一的密檐式砖塔，古塔经历过多次修缮，但仍是"自锁院门"的封闭状态，人们远远望去，只见塔顶不见塔身，对它的了解几乎是一片空白。经过多方调研论证，区文化委下决心突破常规，把万松老人塔打造成一个非营利的公共阅读场所，即砖读空间，而不再是简单的文保单位。

要想实现这一目的，如果按照常规的思维，区文化委需要单独成立一个事业单位，负责日常开放运营管理等工作，还有人员编制、工资等一系列问题需要解决。但这次则尝试通过政府购买服务，引入第三方机构进行运营管理。经过反复比较，

[①] 此案例为笔者结合孟兰 . 推行政府购买服务构建阅读空间的探索 — 基于北京市西城区的实践 [J] . 图书馆，2016（2）：100–103，以及相关网络报道整合而成。

在老北京文化圈内颇具影响力的正阳书局脱颖而出。正阳书局是以北京历史、地理、风物文献资料为经营特色的书店，位于前门大街廊房二条 76 号。由于其面积有限，只能摆出小部分图书，更多的则藏身于地下室。

西城区成立了"砖读空间"运营管理委员会，由区文委、区属图书馆、北京出版社、正阳书局以及所在街道和社区组成。区文委负责把方向、出标准、抓考核，图书馆负责图书更新，正阳书局设法让文物充满人气，获得重生。西城区文委还设立了志愿者小组，定期到万松老人塔开展志愿服务，坐下来跟老百姓聊天，听取他们对"砖读空间"的想法和意见。

2014 年 4 月 23 日，"砖读空间"正式成立，这是北京首个在文保单位中建立的阅读空间，其创新之处在于充分活化利用既有的文物古建，对其进行改造提升，并结合当地的历史文化渊源，形成集图书馆、博物馆、档案馆于一身的阅读空间。砖读空间开放时间为 9 点至 21 点，共有 6 名工作人员，以北京文化典籍为主要特色，收集"北京人写的、写北京人的、在北京写的"文献资料。成立一年来，高峰时人流量一天可达千余人，并与图书馆、中央人民广播电台等共同举办了胡同文化展览、京味文化讲座、朗诵会等阅读活动。砖读空间荣获了"2014 书香中国第四届北京阅读季"评选的"最美阅读空间"称号。

2. 皮影书香酒店

位于西城区松树街 24 号的什刹海皮影文化酒店是一家主题酒店，以皮影为特色，主打中国元素，颇受外国游客的青睐。区文化委选定这里作为阅读空间后，区第一图书馆多次与负责人沟通交流，为这个阅读空间提供了中国传统文化、老北京文化、非物质文化遗产方面的专题文献，还配置了"云借阅"电子书刊借阅机。2014 年 11 月，阅读空间正式成立，西城第一家"书香酒店"就此诞生。读者可以一面置身西城文化的实地，一面随时随地享受阅读，感受着西城悠久的历史。同时，这里还举办皮影手绘体验活动，呈现全方位、立体化的阅读方式。

采用政府购买的方式提供阅读服务是阅读推广服务开展的一种重要方式，图书馆需要审慎思考图书馆的发展战略规划，深刻领会相关政策，系统掌握政府购买公共服务以及业务外包方面的知识，密切跟踪国内外相关动态，方能科学合理地利用此方式，提供更为丰富多元的阅读服务。

延伸阅读

刘淑华.图书馆业务外包及其发展趋势［M］.北京：国家图书馆出版社，2015.

图书馆与社会力量合作阅读推广综合案例

附录一　上海浦东区图书馆的探索实践 ①

　　上海浦东新区没有独立的少儿图书馆，少儿馆作为我馆的一个部门，承担全区的儿童阅读推广工作。少儿馆面积 1700 平方米，现有工作人员 17 名，2017年少儿图书流通量约 308 万册次，举办少儿活动 263 场次，近 9 万人次参与。为壮大专业队伍、提升活动策划能力，我馆充分注重与多方合作，努力推进阅读推广活动的发展。

一、浦东图书馆少儿阅读推广合作案例

（一）与专业机构的合作

1. 故事妈妈讲故事

　　"故事妈妈讲故事"是与一个致力于儿童生命教育发展的民非组织合作，于2010 年引入故事妈妈工作室（民非组织）。该工作室通过生命教育和绘本相结合，以讲故事的方式将生命教育带入绘本讲述活动中，目前有 200 多个故事妈妈活跃在上海部分学校开展讲故事活动。合作中，我馆为故事妈妈工作室提供集体备课、模拟上课的场所，丰富的馆藏资源，并与他们一起商定故事会菜单、安排活动场

---

① 本部分内容主要取自：刘隽.社会力量参与图书馆少儿阅读推广活动的实践与思考——以上海浦东图书馆为例［J］.图书馆研究与工作，2019（1）.略有删减。

地、组织读者、现场管理及后期经费补贴，故事妈妈团队则通过研讨、集体备课确定上课内容，承担讲故事、主持及道具准备等工作。至今已累计开展 340 多场活动，服务超 10000 个家庭，使亲子阅读理念逐步深入人心。

2. 少儿写作乐园

"少儿写作乐园"是与作文杂志及儿童文学研究方面的专业学会合作，由作家为中小学青少年开展如何写作的讲座类阅读成长活动。作家跟少年儿童近距离接触，面对面交流创作经验，解答他们在文学创作方面遇到的问题，鼓励他们喜欢读书、向往写作。我馆充分利用上海及周边丰富的儿童文学作家资源，2011 年起尝试与《作文大世界》合作，2015 年底起与上海市儿童文学研究推广学会合作。我馆每年年末会根据小读者需求与合作单位一起策划新一年活动，如 2018 年是以游记、小说、日记、小论文等形式开展系列讲座。合作中，我馆负责读者招募、宣传、组织及后续报道，承担活动讲课费，负责作家接待，组织作家与小读者面对面交流写作，整理讲座内容，做成资料分享；合作单位负责联系善于指导少儿写作的儿童文学作家，向馆方提供主讲人资料，并进行活动反馈和调整。活动每月一期，至今已开展 84 期，先后邀请王一梅、殷健灵、郁雨君、伍美珍等多位儿童文学作家参与，受到家长和小读者的普遍欢迎，每期活动都爆满，参与读者累计逾 20000 人。

3. 约会大咖·亲子共读

"约会大咖·亲子共读"是与国内知名少儿出版社合作，由国内外著名作家见面会、阅读推广专家推荐优秀读物或亲子共读等内容共同组成的专业亲子阅读指导类活动，是少年儿童、家长及儿童文学爱好者共同学习、共同阅读的平台。与大型出版社合作，让阅读推广专家或著名作家来分享阅读理念和方法，能加强亲子阅读的指导作用。从 2014 年初起，我馆尝试与信谊图画书、启发出版社、接力出版社等合作，这些出版社在呼吁亲子共读方面有优势，善于寻求最适合孩子阅读的书籍，还有很多专家资源，比较契合活动初衷。在合作中，各大出版社提供阅读推广人、国内外著名作家资源，图书馆进行挑选、提前预告、会场安排、读者招募、现场组织及后期讲课费补贴，出版社负责活动策划、专家差旅费等。活动不定期开展，邀请了嘉宾包彭懿、阿甲、山姆·麦克布雷尼、丰田一彦、沈石溪等，吸引了许多的家长和绘本爱好者，每场活动座无虚席，目前已开展 17 场，累计参与者逾 12150 人次。

4. 少儿故事部落微群讲座

"微群讲座"是与国内亲子阅读推广与服务的专业机构的合作，主要是在线开展一些少儿阅读类讲座。我馆从 2016 年开始联合悠贝亲子图书馆开展微群讲座，内容涉及新书分享、绘本指导、育儿经验等，受到读者的好评。在我馆与悠贝合作中，悠贝提供在线讲座菜单，馆方根据需求进行采选、微群预告和承担技术服务费。活动当天，悠贝进行专家邀请和技术现场服务，馆方负责在线群管理和反馈，目前已开展 18 期，累计受益人群超 20000 人，截至目前我馆有 3 个微群，汇聚超过 1400 多位家长朋友。

（二）与社区合作

1. 小书虫之旅

"小书虫之旅"是与社区学校合作的参观体验类活动。该活动是工作日为学校团体开放参观图书馆活动。在合作中，我馆负责安排馆员进行对接接待，确定活动场地、内容和适合的馆藏资源，学校负责少年儿童的安全管理、组织协调、预约报名等。近年来，每年接待预约参观小读者 20 多批次，近 4000 人次。

2. 图书小管家

"图书小管家"是与部分街镇图书馆合作，面向 10~16 岁青少年图书整理、检索辅导、文明巡视等图书馆实践体验类的活动。为解决活动名额少、报名难、路程远及街镇图书馆组织策划能力薄弱的问题，2015 年寒假开始，我馆主动联系浦东新区部分街镇图书馆，合作开展图书小管家活动，从 3 家图书馆发展到 11 家图书馆合作参与，名额从 30 多个增加到 200 多个，报名形式从单一的现场报发展到网络微信统一平台报名。同时，我们还针对参与的街镇图书馆进行招募培训和标准化管理培训。如在活动开展前，为街镇图书馆提供统一的《"少儿阅读帮——图书小管家"服务说明书》，内含服务要求、服务岗位、考核制度、请假制度、评分表、奖励等具体内容，帮助街镇图书馆馆员进行管理。活动进行中，组建了活动 QQ 群，每个街镇馆负责人参与，有问题及时反馈沟通，形成了较好的良性动态管理。活动结束后，还组织所有参与馆员、图书小管家代表进行分享、总结和表彰。通过该项目统一的培训、现场动态管理和总结等标准化服务，有效增强了街镇图书馆馆员的组织和管理能力，扩大了小读者参与活动的范围，得到媒体多次报道宣传。

3. 我的绘本我做主

"我的绘本我做主"是与单个街道图书馆合作的、面向少年儿童开展的创意绘本创作大赛。活动从 2014 年开始，是我馆与南码头路街道图书馆联合开展的一项比赛，南码头路街道图书馆是参与浦东新区少儿阅读推广开展工作比较积极的街道图书馆。合作中，前两期我馆负责整个活动的策划和执行及部分活动资金的支出，南码头路街道图书馆负责配合开展及部分资金支出。在整个大赛的参与和合作中，我馆馆员与街镇馆馆员积极配合，主动联系专家担任评委和颁奖嘉宾。随着项目的持续开展，到第三期大赛时街镇馆已经能独立提出策划方案，并负责资料收集整理、评奖等，我馆负责统一监督完善、宣传发动和少部分资金支出。

4. 少儿阅读帮——活动维护

少儿阅读帮——活动维护是与社区群体合作的志愿者服务项目。少儿馆有许多活动，活动中需要涉及签到、秩序维护、部分摄影等。浦东新区联洋社区的联洋妈妈俱乐部地处花木地区，离图书馆比较近，有很多妈妈参与志愿服务，其自 2015 年起主动与我馆合作。合作中我馆不定期发送活动安排和志愿者招募细则，俱乐部负责招募志愿者，安排好岗位和时间，组织志愿者配合做好活动维护的服务，我馆在活动维护中做好愿者签到、培训和评价管理工作。由于这些社区俱乐部的志愿者们来自各行各业，他们的到来，使活动更加有序、顺利，也让社区居民更加了解和喜爱图书馆。项目至今累计服务 1000 多场活动，参与者达 2000 余人次。

（三）与企业合作

1. 迪士尼亲子故事会

迪士尼亲子故事会是由企业员工志愿者及其家庭成员在我馆举办的故事会活

动，面向 3~6 岁儿童讲述迪士尼经典故事。迪士尼卡通形象深受孩子们的喜爱，迪士尼度假区是浦东地区的社会企业，其热衷于公益事业。迪士尼亲子故事会活动于 2013 年 7 月启动。合作中，企业负责准备迪士尼故事背景板、图书和手偶等，挑选一个故事主题与小读者分享，如小熊维尼、玩具总动员等，配备 10 名左右的故事会志愿者负责活动的有序开展，我馆则负责招募亲子家庭、进行活动预告、现场管理、反馈调整等。至今为止，迪士尼亲子故事会已开展 130 多期，每期 25 个家庭，惠及万名小读者及其家长。与此同时，每逢假日，迪士尼志愿者还会和我馆馆员一起走入社区学校或是在图书馆内为广大小读者提供迪士尼电影放映活动。合作中，我馆负责挑选儿童喜欢的适合的迪士尼影片、组织小读者，迪士尼方则负责整个活动的现场服务，活动受到孩子们的喜爱。

2. 迪士尼图书角

迪士尼图书角是 2015 年 6 月由上海迪士尼度假区参与制作的儿童阅读区。合作中，包括"华特迪士尼幻想工程——上海"的创意人才在内的迪士尼志愿者们和少儿馆馆员一起商讨，用丰富多彩的迪士尼元素重新设计并绘制了少儿馆部分区域，同时还捐赠了 500 本迪士尼故事读物，有效提高了小读者的阅读兴趣。

（四）与政府部门合作

非常家长慧是与致力于儿童、家庭教育等发展的浦东新区妇女联合会（以下简称"妇联"）、浦东新区教育发展学院（以下简称"教发院"）合作的家庭教育类讲座。在合作中，妇联负责专家授课费、宣传服务等资金的支出，教发院和我馆负责共同策划和协商活动主题和内容，读者招募一部分由教发院定向派送给浦东新区部分学校，一部分由图书馆网络招募，我馆承担主持、现场管理和宣传发动。

（五）与志愿者合作

少儿故事部落微信群管理是与一些有志于少儿阅读推广的个人志愿者合作的项目。有一些读者因为经常参与少儿阅读推广活动，活动中表现积极主动，我馆通过双向选择，挑选了部分读者作为少儿故事部落的 3 个微信群管理员。合作中，我馆负责整个微信群管理规则的制定和流程的管理，志愿者管理员负责微群的秩序维护、问题解答及活动预告和通知。微信群管理项目启动至今已有 2 年多，这些志愿者在群里积极主动，能主动做好推广和维护作用，受到群成员的一致好评。

二、效果与建议

（一）效果

我馆每年的少儿阅读推广活动数量高达 200 多场，参与者超 5 万人次，参与阅读推广的合作者有专业机构、企业、街镇图书馆、政府、学校、社区居民群体等多家合作单位或个人，阅读推广范围日益广泛，内容日趋丰富，提高了少儿阅读推广的专业性、受众范围和活动品质，各类推广活动获奖频频。少儿阅读推广活动的开展提升了我馆整体知名度，让社会更加了解和关注、支持和关心图书馆。这些活动还带动了借阅，近几年少儿图书流通总量频增，从 2011 年的 40 多万册次发展到 2018 年的 300 多万册次。但也存在一些问题，如对少儿阅读推广合作化的研究不够深入，合作中特色化、系列化、品牌化还比较欠缺，个别单位还存在商业广告的植入，项目管理和评价还比较薄弱，还有许多愿意参与少儿阅读推广工作的社会力量对图书馆不了解，在营造全社会少儿阅读推广氛围还需进一步努力。

（二）建议

1. 政府主导，重视图书馆与学校、家庭的合作

阅读是一项系统工程，公共图书馆是全额拨款的非营利性单位，公共图书馆少儿阅读大力推广的前提是政府的支持。实践表明，阅读大国的形成与其政府多年的阅读推广努力分不开。2017 年 11 月通过的《公共图书馆法》提到，"县级以上地方人民政府文化主管部门负责本行政区域内公共图书馆的管理工作"，"国家支持公共图书馆加强与学校图书馆、科研机构图书馆和其他类型图书馆的交流和合作"。这些条例规定了地方政府制定、实施和管理推广阅读的计划和职责。政府指导在少儿阅读活动推广层面和实际操作中有权威性。家庭、学校和社会与儿童阅读推广关系最紧密。我馆在与学校的合作中发现，部分学校不愿意参与合作，尤其是一些越是在阅读方面不重视的学校，越不愿意参与合

作。当政府参与时，学校则表现出较大的积极性，如"非常家长慧"是由我馆和妇联、教发院一起合作的，教发院对学校有考核权，当活动通过教发院发布出去的时候，学校的参与面广多了，妇联的资金支持和相关资源引进，也让该项目有了更全面、深入系统的推进。各级政府应该对家庭阅读、学校图书馆阅读、公共图书馆阅读在政策、资金、制度上提供支持，并对辖区内的公共图书馆或学校图书馆提出合作要求，使图书馆、学校合作更具常态化、系统化和科学化，才能更大程度地扩大合作的效益，确保儿童和青少年阅读兴趣、习惯的形成和能力的提高。

2. 充分调研，优化合作单位的准入、考核和激励机制

近年来，一些社会力量主动参与到公共图书馆少儿阅读推广活动中，但合作单位资质和策划组织水平良莠不齐。如在有些活动中，部分合作单位或是个人会出现微信公众号"拉粉"、做商业广告、套取读者信息等行为，活动没有持续性，邀请的嘉宾不具备专业水平等现象。开发和应用少儿阅读推广合作平台，开展合作项目前的调研工作，了解合作单位的规模、优势、运行情况等，大数据分析少儿阅读服务需求反馈机制，邀请专业人士或专业机构识别少儿阅读需求和合作机构的良莠，推动具备资质的合作单位的公平竞争，是优化合作单位准入、考核和激励机制的必要前提。公共图书馆应该不断完善社会力量的参与机制，需建立完善合作单位的考核、运营和激励机制，保障少儿阅读推广活动社会化合作的质量。

3. 更新观念，加大社会力量参与少儿阅读推广活动的宣传力度

受传统观念影响，社会上还有些人或机构、企事业单位认为公共图书馆只是借还书的场所，对图书馆的免费少儿阅读推广活动和公益性了解不多。我馆的一些优质的少儿阅读推广合作项目参与率低，项目建设经费不足，志愿者招募有时存在更换频繁和部分短缺等现象，社会力量还不能持续、深入地参与少儿阅读推广活动。公共图书馆需加强舆论导向宣传，鼓励新媒体参与和支持，制作少儿阅读推广活动传片，增加新媒体报道频次，评选优质合作单位或个人，传递公益服务理念和精神，让更多的企业、社区、个人或是基金会，了解图书馆事业、参与少儿阅读推广活动，联合更多社会力量共同持续地关注、参与和推动儿童阅读服

务，为儿童阅读推广营造良好的社会环境。

4.加强社会化合作的研究，增强国内外交流合作，探索社会化合作中图书馆的地位

图书馆是生长着的有机体，社会化合作项目在实践中要科学、高效，就需要科学的理论体系研究：哪些服务可以社会化、哪些服务不宜社会化，图书馆在合作中的地位和作用如何保证，国内外如何开展合作交流，如何促进不同国家和民族间的儿童阅读交流和相互了解，如何凸显弱势群体等问题。这些需要通过对国内外同行相关先进经验的学习和研究，需要专家对社会化项目的理论指导，才能为少儿阅读推广注入新的活力。

附录二　张家港图书馆的探索实践 ①

在公共图书馆服务体系建设中，引入各类社会力量，将有助于进一步拓展阅读推广工作的深度和广度，提升公共图书馆服务体系的服务深度与广度，促进公共图书馆服务的均等化、优质化发展。近几年来，江苏省张家港市为此进行了不断的探索和实践。

一、创新阅读平台，吸引社会资本投入

就一座城市而言，可能社区图书馆更需要社会力量的参与，因为社区图书馆是公共图书馆服务体系的前沿阵地，面广量大，要实现全覆盖和提升运行效能，相应的投入比较大。如果能有效降低社区图书馆的建设、运行成本，将进一步推动更多的社会力量参与建设社区图书馆。为此，张家港推出了图书馆驿站。图书馆驿站是一个 24 小时开放的智能化小型图书馆，具有四个方面的特点：一是智能控制、无人值守。市民刷卡进入，灯光能分辨白天黑夜，有读者时自动打开，没有读者时自动熄灭。空调能根据室内温度和读者情况自动开启或者关闭。门禁

---

① 本部分内容主要取自：缪建新.张家港市社会力量参与公共图书馆服务的探索和实践［J］.图书馆杂志，2015（11）.略有删减。

系统能判别图书是否履行外借手续，如果读者携带未借图书，门禁将会自动报警并锁住大门；二是结构简单、维护方便。图书馆驿站采用钢结构简易房建筑，面积不少于 35 平方米。如果社区内有现成的房屋，可以直接建造。站内设备没有复杂的机械装置，日常运行故障很少；三是建设、运行成本低廉。一座图书馆驿站的建设投入在 25 万 ~60 万元，日常运行费用在 2 万元左右；四是可以搭载其他项目。比如可以与银行 ATM 机、售买机、广告屏等结合，使投资的企业获得相应的回报，实现合作双方的共赢。张家港购物公园是该市城西片区最繁华的商业中心，即使租用广场上一块很小的场地开展几天商业活动，租金也要 10 多万元。我们抱着试试看的心情，找到总经理，向他推荐我们的图书馆驿站项目，该总经理听了我们的介绍，看了我们的设计效果图，主动表示愿意承担建设资金，并让我们挑选地址。此外，中国建设银行广东省分行的领导看到报道后，专程赶赴张家港，考察图书馆驿站，打算学习借鉴等。

二、探索"商店＋阅读"模式，引导社会各界

广泛参与商店是人流密集场所，如能动员社会力量建办相应的阅读设施，不仅能方便市民享受公共阅读服务，也将成为公共图书馆服务体系的有效补充。张家港为此进行了有益的探索。千禧南路是保税区（金港镇）德积办事处最繁华的商业街区，沿街商铺林立，顾客川流不息。2013 年，张家港开始向沿街商店倡议建设"公益阅读吧"。标准是在店内开辟不少于 10 平方米的区域，布置不少于 2 顶书架，1 套阅览桌椅，具备与市各级公共图书馆相同的预借通还、报刊阅读、图书捐赠、分享交流等功能。政府出台了相应的激励扶持政策，一是对申报建办"公益阅读吧"的商店，经过考察通过后，由政府资助购置书籍、书柜、书桌等硬件设施；二是实行阅读积分管理。市民可以在各门店办理积分卡，以顾客在门店阅读的次数计分，阅读 5 次并有记载的计 5 分，阅读 5 次并有 2 次阅读留言的计 10 分，写有阅读心得 1 篇计 15 分，读者凭阅读积分卡可以到换书市场换购图书、文具、玩具、日用品等；三是将"公益阅读吧"的建设、运行纳入门店争先创优、诚信等级评定等方面的考核内容。倡议一经提出，得到了沿街各门店的热烈响应，经过实地考察评估，有 5 家商店入选，成功建办了"公益阅读吧"。为

了进一步巩固"公益阅读吧"的建设成果，营造更加浓厚的阅读氛围，更广泛地赢得社会各界的支持，我市还利用沿街的路灯设置了道旗，布置了阅读标语；将街道边两垛空白的围墙，设计了宣传阅读的图画和标语等，创设"书香文化墙"。在学前阅读广场上，设置了以"阅读"为主题的宣传内容，建设了书香亭、悦读廊等，使千禧南路不仅仅是繁华的商业街区，更是书香四溢的"公益阅读"一条街。

三、强化阅读志愿服务，推动读者活动持续开展

张家港市图书馆自 2002 年初开始启动志愿服务以来，虽然取得了一定的成效，但是参与志愿服务的人数不多，人员大部分是学生。为了进一步推动志愿服务，从 2012 年开始，张家港市通过市全民阅读活动推进委员会推出了一系列的举措：一是培育民间阅读组织。制定出台了张家港市民间阅读组织管理办法，要求民间阅读组织坚持正确的导向和社会效益第一的原则，以丰富知识、拓展眼界、启迪智慧、陶冶情操为目的，免费开展各类有益有效的阅读活动；有规范的名称，队员人数在 5 人以上，有章程，有相对固定的活动场地或载体；全市各级公共图书馆负责办理登记、备案手续；一年内未开展任何阅读活动的，将作注销处理。二是发展阅读推广人。阅读推广人分为阅读推广员和阅读推广师。全市各级公共图书馆设立阅读推广员登记处，面向社会常年受理阅读推广员的申报登记，报市全民阅读活动推进委员会办公室备案；阅读推广师的招募由市全民阅读活动推进委员会办公室负责，通过报名初审、培训考试、社会公示、组织聘任等程序，确定阅读推广师。三是对阅读推广人实行激励措施，文化主管部门、公益性文化单位应当为阅读推广人提供交通、安全、卫生等必要的工作条件。全市各级公共图书馆及其他公益性文化设施应为阅读推广人的阅读推广活动提供一切可能的便利，开展优秀阅读推广人评比活动等。在制度的激励下，到目前为止，全市已经建立民间阅读组织 128 家，阅读推广员 1095 人，阅读推广师 22 名。他们活跃在全市城乡，如锦绣育心读书会的经典诵读活动，阅读推广人在东莱文化中心图书馆驿站开展的每晚"伴您夜读"、周末"东莱图书管家"、"书的再生"循环利用计划等，为激活社区图书馆和农家书屋的功能，发挥了重要作用，得到了读者的热情拥护和一致好评。

附录三　郑州图书馆的探索实践 ①

一、打造特色阅读品牌"天中讲坛"

为充分发挥各方优势，实现优质资源共享，郑州图书馆于 2015 年联合社会力量创办了大型公益讲座"天中讲坛"，至今已举办讲座近 80 期，先后邀请王蒙、王立群、二月河、纪连海、张泽群等著名文化学者和各领域知名人士担任主讲，围绕历史文化、社会民生、政治经济、文学艺术、国际形势等话题进行精彩解读，受到社会各界的广泛关注和一致好评，已成为郑州市公共文化服务领域中一张具有较强社会影响力的名片。目前联合的社会力量有河南广电大象融媒、郑州市社科联、云私塾、海正文化、喜马拉雅 FM、中国联通等。各方力量发挥优势和影响力，在主讲人邀请、媒体宣传等方面积极参与、主动发力。尤其是 2018 年的"4·23"世界读书日，与郑州中华之源与嵩山文明研究会、郑州市嵩山文明研究基金会共同推出"中华文明探源古代文明"系列讲座，著名考古学家、历史学家、北京大学考古文博院教授李伯谦作为此系列讲座的第一期主讲嘉宾。此系列讲座每月一期，通过邀请国内考古专家开展经常性文化讲座，使读者更多地了解中国传统文化，领略中原文化的魅力。

二、开展形式多样的阅读推广活动

联合社会力量举办公益展览。为更好地发挥公共图书馆"第三空间"功能，近年来，郑州图书馆联合社会力量举办了各种类型的大型公益展览，如"南荒村——河南百姓的抗战故事""郑州十二五文化建设成就展"、香港摄影展、"郑州好人馆展览""通往和谐之路——美中交往史"图片展、十九大精神宣讲书法长卷展、年俗文化楹联展、"文明南、暖暖新年"主题活动图片展、河南地名文化展等专题展览 50 余场次，极大地丰富了读者的精神文化生活，拓宽了读者的视野。联合社会力量开展未成年人阅读推广活动。为使广大小读者从小养成热爱阅读的良好习惯，

---

① 本部分内容主要取自：张幸格.社会力量参与公共图书馆阅读服务探析——以郑州图书馆为例［J］.
图书馆学刊，2018（8）.略有删减。

郑州图书馆与一些有资质的教育培训机构合作，举办了绘本阅读、青少年机器人大赛、国学大讲堂、创客课堂、英语角等一系列少年儿童喜闻乐见的活动，使少年儿童在活动中感受阅读的快乐与文化的魅力。此外，为满足一部分读者更高层次的需求，联合多家外语培训机构和幼教机构，自 2015 年起开始举办"小小联合国阳光俱乐部"系列活动，此项活动以英语讲座为主，自成立以来，先后开展了英语、意大利语、韩语等多种语言的教学培训讲座，带领读者与来自美国、意大利、韩国、加拿大、厄瓜多尔等十几个国家的外籍教师和留学生开展文化交流。

三、为书找读者，开展爱心图书漂流活动

为盘活市民手里的闲置图书资源，降低阅读成本，促进阅读爱好者之间的交流互动，2015 年，郑州图书馆联合机关、学校、社区、企业以及各县（市、区）图书馆开展爱心图书漂流活动，在医院、公园、车站、银行等人流量较大的公共场所设置爱心图书漂流站，并定期更换图书杂志，市民不需借阅证，只要在借阅登记簿上登记后，就可以将书刊带回家费阅读。这种社会参与、分享节约、传递阅读的形式受到读者的欢迎，让阅读成为社会的共同追求。

四、开展文化志愿服务活动

作为重要的公共文化服务阵地，郑州图书馆在做好阵地服务的同时，结合读者的需求，组织志愿者深入工地、儿童福利院、养老院、戒毒所、贫困村、留守儿童学校等场所，开展志愿服务活动。例如，在元宵节前夕走进强制隔离戒毒所，送去图书和杂志，并组织开展元宵节猜谜活动；六一儿童节前夕，走进郑州市儿童福利院，为孩子们送去书籍和文具等，陪伴孩子们度过一个快乐的节日；春节前夕到车站开展关爱外来务工人员志愿服务活动。这些活动的开展，有助于弱势群体学习文化知识、掌握阅读技能、丰富精神生活。

五、社会力量参与公共图书馆阅读服务的建议

（一）完善社会力量参与的相关规章制度和激励机制

公共图书馆应依据有关政策法规，并结合图书馆的实际情况，逐步完善社会

力量参与的相关规章制度。针对一些社会机构和团体，双方应在平等自愿、合作共赢的基础上，签订合作协议，制定活动方案，明晰双方权责，共同发挥优势，确保阅读活动顺利开展，使读者真正享受到公共文化服务。同时，应建立完善的反馈机制，通过开展读者调查问卷或者第三方评估的方式，对阅读服务内容进行客观公正评价，从而不断调整相应规章制度，使社会力量在参与公共图书馆服务时有规可依、有章可循。此外，针对积极参与的社会力量，要根据国家的有关政策法规完善激励机制，调动其参与的积极性。

（二）拓宽社会力量参与渠道，构建"图书馆+"服务模式

公共图书馆应践行开放合作理念，扩宽社会力量参与阅读服务的渠道，打造"图书馆+"阅读服务模式。一是"图书馆+机关单位"服务模式。一方面，各级政府职能部门可以通过文化惠民政策推动阅读服务，比如由文化部和财政部共同出台的全国公共图书馆免费开放政策，由文化部牵头实施的"文化信息资源共享工程"，由全国新闻出版署推动的"农家书屋工程"等。另一方面，图书馆可以与机关事业单位合作共建分馆，由图书馆提供技术和资源，将图书送到需要的读者身边。二是"图书馆+企事业单位"服务模式，比较常见的有"图书馆+书店"模式，比如山东省东营市公共图书馆与部分书店签订合作协议，读者可持读者证在书店选择图书，现场办理借书手续，看过之后可归还到总分馆体系中的任何一个馆，实现市民、书店、图书馆共赢的局面。三是"图书馆+民间团体"服务模式，比如图书馆与民间读书社、阅读联盟等机构合作，共同开展公益性阅读推广活动。四是"图书馆+个人"服务模式，个人可以通过捐赠书籍或志愿参与图书馆阅读服务。

（三）发挥图书馆人的主体作用，坚持公益性原则

图书馆人是图书馆的重要资源和财富，也是推动阅读服务的主体，应该"以主人翁意识主动寻求与社会力量合作，为社会力量顺利参与图书馆建设铺路"。在联合社会力量时，要注意对其资质进行鉴别区分，保证图书馆服务的公益性。此外，图书馆可以在官方网站、微信公众号等平台设立专门的栏目，对需要社会力量提供的服务内容和项目以及参与渠道进行详细的介绍，方便查询。

（四）加大宣传力度，多途径吸引社会力量参与

一是发挥图书馆自身的宣传阵地优势，利用图书馆的官方网站、微博、微信公众号、LED电子屏、宣传公告栏、服务窗口等，发布服务内容及活动信息，比如郑州图书馆在充分利用以上这些宣传载体的基础上，还利用互动玻璃幕墙显示技术，在闭馆后通过光电投影在玻璃幕墙上展示图书馆简介、服务项目和内容，以及活动信息等资料，使市民晚上路过图书馆时也可以了解图书馆。二是加强媒体平台的合作。媒体不仅是图书馆服务的宣传者和报道者，在活动策划和组织方面也具有独特的优势。比如郑州图书馆以小记者为纽带，与《大河报》《河南商报》《郑州晚报》等媒体建立了长期合作关系，组织小记者定期到图书馆参观采访，并共同开展儿阅读推广活动；与一些新闻网站及视频平台合作，通过拍摄视频短片和微电影的方式更加立体地展示图书馆。三是加大对社会力量参与图书馆服务的宣传力度，对热心参与、积极提供服务的企事业单位和热心人士给予全方位的宣传报道，引导更多的社会力量共同推动全民阅读。

综上所述，公共图书馆在联合社会力量参与方面，要充分发挥主观能动性，以开放合作的理念，积极探索，勇于创新，为图书馆用户提供更为丰富和多样化的阅读服务。

附录四　燕赵少年读书活动品牌建设中的探索与实践 [①]

燕赵少年读书系列活动是河北省图书馆学会、河北省图书馆自2004年起创立的青少年阅读活动品牌，在全省范围内、每年一度对青少年开展的读书活动。截至目前，该活动覆盖面广、持续时间长，在省会、各地市乃至县乡青少年间产生较大影响，可谓影响了自80后到10后几代未成年人。

一、基本情况

燕赵少年读书活动每年围绕一个主题展开，十余年来，先后吸引近百万中小

---

① 资料来源：燕赵少年读书系列活动自2004年起历年活动通知和总结材料。

学生参与其中，在教育界、图书馆界产生较大影响。

第一届读书活动由河北省图书馆学会、河北省图书馆主办、各市县级图书馆负责本地活动；第二届起由河北省文化厅主办；自2010年起，由省文化厅、教育厅共同主办；2012年起，共青团河北省委员会加入主办方。主办单位发起活动后，各区市成立由市文广新局、教育局、团市委与图书馆领导牵头的活动领导小组，分解任务，向所属县区图书馆及中小学校转发活动通知。

承办组织工作由河北省图书馆学会负责，具体负责制定读书活动方案和实施细则，组织专家编制推荐书目，精选荐读图书，并由省图书馆为全省各设区市图书馆学会配送荐读图书建立活动荐读示范点；各级图书馆制定实施计划，并深入学校广泛宣传，协调并借助社会各界力量充分动员；各中小学校通过校园板报、主题班会等多种形式进行宣传。

二、会同社会力量打造品牌活动的基本方法

（一）选取契合时代脉搏和社会热点的阅读主题，立足青少年，服务全省公共文化事业

针对每届燕赵少年读书系列活动，组织专家认真研究，开拓思路，积极探索，围绕本年度的焦点问题，确定一个活动主题。如2004年《中共中央国务院关于进一步加强和改进未成年人思想道德建设的若干意见》颁布，当年的燕赵少年读书系列活动的主题被确定为"加强和改进未成年人思想道德建设"，围绕这一主题设计了"百部未成年人思想道德教育优秀图书荐读""好书名篇朗诵读竞赛""燕赵少年读书征文"和评选"燕赵少年读书之星"等多项活动。2008年北京奥运会是全中国人民的一件大事，为传播奥运精神，激发广大青少年支持奥运、参与奥运的热情，当年燕赵少年读书系列活动以"快乐阅读：与奥运同行"为主题，策划了"奥运百科"——好书荐读、"奥运畅想"——主题征文、"珍藏奥运"——书签设计比赛等活动。2012年，为契合"第十四届全国科协年会"首度在河北省举办，读书活动主题确定为"体验阅读快乐，放飞科学梦想"，策划了"漫游科学世界"——科普读物荐读、"打开智慧之书，感悟科学魅力"——主题征文、"身边的科学"——科普手抄报征集评选、"我和科学有个

约会"——科普剧展演四项活动,让孩子们在潜移默化中启迪智慧,提升科学素质。为了弘扬中华文化,继承革命传统,推广阅读经典,2010 年、2011 年、2013 年的活动分别以"经典阅读伴我成长""阅读红色经典传承红色精神""经典浸润人生阅读成就梦想"为活动主题,让孩子们感悟经典的魅力。为增进少年儿童对河北历史文化的认知,增强热爱壮美河北、建设可爱家乡的自豪感和责任感,2014 年活动主题特定为"品读乡情乡味 爱我大美燕赵",展开了"乡土乡情悦读——主题荐读""书香故土寻芳——乡情乡思美文推荐""小镜头大故乡——主题摄影图文展示""燕赵长河星光——河北文史知识竞答""书香燕赵拼图——爱我家乡特色读书活动"五项活动。我省沧州地区是毛诗文化的发祥地,2015 年和 2016 年的读书活动主题分别确定为"走进诗词天地,感悟经典之美""穿越千年时光,感受诗经之美",并特别策划举办了"走读毛诗故里"活动,旨在更好地推动我省广大少年儿童继承和发扬中华优秀传统文化,领悟中华经典诗词中蕴涵的传统文化精髓。这些活动主题与社会重大活动、热点问题相契合,受到各级文化、教育、青少年思想教育部门及学校的广泛支持与响应,各级公共图书馆、众多中小学校师生参与热情高涨。

（二）服务形式多样,以省市县图书馆为主体,加强各公共文化服务领域合作

燕赵少年读书活动初衷是提供阅读推荐,随后,为了满足中小学生多种文化诉求,活动拓展至讲故事、绘画、书法、卡通制作等各个领域。如第二届增加了影视鉴赏、讲故事、绘画、知识竞赛等内容;第三届新增了书法创作;第四届增加了读书报制作展评、城乡少年交流活动;第五届开展了书签设计比赛;第七届开展了名家讲座进校园活动;第八届设计了卡通画设计比赛、红色颂唱、革命纪念地寻访活动形式;第九届又开发了科普手抄报、科普剧展演等活动;第十届增添了暑期阅读挑战赛、经典文学名著硬笔书法摘抄展评、经典文学名著情景剧展演活动;第十一届不仅启动仪式别具一格,美文推荐和摄影图文展示项目设计也独具匠心。创新为燕赵少年读书系列活动增添了活力,使此项活动保持了长久的生命力、吸引力和趣味性。

（三）注重与媒体合作，在满足中小学生文化需求的同时，形成文化上的指导和引导作用

各类媒体对燕赵少年读书系列活动的报道达到 460 余次。活动各级组织者还建立了总结表彰奖励机制，聘请专家对各项活动分别进行评比，召开表彰大会，对优秀个人、辅导教师、突出单位给予奖励。十余年来，已有 6593 名中小学生、教师、图书馆工作者以及 140 个单位受到省级表彰。在中小学范围内形成了阅读热、创先争优的风潮，一定程度上引领了中小学生阅读潮流。

三、跨部门协同发挥品牌效应的主要经验

（一）充分发挥部门协同机制

燕赵少年读书系列活动的主办方在省一级，这就一定程度上确保了该活动中书目推荐、征文评选的权威性。通过充分发动市、县、区图书馆和学校，能够很好地推动具体活动方案的落地。同时，文化厅、教育厅、团省委三部门联合，能够形成合力，自上而下地鼓励中小学生参与此项活动。因此，对于品牌类活动，尤其是需要权威性保障的品牌文化活动，建议由省一级主管部门、公共文化事业单位和行业社会组织作为主办方。

（二）充分发挥品牌效应

该活动历时长、范围广，构建了中小学生读书、征文、书法、讲故事、绘画等记忆，经过年复一年的重复，这就是河北省中小学生的共同记忆，无形中形成了中小学生对公共图书馆的认同，而通过紧扣时代脉搏的主题图书的阅读，中小学生又在代际传承中，形成了对本地区传统文化的理解和认同。品牌效应的构建是于长期、无形中完成的。

（三）以服务基层为重要任务

燕赵少年读书系列活动将基层受众作为重点读者，对乡镇中小学读者进行有重点服务，解决了乡镇覆盖不全的问题。如 2007 年燕赵少年读书系列活动主题为"城乡同阅读，携手共成长"，活动以"阅读"为纽带，为城乡少年提供了一个交流的平台。唐山市图书馆组织"送书香、献爱心"图书捐赠及图书交换活动，为贫困地区捐

献爱心图书 1000 多册。邢台市图书馆开展了"手拉手同享阅读权利"城乡少年互动交流活动,组织城乡少年儿童填写"阅读接力表"6000 多份,相互交流阅读信息,共同提高阅读能力。秦皇岛市图书馆在农村中小学轮流建立"快乐成长书架",开展"好书大家读"的读书接力活动。由省图书馆统筹,各市图书馆形成服务执行主力,实现了对县乡镇读者的覆盖,一定程度上符合了均等化的原则。

附录五　石家庄市图书馆与媒体的合作 ①

媒体宣传作为一种传递信息的有效方法和手段,成为联结图书馆与读者的桥梁,通过宣传,能让更多的人在认识、了解图书馆的基础上有效地利用图书馆,推动图书馆事业的发展。因此,与媒体保持良好的合作关系就显得尤为必要。

近几年来,石家庄市图书馆（以下简称石图）和数十家媒体建立了良好的合作关系,图书馆宣传工作做得有声有色,年发稿量在 400 篇以上,也与媒体开展了多种形式的合作。

一、与媒体合作需遵循的原则

（一）主动提供信息

主动提供信息是指主动为媒体提供日常新闻稿件、新闻素材,对重大的活动报道进行策划组织、提供通稿,对媒体的采访进行积极的配合。

（二）合作互利共赢

在图书馆与媒体合作开展活动过程中,双方各尽所能,各取所需。图书馆加强了宣传,树立了良好的形象,媒体通过活动加强了与受众的互动,扩大了影响力,双方达到共赢的效果。

（三）保持良好沟通

在宣传的过程中,记者的文字描述难免会和图书馆想表达的意思有一些出入,

---

① 本案例由石家庄图书馆董明英研究馆员提供,原题为《浅谈公共图书馆与媒体的合作——以石家庄市图书馆为例》。

这就需要和媒体进行反复的沟通,必要时文字稿件要图书馆审过之后再进行发稿,避免出现不必要的错误。特别是涉及宣传导向的问题,更是要和媒体作好沟通和协调。

二、与媒体合作的方式

与媒体的合作,说到底都是为了做好图书馆的宣传,因此合作的内容和方式,都是围绕图书馆的宣传展开。下面就以石图为例,分析与媒体合作的方式。

(一)召开新闻发布会,媒体到馆现场体验

针对重点工作或项目,如历年的"世界读书日"、24 小时自助图书馆开放、朗读亭、地铁图书馆等,石图都会召开新闻发布会,直接邀请记者到馆,发布项目的情况并进行现场体验,参加的媒体一般在二、三十家或更多。

举办新闻发布会的优势就是参与媒体多,报道集中、深入,版面大,短时间内形成较强的舆论氛围,可称之为"疾风暴雨"般的宣传。例如 2018 年的世界读书日,石图推出"地铁图书馆"和"信用智能借阅"两个项目作为宣传的亮点和重点,半年前就开始和相关部门沟通、选址、申报、审批等等,最后落实在世界读书日推出。同时全馆各部门联动,选取了有特色、有规模的全民阅读活动共计 20 项,4 月 18 日在石家庄市政府新闻中心进行发布,这相当于是"世界读书日"活动的一个前期的宣传和预热。当时有 20 余家媒体参加,在 4 月 19 日进行了第一波报道。随即,4 月 23 日,地铁图书馆和智能信用借阅平台安装到位,图书馆再次召集了 30 余家新闻媒体,实地采访、拍照,进行更为直观和详细的报道。多家媒体在 4 月 24 日又进行了一波密集的报道,《燕赵晚报》两次给予了 4 个整版加两个头版的报道,其他报纸也都是头版加整版。《北京日报》报道了地铁图书馆的情况,河北网络电视台进行了网络直播,各级电台、电视台、网站都纷纷进行了报道。一周内两次密集大规模的报道,总报道达 60 余次。这样的宣传力度还是不多见的,起到了非常好的宣传效果。

(二)提供新闻稿件,保证日常宣传

对于品牌工作及日常工作,与媒体的合作主要方式是直接提供给记者稿件。

通过 QQ 群或邮箱，把写好的稿子和活动的照片等资料发给记者，由他们进行编辑和刊发。这是一种"细水长流"的宣传模式，比如石图讲堂，周周有简讯，月月有报道，每次的报道版面并不大，但每月的总体安排，每周的具体活动，媒体都会给予发布，年发稿量在 200 次左右。这对受众是一个潜移默化的影响，品牌也就逐渐树立起来了。

（三）合作开展活动，实现双方共赢

除了日常宣传以外，和媒体最多的合作就表现在共同举办活动上。对于媒体来说，他们需要举办更多的线下活动，来加强与受众的联系和互动，扩大其影响力。而图书馆有着适合的场地、庞大的受众群，成为媒体首选的合作伙伴。近年来，石图与媒体合作开展了内容丰富、形式多样的活动，如与自媒体故事大咖联合推出了"亲近母语·小小朗读者大赛"活动，由电台的主持人做主讲嘉宾的公开课，并举办了多场比赛，效果显著；与河北青年报联合举办"石图杯"小学生读书征文大赛暨"小手拉大手"一起来读书活动，收到征文 4 万余篇，近 10 万人参与了网络评选和投票，活动影响广泛；与河北广播电视台联合举办"朗读河北"活动，征集优秀的朗读作品，并联合举办启动仪式及颁奖等现场活动。这些活动，由于媒体的参与，保证了活动的质量和水平，也保障了宣传的力度，提高了活动的影响力。

（四）捕捉新闻热点，提供宣传素材

所谓新闻热点就是比较受广大群众关注或者欢迎的新闻，具有传播和报道价值。作为公共图书馆的宣传人员就要具有一定的新闻敏感度，捕捉到图书馆里的新闻热点，及时向媒体提供新闻素材。例如，今年五月，一位叫赵庆刚的 77 岁老人，看到石图举办建馆 60 周年征文活动，交来一篇文章，叙述了他泡在图书馆里八年，读完了《二十四史》全译本，写成一部《趣读二十四史》的故事。凭借多年宣传工作的经验，我们意识到老人的故事在这个喧嚣浮躁的社会里很励志，能成为大家学习的榜样。所以我们马上把他的小视频连同一段文字介绍发到了媒体群，果然引起了记者们的高度关注，并纷纷索要老人的联系方式。《石家庄日报》、中国新闻网、河北电视台等多家媒体进行了报道，并被各大网站转载。

再如暑期到图书馆学习的读者会显著增加，门口每天都出现排长队现象。我

们把排队的照片发到了媒体群，并撰写了《暑期图书馆读书热》的稿件，立即引起了媒体的兴趣，多家媒体到现场进行采访，报道了公共图书馆在暑期发挥的重要作用，也呼吁社会上能多一些供孩子们学习的公共空间。所以，作为一名宣传人员就要敏锐地挖掘具有正能量的典型事迹和具有报道价值的新闻素材，及时推荐给媒体，从而引起媒体的关注，让图书馆通过媒体进一步走进公众的视野。

（五）发挥资源优势，双方各取所需

新闻媒体的一些版面，需要不断有创新性的内容作为支撑。而图书馆举办的各种活动，恰巧能够给媒体提供相应的素材。比如《河北青年报》《燕赵晚报》《石家庄日报》都有过大课版块，把一些好的专家讲座内容整理成文字版进行发表，石图讲堂恰好能够给他们提供支持。每一期合适的讲座主题，图书馆都尽快做好文字版提供给记者，由他们在报纸上进行刊登，通常版面都很大。通过这样的合作，媒体有了固定的稿源，图书馆扩大了宣传，讲座嘉宾提升了个人的知名度，普通市民可以不到现场就了解到讲座的精华，可以说一举多得。现在很多媒体都有小记者体验活动，石图丰富的少儿活动为小记者们提供了适合的舞台，多家媒体与图书馆建立长期合作关系，把图书馆作为小记者体验的一个基地。再如《河北青年报》有一整版"小翠看展"栏目，石图举办的展览，通常会向其提供资料，有的展览就会做整版的宣传报道。

（六）利用品牌优势，为媒体提供支持

近年来，各公共图书馆精心打造自己的公共文化服务品牌，形成差别化优势。服务品牌就是图书馆的优势，与媒体合作也可以利用这种优势，为媒体提供支持。石图讲堂和美诗团是石图打造的两个颇具影响力的公共文化服务品牌，在业界有着较好的口碑。一些媒体也看中了优质的讲师资源，请图书馆帮忙联系讲师做节目。如，河北电台的一档《桐说文化》栏目，在石图讲堂做完主题讲座之后，直接把讲座嘉宾邀请到直播间，就当天的话题做进一步解读，受众反响很好。河北电视台筹备一档国学类竞赛节目，看到石图美诗团影响广泛，邀请美诗团团长参加节目的筹备会和研讨会，对节目的设置提出建议。节目开始录制以后，又多次邀请美诗团成员参与到节目的录制中。

三、与媒体合作需要注意的几个问题

（一）打铁先得自身硬

有句话叫"栽好梧桐树，凤凰自来栖"，要想让外界认可，媒体关注，首先自身要过硬。只有工作不断创新，活动形式多样，才有可能不断有宣传的新闻点。近年来，我馆率先引进电子书借阅机、创办当时华北区最大的 24 小时自助服务大厅，建立我省首个数字体验区，率先开展"快借阅"网上购书模式，引进先进的物联网设备朗读亭，设立地铁图书馆和智能信用借阅平台……可以说，每一个举措，都走在了全省甚至全国的前列，都引发了媒体一轮又一轮的关注与报道。目前和我们经常联系的媒体有四十余家，他们越来越关注图书馆的工作，也越来越多的媒体主动找到图书馆，希望建立多角度的合作关系。

（二）把握好媒体宣传的时间点和侧重点

把握好宣传的时间点，就是所谓"占尽先机"。要分析别的单位做活动，大多都在什么时间，而我们要打个时间差。比如世界读书日，当别人都在 23 日做活动时，我们选择在 21 日或 22 日推出，这样一来，记者有时间，报纸有版面，占据了报道的先机。反之，23 日当天，很多单位都在做地面活动，记者忙于赶场，发稿的版面也不会大。同样，在一系列的活动中，报道要有侧重点，有主有次。有的适合深挖，有的只需简单发个消息。这些，都需要我们提前做好谋划，便于媒体发稿，从而能达到最佳的宣传效果。

（三）多征求媒体的意见和建议

因为职业原因，我们不像记者对新闻那样敏锐，因此要多和他们沟通，了解他们需要什么样的新闻，让他们给我们多提供一些有价值的信息，建立良好的互动。事实上，我们很多次重点活动的新闻发布会，都会事先征求一些记者的意见，让他们提出宣传的建议和思路，确保活动达到最佳的宣传效果。有些时候，新闻记者会从媒体的角度捕捉新闻点，提出采访需求。我们则需要加强采访前沟通，根据记者的采访思路和采访提纲，做好材料准备，争取报道的主动性。一旦媒体觉得合作特别顺畅的话，以后有采访机会就会首先想到再来报道。

（四）宣传人员脑勤手勤

作为一名图书馆宣传人员，不能怕费脑子，不能不愿动笔。目前的报道，记者来采访，要给他们提供通稿，记者不来采访，要把稿件发给他们。一旦有了宣传和报道的新闻点后，不论是上班时间还是休息时间，都要及时写出稿件来。作为一名宣传人员，目标就是不错过任何一个宣传的机会。

（五）根据不同受众选择适合的宣传媒体

作为图书馆宣传人员，与媒体合作，尤其是给媒体发稿时，还需注意要根据不同受众选择合适的宣传媒体。图书馆的受众按年龄分，老年人侧重纸媒，而年轻人要侧重新媒体。不同的媒体拥有不同的资源优势，其受众定位和编辑策略也不同。图书馆应根据实际需要，有针对性地选择合作对象，有的放矢，优势互补、资源共享，实现有主动性和针对性的宣传。

塑造公共形象，传播服务理念，推广全民阅读是贯穿图书馆媒体宣传工作的核心价值，在与新闻媒体充分交流沟通的基础上，通过加强品牌效应、挖掘宣传热点、规范工作流程，与新闻媒体建立友好战略合作关系，显著提高了图书馆的社会效益和服务效益。

后　记

　　图书馆界历来注重与外界合作进行阅读推广或阅读服务，积累了很多有效的做法。中国图书馆学会组织学界业界专业人士编纂"阅读推广人系列教材"，希望能对图书馆整合社会资源推行阅读推广的理念与实践进行体系化总结升华，并委托我们承担《社会资源与图书馆阅读推广》一书的撰写任务。对此议题我们非常感兴趣，多年的图书馆实务工作和阅读推广学术研究也让我们对此问题深有体会，坚定认为图书馆必须有效整合社会资源，与社会力量进行充分合作，故愿意将我们的粗浅认识与业界同人分享。

　　社会力量复杂多元，社会资源渗透在图书馆阅读推广工作的方方面面。因此，本书的要旨之一就是尝试将社会力量进行梳理，选择与图书馆阅读推广相关的重要主体，从中提炼出主体之下的优势资源，从资源优化的角度出发，探讨图书馆如何通过与不同主体力量的合作，实现资源为我所用、优势共享。

　　在本书的撰写过程中，首先遇到的问题是如何界定社会资源的范围，经过讨论限定为对图书馆阅读推广工作有比较重要影响的社会资源，包括政府资源、教育资源、媒体资源、阅读类企业和民间阅读力量。在具体撰写时，政府资源部分重点探讨图书馆应该如何善用政府资源；教育资源部分重点探讨应该如何与不同阶段的教育机构开展合作以实现教育资源与图书馆阅读推广深度融合；媒体资源部分侧重探讨媒体融合大背景下，在和不同类型媒体力量合作时如何深度挖掘媒介资源优势；阅读类企业着重探讨图书馆应该如何与出版社、书店、绘本馆以及知识服务类企业合作；民间阅读力量则着重探索如何与民间读书会以及社会阅读组织合作，并探索如何发挥阅读推广志愿者的作用。另外考虑到图书馆日益重视发挥阅读推广的行业力量，很多地方开始组织阅读推广联盟，因此本书对阅读推广联盟的建设现状与组织模式进行分析。本书对社会资源进行了比较体系化的介绍和分析，对图书馆界从整体角度认识阅读推广中的社会资源有一定的帮助，同时提供了比较丰富的案例为图书馆实践进行参考，希望能在一定程度上推动图书馆充分运用社会资源，与社会力量充分合作开展阅读推广。由于笔者精力和水平有限，理论性和学术性方面留有遗憾，期待感兴趣的同行进一步深化。

本书由顾玉青负责第一讲至第四讲的撰写，赵俊玲负责第五讲至第八讲的撰写。初稿完成后，两位作者就全部书稿多次讨论，反复修改，最终形成定稿。

本书的完成，要感谢图书馆学界业界专家同人的大力帮助。北京大学王余光教授一直关心本书进展并审定本书框架提出指导意见，南开大学徐建华教授对政府资源章节大纲拟定给予指导，上海交通大学陈幼华博士和朱红艳馆员撰写了"阅读推广与高校教育资源合作方法策略"相关内容。广东中山纪念图书馆吕梅馆长、河北省石家庄图书馆董明英研究馆员、深圳市南山区图书馆朱淑华研究馆员等等很多图书馆同人热心提供案例和相关图片，真诚分享他们在与社会力量进行合作中的有效做法以及遇到的问题，在此衷心感谢各位同人。在本书成稿过程中，河北大学图书馆学专业研究生鲍玉静、孙萌、苑艺等多位同学进行了大量的资料查找工作，在此一并表示衷心感谢！

最后，还要感谢朝华出版社张汉东老师的关心帮助，感谢本书编辑张北鱼老师，得益于她的认真把关，本书稿得以进一步完善。

衷心祝愿图书馆整合社会资源进行阅读推广之路日益通畅，全民阅读推广事业健康发展普惠全民。

顾玉青　赵俊玲

2019 年 12 月